《统计学》学习指导与练习

王天营　邓海松　郝红霞　编著

东南大学出版社
SOUTHEAST UNIVERSITY PRESS
·南京·

内 容 简 介

本书作为王天营和陆敏主编、高等教育出版社出版的《统计学》学习辅导用书,主要包括"要点提示""练习题""综合案例""往年试题"和"参考答案"等内容。其中,"要点提示",针对读者学习《统计学》可能遇到的难点、易混淆点和重点,按章加以简要提示或解释;"练习题",根据各章具体内容分别命制判断题、填空题、单项选择题、计算分析题等题型;"综合案例",围绕一组截面数量数据和四个时间序列数据,精心设计命制需要利用各种统计基本方法进行综合计算分析的若干问题,帮助读者熟悉常用统计基本方法的实际应用场景;"往年试题",展示了三套南京审计大学"统计学"课程期末考试的题型、题量和分值,帮助备考中的读者熟悉"统计学"课程考试的基本规律;"参考答案"作为本书的重要内容,不仅列示了"综合案例"和"往年试题"中主观题详细、完整的解答过程,而且对《统计学》教材章后习题中的"计算分析题"或"实务题",也一一给出了详细、完整的解答。

本书既可以作为本、专科学生学习"统计学"课程的参考用书,也是"统计学"课程教师不可多得的教学辅导用书;还可以作为报考统计学专业硕士研究生入学考试的复习、备用书。

图书在版编目(CIP)数据

《统计学》学习指导与练习 / 王天营,邓海松,郝红霞编著. —南京:东南大学出版社,2022.9

ISBN 978-7-5766-0194-7

Ⅰ.①统… Ⅱ.①王… ②邓… ③郝… Ⅲ.①统计学—高等学校—教学参考资料 Ⅳ.①C8

中国版本图书馆 CIP 数据核字(2022)第 144747 号

责任编辑:夏莉莉　　责任校对:杨　光　　封面设计:顾晓阳　　责任印刷:周荣虎

《统计学》学习指导与练习

编　　著	王天营　邓海松　郝红霞
出版发行	东南大学出版社
社　　址	南京四牌楼2号　邮编:210096　电话:025-83793330
网　　址	http://www.seupress.com
电子邮件	press@seupress.com
经　　销	全国各地新华书店
印　　刷	江苏扬中印刷有限公司
开　　本	787mm×1092mm　1/16
印　　张	13
字　　数	307千字
版　　次	2022年9月第1版
印　　次	2022年9月第1次印刷
书　　号	ISBN 978-7-5766-0194-7
定　　价	36.00元

本社图书若有印装质量问题,请直接与营销部联系。电话(传真):025-83791830

前　言

统计学是一门关于如何搜集、整理、展示和分析数据的方法论科学。在人们认识自然、改造社会的历史长河中，各种统计方法不断地被挖掘、创造出来并在实践中得到检验和完善。统计方法之生命孕育于实践，统计方法之活力源自应用。唯有将统计方法用于解决现实问题，才能展现其蓬勃生机并能不断地创造出新的统计方法。

正是基于对统计方法的上述认识，本书除对王天营和陆敏主编、高等教育出版社出版的《统计学》各章易混淆点、难点和重点给出"要点提示"外，还精心命制了能体现统计基本概念和基本方法现实应用场景的"练习题"和"综合案例"，帮助读者结合现实问题理解、掌握和运用统计基本方法。

特别是，有些读者在利用统计方法解决问题时，常常过于看重问题测算的结果，轻视解决问题逻辑思维过程的展示和对测算结果的解释，似乎运用了统计方法，可往往又根本不理解为什么要那样去做。如同会将数据输入软件并得到了输出结果，可对输出的数据是什么、数据之间有怎样的联系、数据的大小能说明什么问题都不清楚一样；也如同手持锄头，却分辨不出禾苗与杂草，更不知如何有效锄去禾苗边上的杂草一样。因此，本书的另一特色，就是对"练习题""综合案例"和"往年试题"，以及《统计学》教材习题等，都给出较为详细的解答过程。期望读者在阅读这些题目详解的过程中，体会、感悟统计方法被选择、被运用的逻辑思维过程和具体的处理方式。如同需要细致地观察农夫如何手握锄柄、以何种姿势、运用怎样的气力，锄去距禾苗不同距离的不同杂草一样，通过体会、感悟"详解的过程"，将有助于读者学会选择适当的统计方法解决不同的实际问题。

本书的顺利完稿，得到了南京审计大学统计与数据科学学院领导的大力支持和鼓励。特别是林金官教授在本书内容、框架设计方面提出了非常好的建议；"统计学"课程组的各位同仁在百忙中付出了大量的劳动。其中，宫芳副教授对各章的"练习题"均认真、细致地进行了审核；刘爱民讲师对第1、2章，陆敏教授对第3、6章，程瑶副教授对第4章和"综合案例"，杨青副教授对第5章，邓海松副教授对第7、8章，郝红霞博士对第9、10章和"往年试题"，蔡雄博士对第11章，王荐博士对第12章所涉内容，均分别进行了细致的审核和校对。贾晓峰教授、沈菊华副教授对本书的写作与出版也给予了极大的关注和鼓励。另外,本书也借鉴了南京审计大学"统计学"课程组编制的《统计学练习手册》的部分内容。在此向南京审计大学曾经从事和正在从事"统计学"课程教学的各位同仁,以及对"统计学"课程教学给予支持的领导和同事,表示衷心的感谢和深深的敬意！还要感谢南京审计大学2020级经济班的吴海涛、董馨雨、孙嘉仪、王琪、白洁,以及物流管理班的武佳梦、王艺昕、刘欣、陈蓉宛宜等同学,在紧张的学习之余抽出宝贵的时间参与整本书稿的校对和数据核验工作。

  本书的顺利出版,除得到东南大学出版社领导的大力支持外,编辑夏莉莉等同志在书稿内容编辑、校对,以及版面装帧设计等方面都做了大量艰辛的工作,在此表示衷心的感谢和深深的敬意！

王天营

2022.04.07

目 录
CONTENTS

上 篇

第1章 导论 ... 3
　　要点提示 ... 3
　　练习题 ... 5

第2章 数据的搜集 ... 10
　　要点提示 ... 10
　　练习题 ... 13

第3章 数据的整理与展示 ... 17
　　要点提示 ... 17
　　练习题 ... 18

第4章 数据特征值的测定 ... 23
　　要点提示 ... 23
　　练习题 ... 28

第5章 统计指数 ... 34
　　要点提示 ... 34
　　练习题 ... 35

下 篇

第6章 推断统计的理论基础 ... 43
　　要点提示 ... 43
　　练习题 ... 46

第 7 章　区间估计 ·· 49
　　要点提示 ·· 49
　　练习题 ·· 53

第 8 章　假设检验 ·· 58
　　要点提示 ·· 58
　　练习题 ·· 61

第 9 章　定性数据分析 ·· 66
　　要点提示 ·· 66
　　练习题 ·· 67

第 10 章　方差分析 ·· 69
　　要点提示 ·· 69
　　练习题 ·· 72

第 11 章　回归分析 ·· 75
　　要点提示 ·· 75
　　练习题 ·· 77

第 12 章　时间序列预测 ·· 82
　　要点提示 ·· 82
　　练习题 ·· 85

附录一：练习题参考答案 ··· 89
　　第 1 章　导论 ·· 89
　　第 2 章　数据的搜集 ··· 89
　　第 3 章　数据的整理与展示 ·· 90
　　第 4 章　数据特征值的测定 ·· 92
　　第 5 章　统计指数 ·· 93
　　第 6 章　推断统计的理论基础 ··· 94
　　第 7 章　区间估计 ·· 95
　　第 8 章　假设检验 ·· 96
　　第 9 章　定性数据分析 ·· 97
　　第 10 章　方差分析 ·· 98
　　第 11 章　回归分析 ·· 99
　　第 12 章　时间序列预测 ·· 100

附录二：往年试题及参考答案 101
 试题一 101
 试题二 106
 试题三 112
 参考答案——试题一 118
 参考答案——试题二 120
 参考答案——试题三 122

附录三：综合案例及参考答案 126
 综合案例（一） 126
 综合案例（二） 127
 参考答案——综合案例（一） 128
 参考答案——综合案例（二） 132

附录四：教材习题参考答案 141
 第1章 导论 141
 第2章 数据的搜集 145
 第3章 数据的整理与展示 146
 第4章 数据特征值的测定 150
 第5章 统计指数 153
 第6章 推断统计的理论基础 157
 第7章 区间估计 159
 第8章 假设检验 162
 第9章 定性数据分析 165
 第10章 方差分析 172
 第11章 回归分析 177
 第12章 时间序列预测 184

参考文献 199

上篇

第1章 导　　论

要点提示

1. 统计学

大多数学者认为,统计学是一门关于如何搜集数据、整理数据、展示数据和分析数据的方法论科学,其主要目的在于从"量"的方面认识事物发展变化的规律性,但是任何统计活动都必须以对相应事物"质"的认识为基础。

2. 总体与总体单位

总体(Population),即统计总体,是指具有相同性质的许多个体构成的集合。总体由至少具有某一共同性质的许多个体构成,其中每一个个体均被称为该总体的总体单位。

任意一个总体都应具有同质性、大量性和差异性三个基本特征。

研究任意一个统计问题,都必须根据研究问题界定一个总体;随着研究问题的改变,相应研究总体常常会发生改变,总体单位也会有所不同。

构成总体的总体单位可以是人、物、集团(组织)等;总体有有限总体和无限总体之分。

需特别注意:统计总体不同于"数理统计"课程中的"总体";总体这一概念贯穿统计数据搜集、整理、分析的全过程。

3. 变量、变量值与数据

变量(Variable)是用于刻画(反映)总体单位属性特征或数量特征的量。变量有属(定)性变量与数量变量之分;属性变量又有分类变量和顺序变量之分。

变量值是指总体单位相应特征的表现。对一个总体而言,总体单位的属性特征是什么或数量特征是多少(大),通常被称为变量在此总体单位上的特征表现;这些特征表现的形式或为数值或为非数值。但是,无论这些特征表现为数值还是非数值,都可以称为变量值。也就是说,"变量值"可能是人们最熟悉的"数值",也可能不是。因此,有时也说变量值是变量在相应总体单位上的数值表现。变量值是数据;数据可能是数值,也可能不是数值而是字符串等。

属性变量值,即属性变量在总体单位上的数值表现,为属性数据;数量变量值,即数量变量在总体单位上的数值表现,为数量数据。分类变量值为分类数据,顺序变量值为顺序数据。对分类数据、顺序数据、数量数据实施汇总、处理的结果仍为数据。

从数据的性质看,数据有绝对数、相对数和平均数之分。绝对数反映事物(现象)总体的规模特征;相对数反映事物(现象)总体的内部构成特征;平均数反映事物(现象)总体单位特征的一般水平。分类变量或顺序变量在总体单位上数值表现的汇总结果表现为绝对数;对有关联的两个或两个以上的绝对数实施一定的运算,可以得到相应的相对数或平均数;数量变量在总体单位上的某些数值表现本身可能就是绝对数、相对数或平均数。

特别地,当人们谈论变量时,必须在总体确定的前提下谈论变量,不能脱离总体谈论变量。人们谈论数据时,它可能是统计数据,也可能不是统计数据;统计数据可能是变量值,也可能是对变量值进行汇总、处理的结果;绝对数、相对数和平均数是统计数据较为常见的三种表现形式。

4. 指标与指标值

指标(Index)是指用于刻画总体的规模、构成或一般水平等特征的量。总体一旦确定下来,总体的规模、构成、一般水平等特征,无论人们知道与否都客观地存在了。一个总体的规模具体有多大、如何构成以及一般水平如何,即一个总体规模、构成或一般水平特征的具体表现就是指标值。指标值都是数值,没有不是数值的指标值。

在实际问题中,大多数总体指标的指标值是多少,通常是未知的。在数理统计中,常常又把指标称作总体参数或参数。

指标有总量指标、相对指标和平均指标之分;一个总体的总量指标值、相对指标值和平均指标值,通常表现为绝对数、相对数和平均数。

研究某一现实统计问题,通常或者是为掌握总体的某一或某些指标值,或者是为掌握不同变量间的关系。变量在所有总体单位上的数值表现决定着相应总体指标值的大小。

总体的一个指标反映总体一个方面的数量特征;要达到对总体相对全面的认识,往往需要掌握若干个有联系的总体特征。人们常常把有联系的若干个指标构成的集合称作指标体系。

总体指标值也是数据。

5. 样本、样本单位、样本量与样本数

样本(Sample)是指由总体中的部分总体单位(个体)构成的集合;构成样本的总体单位被称作样本单位(有时也称作样本点),样本是由样本单位构成的。若样本中的样本单位,遵循随机的原则从所有总体单位中随机确定,那么这样的样本称作随机样本(Random Sample);若样本中的样本单位,没有遵循随机的原则从所有总体单位中随机确定,那么这样的样本被称作非随机样本(Non-random Sample)。推断统计使用的样本都是随机样本,只有随机样本才能用于统计推断。

一个样本中含有的样本单位的个数被称作样本量(或样本容量,Sample Size);样本数(Number of Sample)是指样本的个数。在解决实际问题时,往往只需要一个样本;只有在对某一问题采用某种方法所得研究结果需要进一步验证时,才需要多个样本。

某一变量(属性变量或数量变量)在样本中每一样本单位上的数值表现的集合,通常也称作样本。在数理统计中,所使用的随机样本通常是指某一数量变量在所有样本单位上的数值表现的集合。由于随机样本中的样本单位需要遵循随机的原则确定,因此,某一数量变量在所有样本单位上的数值表现的集合具有随机性。事实上,某一属性变量在所有样本单位上的数值表现的集合也具有随机性。一旦变量在所有样本单位上的数值表现的集合确定下来,这一集合也称作样本数据。

由于任何事物(现象)的发展变化都极其复杂,人们要了解、认识任何事物事实上都需要借助样本。因此,从广义上看,在现实生活中人们所见到的数据,不仅都可以称作样本数据,而且大多都不是随机样本数据。在本书描述统计部分提到的数据,实际上也是样本数据,同样不一定是随机样本数据。但是,在推断统计中,必须采用随机样本及随机样本数据去研究问题。

当一个总体为无限总体,或对一个有限总体的总体单位进行考察(调查、观测等)具有破坏性(或成本较高)时,要想了解、认识、掌握该总体的某些特征表现,通常需要借助对随机样本中的样本单位的考察(调查、观测等)来实现。

6. 统计量与统计量的值

统计量(Statistic)的概念主要适用于推断统计。统计量是随机样本的函数且函数中不含未知数。统计量是随机变量,随机变量不一定是统计量。一旦一个随机样本确定下来,相应统计量的值也就唯一地确定下来。

若把样本看作是一个样本总体的话,统计量也可以看作反映样本总体特征的"指标",但样本总体的"指标值"不同于总体的指标值,它随样本的确定而确定,即统计量的值都可以由具体的样本而得到。

统计量是随机变量,不同函数形式的统计量可以服从不同的分布。

练习题

(一) 判断题

1. 统计学是一门关于如何搜集、整理、展示和分析数据的方法论科学,目的在于探索事物内在质与量的规律性。

2. 在研究2021年某地市民使用共享单车的情况时,2021年某地所有共享单车构成研究总体。

3. 在研究2021年某地共享单车的有关问题时,"颜色""价格""重量""已投放使用时长""已被骑行里程""已被骑行次数""供应商"等都可以作为变量。

4. 在统计学发展与应用中,描述统计与推断统计具有同等的重要性。

5. 根据总体部分单位的数量特征总可以推断出总体的相应数量特征。

6. 2021年6月,某调查机构从某地网购消费者中,采用分层随机抽样组织方式随机抽取1 001名网购消费者并调查其2021年5月的网购消费情况。该次调查的样本(容)量是1 001名消费者。

7. 2021年6月,某调查机构从某地网购消费者中,采用分层随机抽样组织方式随机抽取1 001名网购消费者并调查其2021年5月的网购消费情况。调查显示:这1 001名消费者该月平均网购消费支出是350元。在该次调查中某消费者"月网购消费支出500元"是变量。

8. 在研究2021年某地市民使用共享单车的情况时,2021年某地市民共享单车使用者的性别比、平均年龄都是指标。

9. 统计量既是随机变量又是样本的函数,根据样本数据可以计算出相应的统计量的值。

10. 某高校学生、教师、班级、图书、网络、院系等可以构成一个统计研究总体。

11. 在对统计数据进行定量分析之前,应先对统计数据进行定性分析;统计研究中,定性分析是定量分析的基础。

12. 教师在课堂讲授统计学,学生在课堂学习统计学,各行各业的人们利用统计方法解决各类具体问题,都是在从事统计社会实践活动。

13. 收(搜)集数据、整理数据、展示数据,既是描述统计的主要内容,也是推断统计的主要内容。

14. 某研究人员搜集了 2021 年上半年,江苏部分居民家庭消费支出的数据,这些数据是截面数据。

15. 总体的数量特征是客观存在的,但大多数又都是未知的,人们对其往往只能近似而难以百分之百地准确测定。

16. 所有的数量数据都可以转化为顺序数据,顺序数据也都可以转化为数量数据。

17. 学生的身高、生活费支出,企业的资产总额、销售利润率、流动比率、速动比率,企业职工的年龄、月工资收入等都是变量。

18. 变量在总体单位上的数值表现是数据。分类变量在总体单位上的数值表现是分类数据,顺序变量在总体单位上的数值表现是顺序数据,数量变量在总体单位上的数值表现是数量数据。

19. 在研究某高校学生某日手机使用情况时,该高校所有学生某日手机消耗的流量构成一个变量总体。

20. 大数据是数据,也是统计数据。

21. 2021 年 6 月,某调查机构从某地网购消费者中,采用分层随机抽样组织方式随机抽取 1 001 名网购消费者并调查其 2021 年 5 月的网购消费支出情况。调查显示:这 1 001 名消费者该月平均网购消费支出是 350 元。在该次调查中"月平均网购消费支出"是变量。

22. 2021 年 6 月,某调查机构从某地网购消费者中,采用分层随机抽样组织方式随机抽取 1 001 名网购消费者并调查其 2021 年 5 月的网购消费支出情况。调查显示:这 1 001 名消费者该月平均网购消费支出是 350 元。在该次调查中"月平均网购消费支出"是指标。

23. 2021 年 6 月,某调查机构从某地网购消费者中,采用分层随机抽样组织方式随机抽取 1 001 名网购消费者并调查其 2021 年 5 月的网购消费支出情况。调查显示:这 1 001 名消费者该月平均网购消费支出是 350 元。这个"350"元是指标值。

24. 2021 年 6 月,某调查机构从某地网购消费者中,采用分层随机抽样组织方式随机抽取 1 001 名网购消费者并调查其 2021 年 5 月的网购消费支出情况。调查显示:这 1 001 名消费者该月平均网购消费支出是 350 元。在该次调查中的样本数是 1 001。

25. 2021 年 6 月,某调查机构从某地网购消费者中,采用分层随机抽样组织方式随机抽取 1 001 名网购消费者并调查其 2021 年 5 月的网购消费支出情况。调查显示:这 1 001 名消费者该月平均网购消费支出是 350 元。这个"350"元是统计量的值。

(二) 单项选择题

1. 关于(统计)总体,下列说法正确的有
(1) 研究任何统计问题,都必须确定相应的研究总体
(2) 随着研究问题的不同,统计研究总体一定会随之发生改变
(3) 要了解(或掌握)总体的特征,须基于对总体单位相应特征的认识
A. 0 项　　　　B. 1 项　　　　C. 2 项　　　　D. 3 项

2. 关于变量,下列说法正确的有
(1) 变量都是相对特定总体而言的变量
(2) 所有变量的值都可以用数值表示
(3) 统计调查(数据搜集)本质上就是搜集变量在相应总体单位上的数值表现
A. 0 项　　　　B. 1 项　　　　C. 2 项　　　　D. 3 项

3. 关于样本,下列说法正确的有
(1) 样本的特征值总是可以测量的
(2) 利用样本的特征总是可以对总体的相应特征进行推断
(3) 从某高校 15 000 名学生中,随机抽取 1 000 名学生进行调查研究,也就是对 1 000 个样本进行调查研究
A. 0 项　　　　B. 1 项　　　　C. 2 项　　　　D. 3 项

4. 关于统计学,下列说法错误的有
(1) 统计学是一门方法论科学
(2) 统计学是统计社会实践活动的经验总结和理论概括
(3) 统计学既为其他学科发展提供研究方法支持,又随其他学科的发展而不断完善和发展
A. 0 项　　　　B. 1 项　　　　C. 2 项　　　　D. 3 项

5. 下列说法正确的是
A. 统计量是随机变量,随机变量也是统计量
B. 统计量的值通常不随样本的改变而改变
C. 数量数据可以转化为定性数据,定性数据也可以转化为数量数据
D. 若要了解某高校学生生活费支出的有关情况,并对 2021 年 5 月 20 日该高校部分学生当天的生活费支出进行调查,则这些被调查的学生构成一个样本

6. 2021 年上半年,某审计机构从全国 38 755 个乡(镇、街道)随机抽出 30 个乡(镇、街道),对其 2020 年抗疫财政专项资金使用(支出)情况进行审计(调查)。

下列说法正确的有
(1) 抽出的 30 个乡(镇、街道)构成一个样本
(2) 全国 38 755 个乡(镇、街道)构成一个总体
(3) 抽出的 30 个乡(镇、街道)中每一个乡(镇、街道)都是一个样本
A. 0 项　　　　B. 1 项　　　　C. 2 项　　　　D. 3 项

7. 2021 年上半年,某审计机构从全国 38 755 个乡(镇、街道)随机抽出 30 个乡(镇、街道),对其 2020 年抗疫财政专项资金使用(支出)情况进行审计(调查)。

下列说法正确的有
(1) 抗疫财政专项资金下拨额可以是变量

(2) 抗疫财政专项资金使用额可以是变量

(3) 乡(镇、街道)所在省(直辖市、自治区)可以是变量

A. 0项　　　　　B. 1项　　　　　C. 2项　　　　　D. 3项

8. 2021年上半年,某审计机构从全国38 755个乡(镇、街道)随机抽出30个乡(镇、街道),对其2020年抗疫财政专项资金使用(支出)情况进行审计(调查)。

下列说法正确的有

(1) 某乡(镇、街道)抗疫财政专项资金违规使用5万元是一个变量值

(2) 某乡(镇、街道)2020年共调用抗疫防疫人员300人次是一个变量值

(3) 某乡(镇、街道)2020年抗疫财政专项资金中用于被集中隔离人员生活支出10万元是一个变量值

A. 0项　　　　　B. 1项　　　　　C. 2项　　　　　D. 3项

9. 2021年上半年,某审计机构从全国38 755个乡(镇、街道)随机抽出30个乡(镇、街道),对其2020年抗疫财政专项资金使用(支出)情况进行审计(调查)。

下列说法正确的有

(1) 抗疫财政专项资金余额可以是指标

(2) 抗疫财政专项资金平均支出额可以是指标

(3) 抗疫财政专项资金违规使用次数可以是指标

A. 0项　　　　　B. 1项　　　　　C. 2项　　　　　D. 3项

10. 关于对"统计"的认识,下列说法正确的是

(1) 推断统计比描述统计更重要

(2) 应用统计比理论统计更重要

(3) 数理统计学比统计学更重要

A. 0项　　　　　B. 1项　　　　　C. 2项　　　　　D. 3项

(三) 填空题

1. 某研究人员想了解2021年上半年我国新型显示产业的发展情况,(1) 该研究人员应以_____作为研究总体,(2) 可以以_____、_____等作为分类变量,(3) 以_____、_____等作为顺序变量,(4) 以_____、_____等作为数量变量;(5) 若该研究人员随机抽取了35家从事新型显示产业产品生产的企业,并调查其2021年上半年企业员工人数、增加值、资产额、负债额等数据,则该研究人员使用的样本是_____、样本(容)量是_____、样本数是_____,(6) 想掌握的指标可能有_____、_____、_____、_____等,(7) 可能的统计量有_____、_____、_____等。

2. 某大型通信器材销售公司的营销团队,想了解2021年6月,某省会城市5G手机用户手机的使用情况。(1) 该营销团队应以_____作为研究总体,(2) 可以以_____、_____等作为分类变量,(3) 以_____、_____等作为顺序变量,(4) 以_____、_____等作为数量变量;(5) 若该营销团队随机抽取了630位该省会城市5G手机用户并调查其2021年6月使用5G手机消耗的流量、观看视频的时长、收听音频的时长、使用导航的次数、网上购物支出、网上就医次数,及其年龄、性别、文化程度等数据,则该营销团队使用的样本是_____、样本(容)量是_____、样本数是_____,(6) 想掌握的指标可能有_____、_____、_____、_____等,

(7) 可能的统计量有_____、_____、_____、_____等；(8) 调查"文化程度"的主要目的是_____。

(四) 简答题

1. 简述你对统计总体及总体单位的理解。

2. 简述你对变量、变量值和数据的理解。

第 2 章 数据的搜集

要 点 提 示

1. 统计数据

统计数据是数据,但数据不一定是统计数据。统计数据具有如下特征:(1)统计数据为解决特定问题而搜集。(2)统计数据由专业机构、专门人员搜集。(3)统计数据是变量在相应总体单位上的数值表现(有时也说"表现",且"数值表现"不仅可以是数量变量的数值表现,也可以是定性变量的数值表现),以及对变量在全部或部分总体单位上数值表现进行汇总、处理的结果,这些"汇总、处理的结果"通常就是相应总体特征或样本特征的数值表现,即总体指标值或统计量的值。(4)统计数据也包括总体或样本特征的具体表现。

2. 截面数据

截面数据可以是变量在所有总体单位上的数值表现,也可以是变量在部分总体单位上的数值表现;截面数据可以是总体单位在某一时期特征的数值表现,也可以是总体单位在某一时点特征的数值表现;截面数据可以是截面数量数据,也可以是截面分类数据或截面顺序数据。如无特别说明,后面章节涉及的截面数据均指截面数量数据。

3. 时间序列数据

时间序列数据可以由某一变量在某一总体单位、不同时间上的数值表现,按时间先后顺序排列而得到,也可以由总体某一指标、在不同时间上的数值表现,按时间先后顺序排列而得到。其中,(1)某一变量在某一总体单位、不同时间上的数值表现,可以是数量数据,也可以是定性数据。如无特别说明,后面章节涉及的时间序列数据均指由数量数据构成的时间序列。(2)"不同时间"可以是不同"时期",也可以是不同"时点"。常用的"时期"有"年""季""月""旬""天""小时"等,相应的时间序列称作年度时间序列、季度时间序列、月度时间序列等,用于反映现象在特定时期发展变化的特征;常用的"时点"有"年末""年中""季末""月末"等,相应的时间序列也称作年末时间序列、季末时间序列、月末时间序列等,用于反映现象在特定时点上具有的特征。

4. 面板数据

面板数据可以由变量在所有总体单位、连续多个相同的时点或时期上的数值表现构成,也可以由变量在部分总体单位、连续多个相同的时点或时期上的数值表现构成。其中,"数值表现"既可以是数量数据,也可以是定性数据(分类数据或顺序数据);面板数据也可由总体若干个指标在连续多个相同的时点或时期的数值表现构成。

面板数据有时可以看作由若干个在时间上保持连续的截面数据构成;有时也可以看

作由若干个具有相同时期或时点的时间序列构成。

5. 全面调查与非全面调查

全面调查与非全面调查的区别在于：对构成总体的所有总体单位一一进行调查，就是全面调查；仅对构成总体的部分总体单位进行调查，就是非全面调查；与调查事项的多寡没有任何关系。人口普查是人们最熟悉的一种全面调查，人口普查标准时点的确定非常重要；重点调查、典型调查、抽样调查是人们最熟悉的非全面调查。

6. 抽样方法与抽样组织方式

重复抽样（也称有放回抽样）与不重复抽样（也称无放回抽样），是两种基本的抽样方法，侧重抽取样本点的实际操作行为。抽样组织方式，侧重先通过对总体的构成及研究变量在总体单位上数值表现特征的定性分析，然后对总体所有单位进行适当的划分，最后再采用适当的抽样方法把样本单位抽选出来。

常用的随机抽样组织方式有简单随机抽样组织方式、系统随机抽样组织方式、分层随机抽样组织方式、整群随机抽样组织方式等。其中，(1) 简单随机抽样组织方式是其他随机抽样组织方式的基础。(2) 若把抽样方法与随机抽样组织方式结合起来，有简单随机重复抽样组织方式、简单随机不重复抽样组织方式，分层随机重复抽样组织方式、分层随机不重复抽样组织方式，整群随机不重复抽样组织方式、整群随机重复抽样组织方式等。(3) 每一种随机抽样组织方式"随机性"的表现不同：简单随机抽样的"随机性"体现在获取每一个样本单位都要遵循随机的原则；系统随机抽样的"随机性"体现在获取第一个样本点应遵循随机的原则；分层随机抽样的"随机性"体现于在每一层获取样本单位时应遵循随机的原则；整群随机抽样的"随机性"体现于在所有划分出的群中，随机地选出样本群。

7. 统计数据搜集方法

访谈法：可以是调查者对被调查者直接面对面的访谈，也可以是调查者通过视频、音频或电话等终端设备，对被调查者进行访谈。采用该方法搜集数据的成本较高，但数据质量也较高。

现场问卷填写法：当被调查者集中于相对较小的空间且环境、气氛适宜，同时被调查者均能准确理解问卷中的问题时，可以采用这种方式搜集数据，但应注意被调查者之间的相互影响。采用该方法搜集数据的成本相对较低，数据质量通常也较高。

邮寄问卷法：当被调查者的居住地或工作场所比较分散且仅能获得被调查者准确的住址信息或工作单位的具体地址，而无法获得其他准确的信息，并在时间允许的情况下，可以考虑采用邮寄问卷法搜集数据。采用该方法搜集数据的成本较低，但耗时可能较长且问卷的回收率低，数据往往可能存在较大的系统性误差。

媒体调查法：媒体调查法的显著特点是调查者对被调查者的了解，不仅比访谈法、邮寄问卷法了解的少，而且比现场问卷填写法对被调查者的了解还少，被调查者完全处于"隐匿"的状态，直至其确认"提交问卷"。采用媒体调查法搜集的数据，系统性误差大，获得的数据通常不能用于统计推断，但是，获取数据的成本较小且时效性很强。

实验法：除了在自然科学研究中大量采用实验法获取研究所需的数据外，在社会科学研究中也可以采用实验法获取研究所需的数据。但是，在获取与人的行为、心理活动等有关的实验数据时，应尽量遵循"双盲"原则：一是参与实验的被实验者不知道自己是

"实验组"成员还是"对照组"成员;二是具体实施实验或观察的人员不知道哪些是"实验组"或"对照组"成员,也不知道所实施实验或观察的真实差异。

另外,通过调查获取统计数据时,有时并不一定由填报单位直接提供,而需要调查者通过对调查单位在一定时空(行为活动)变化的观察、观测得到;通过实验获取统计数据时,有时也需要调查者对"实验组"和"对照组"成员外在行为活动变化的观察、观测才能得到。这种获取数据的方法也称作观察法。

8. 统计数据误差

统计数据是总体单位特征或总体特征的表现,它与总体单位相应特征或总体特征真值之间的差异,就是统计数据误差(也称统计误差);统计数据误差具有客观现实性。

从统计工作过程看,统计数据误差有统计数据调查误差、统计数据整理误差和统计数据分析误差,即在统计工作的每一个工作阶段都可能增大或缩小统计数据误差。

从抽样的角度看,统计数据误差可以分为抽样误差与非抽样误差两类。登记性误差与系统性误差为非抽样误差的两种表现形式。登记性误差主要指因被调查拒绝调查或提供不真实、不准确数据,或者是调查者记录错误而导致的数据误差,主要产生于统计调查工作阶段;系统性误差主要产生于统计整理、统计分析工作阶段,有时也产生于统计数据调查阶段。无论登记性误差还是系统性误差,既有无意登记性误差,也有有意登记性误差;既有无意系统性误差,也有有意系统性误差。

抽样误差是指在其他条件相同的情况下,所有可能的样本的特征值与相应总体特征真值之间差异的平均差异。在实际抽样中,通常遵循随机的原则仅仅选出一个样本,并根据这一个样本的特征值对相应总体特征的真值进行推断并据其测算抽样误差。显然,若随机选出的样本不同,则据其对相应总体特征真值的推断结果以及对抽样误差的测算结果也不同。

抽样调查不仅会产生统计数据的抽样误差,也会产生非抽样误差;非抽样调查(如全面调查、典型调查、重点调查等)仅产生统计数据的非抽样误差。

9. 调查单位与填报单位

统计调查的核心工作是搜集数据。但是,为搜集能满足研究需要的数据,在实施搜集数据工作行为前应明确以下两点。一应明确向"谁"搜集,也即搜集"谁"的数据,即确定调查单位——若采用全面调查,则所有总体单位均为调查单位;若采用非全面调查,则被选中的部分总体单位为调查单位。二应明确由"谁"提供数据,即确定填报单位——若调查单位是具有一定行为、认知能力的人,则填报单位通常就是调查单位,否则,调查单位就不是填报单位。

10. 调查项目

调查表的核心是调查项目。无论是诸如人口普查表(一览表)中的调查项目,还是诸如市场调查问卷(单一表)中的调查问题,都是对相应调查总体中总体单位特征的一种表述,即对应着一个变量。若为数量变量,则为搜集数量数据;若为定性变量(分类变量或顺序变量),则为搜集定性数据。特别是在市场调查问卷中,问题的表述一定要简洁、清晰、不能有歧义;问题的答案选项一定要遵循"不重不漏"的原则去设置,且以"单选"的形式供被调查者选择。

11. 调查问卷

调查问卷是调查方案的核心,是搜集数据的载体。无论采用哪种统计数据搜集方法搜集数据,都应设计调查问卷。

练习题

(一) 判断题

1. 获取整群随机样本时,其随机性体现在获取每一个样本单位(点)上。

2. 采用分层随机抽样组织方式获取样本时,将总体划分的层数应充分地多。

3. 抽样调查不会产生非抽样误差。

4. 抽样误差是指在其他条件相同的情况下,所有可能的样本的特征值与总体相应特征真值之间的平均差异。

5. 所有统计数据从其初始来源看,或者来自调查或者来自实验。

6. 获取简单随机样本时,其随机性体现在获取每一个样本单位(点)上。

7. 通过向被调查者邮寄问卷获取调查数据,调查成本相对较小,但是问卷的回收率通常较低且容易产生系统性误差。

8. 统计数据调查误差可能来自调查(组织)者,也可能来自被调查者。

9. 统计数据作为统计活动的工作成果,其质量的高低主要取决于统计数据误差的大小。

10. 在其他条件保持相同的情况下,整群随机抽样的抽样误差通常会大于分层随机抽样的抽样误差。

11. 在解决某一问题时,通过网络调查问卷获取数据,既快捷、准确,成本又相对较低。

12. 调查问卷中问题的提问方式、词语的使用以及问题的组合等,都会影响数据调查误差的大小。

13. 采用整群随机抽样组织方式获取样本时,将总体划分的群数应充分地多。

14. 采用分层随机抽样组织方式获取样本时,应尽量做到研究现象(变量)在各层内的差异尽可能地小,在层与层之间的差异尽可能地大。

15. 在统计调查工作阶段,搜集数据主要就是搜集变量在相应总体单位上的数值表现。

16. 通过全面调查取得的统计数据不存在误差。

17. 2020 年第七次全国人口普查的标准时点是 2020 年 11 月 1 日零时。

18. 全面调查就是对被调查单位进行全面、深入的调查。

19. 统计数据都是为解决特定问题、由特定的人员采用特定的方法而获得的数据。

20. 根据重点调查、典型调查、滚雪球调查等非随机抽样调查所得样本的结论,通常不能用于统计推断。

21. 所有普查都需要规定普查的标准时点。

22. 统计调查搜集的数据都是相应变量在全部或部分总体单位上的数值表现或对其进行汇总、处理的结果。

23. 统计数据误差中的登记性误差主要来自搜集数据工作阶段。

24. 统计数据误差中的系统性误差只能来自数据整理和数据分析工作阶段。

25. 抽样调查中既有抽样误差又有非抽样误差,而非抽样调查中只有非抽样误差,因此采用非抽样调查产生的统计数据误差通常会小于采用抽样调查产生的统计数据误差。

(二) 单项选择题

1. 在一次有关大学生学习动机问题的调查中,调查者分别调查了大学生的性别、年级、就读高校的类型、学习内在动力、月生活费支出及其家庭成员居住情况(在乡村还是城镇)等。在该次调查中,属于顺序调查变量的有

  A. 0个   B. 1个   C. 2个   D. 3个

2. 在一次有关大学生学习动机问题的调查中,调查者分别调查了大学生的性别、年级、就读高校的类型、学习内在动力、月生活费支出及其家庭成员居住情况(在乡村还是城镇)等。在该次调查中,属于分类调查变量的有

  A. 1个   B. 2个   C. 3个   D. 4个

3. 要研究某高校学生学习费用(包括学费、书本费、考试费、培训费、资料费等)支出情况,并准备采用抽样调查获取样本。下列最适宜的抽样组织方式可能是

  A. 简单随机抽样   B. 整群随机抽样

  C. 系统随机抽样   D. 分层随机抽样

4. 关于某省内高校大学生手机使用情况的调查,下列说法正确的是

  A. 该省内所有高校构成调查总体

  B. 该省内高校所有大学生构成调查总体

  C. 该省内高校所有大学生手机的月消耗流量构成一个调查总体

  D. 该省内高校大学生使用华为手机的人数占总人数的比重可以作为一个调查变量

5. 被调查者给出的问题答案与问题答案的"真值"之间的差异称作调查数据的回答误差。下列不会导致回答误差产生的有

  (1) 对问题的理解

  (2) 对问题答案的记忆

  (3) 回答问题的态度

  A. 0项   B. 1项   C. 2项   D. 3项

6. 关于整群随机抽样组织方式,下列说法正确的有

  (1) 应将总体划分为尽可能多的群

  (2) 每一群内所包含的总体单位数应保持相同

  (3) 所研究现象在群内差异应尽可能地大,在群间差异应尽可能地小

  A. 0项   B. 1项   C. 2项   D. 3项

7. 关于调查问卷,下列说法不正确的有

  (1) 一份高质量的调查问卷可以减少非抽样误差的产生

  (2) 问卷中问题提问方式的不同对被调查者会产生不同的影响

  (3) 问卷中问题使用词语的不同对被调查者的理解会产生不同的影响

  A. 0项   B. 1项   C. 2项   D. 3项

8. 关于实验数据,下列说法不正确的有

  (1) 实验数据是通过控制实验对象而搜集到的变量表现

(2) 搜集实验数据时,实验组和对照组的产生应具有随机性
(3) 搜集实验数据时,实验组和对照组所处的实验环境应保持相同
A. 0 项　　　　B. 1 项　　　　C. 2 项　　　　D. 3 项

9. 关于分层随机抽样组织方式,下列说法正确的有
(1) 总体被划分的层数不应太多
(2) 从含有较多总体单位的层内应抽取较多的样本单位
(3) 所研究的现象在各层内的差异应尽可能地小,在层与层之间应尽可能地大
A. 0 项　　　　B. 1 项　　　　C. 2 项　　　　D. 3 项

10. 关于网络调查,下列说法正确的有
(1) 网络调查是一种随机抽样调查
(2) 根据网络调查的数据可以对总体进行推断
(3) 网络调查样本中的样本单位大多都具有相同的偏好
A. 0 项　　　　B. 1 项　　　　C. 2 项　　　　D. 3 项

11. 某审计人员准备从被审计企业提供的 10 000 张同一产品的原始销售票据中,随机抽取 100 张票据对产品销售的合法性、合规性和真实性进行审核,并需要据其对该企业此 4 种产品的销售情况作出审计评价。下列最适宜的抽样组织方式可能是
　A. 简单随机抽样　　　　　　B. 系统随机抽样
　C. 分层随机抽样　　　　　　D. 整群随机抽样

12. 某审计人员准备从被审计企业提供的 10 000 张 4 种产品的原始销售票据中,随机抽取部分票据对产品销售的合法性、合规性和真实性进行审核,并需要据其对该企业此 4 种产品的销售情况作出审计评价。下列最适宜的抽样组织方式可能是
　A. 简单随机抽样　　　　　　B. 系统随机抽样
　C. 分层随机抽样　　　　　　D. 整群随机抽样

13. 某审计人员准备从被审计企业提供的 10 000 张同一产品的原始销售票据中,随机抽取 100 张票据对产品销售的合法性、合规性和真实性进行审核,并需要据其对该企业此产品的销售情况作出审计评价。关于该次审计调查,下列说法正确的有
(1) 该企业提供的这 10 000 张原始销售票据都是调查单位
(2) 随机抽取的 100 张销售票据都是填报单位
(3) 该调查(审计)有可能产生登记性误差
A. 0 项　　　　B. 1 项　　　　C. 2 项　　　　D. 3 项

14. 关于市场调查问卷,下列说法正确的有
(1) 市场调查问卷中的问题通常应设置为单项选择题
(2) 市场调查问卷中设置的问题数量通常不受限制,但不应太多
(3) 市场调查问卷中的问题可以用来搜集分类数据、顺序数据,也可以搜集数量数据
A. 0 项　　　　B. 1 项　　　　C. 2 项　　　　D. 3 项

15. 关于抽样误差,下列说法正确的有
(1) 抽样误差具有客观存在性
(2) 抽样误差可以估计,但具体是多少无法准确测定
(3) 抽样误差仅存在于抽样调查,非抽样误差仅存在于非抽样调查
A. 0 项　　　　B. 1 项　　　　C. 2 项　　　　D. 3 项

(三) 填空题

1. 2021年7月某日,LK国际机场在对机场工作人员进行定期新冠病毒核酸检测中,发现9名工作人员的新冠病毒核酸检测结果呈阳性。为防范新冠疫情的扩散,次日该国际机场所在市决定实施第一轮全员新冠病毒核酸检测。从统计调查的视角看,该市准备实施的这次全员新冠病毒核酸检测应属于_____调查,总体是_____,填报单位是_____;该次调查的核心调查变量在总体单位上的数值表现为_____和_____,它们是_____数据;若将这些调查数据进行汇总、处理,可以获得反映该市新冠疫情的指标有_____(至少写出两个);在该次核酸检测调查中,一定会产生_____误差,有可能产生_____误差,一定不会产生_____误差。

2. 若要了解截至2021年8月世界各国成年人对新冠病毒肺炎疫情病毒溯源问题的看法(病毒溯源已被政治化、病毒溯源没有被政治化),则调查总体为_____,比较适宜的随机抽样组织方式可能是_____,为此,划分总体的变量为_____,比较适宜的数据搜集方式可能是_____;若对所搜集的核心调查数据进行分析,在该次调查中可能的调查变量还应包括_____、_____、_____等;该调查一定会产生_____误差和_____误差。

(四) 简答题

1. 简述调查方案通常应包括哪些主要内容。

2. 简述统计数据误差的种类及可能的防范措施。

3. 简述分层随机抽样组织方式实施的基本步骤。

(五) 实务题

1. 为了解2021年夏季某地遭遇特大暴雨对当地各项社会经济活动产生的影响,以及当地居民对遭受暴雨袭击和对暴雨灾难的反思等问题,选择一个你所关注的问题,设计一份调查问卷并据此搜集数据,对所关注的问题进行研究(可以仅设计问卷)。

2. 为了解2021年上半年我国电子玩具产品生产小微企业的销售及其财务状况,
   (1) 设计一份调查问卷并据此搜集相关数据,对2021年上半年我国电子玩具产品生产小微企业的销售及其财务状况等问题进行分析(可以仅设计问卷);
   (2) 指出应采用何种调查方式比较合适;
   (3) 指出应采用何种数据搜集方法去搜集数据;
   (4) 指出所搜集数据的类型。

第3章　数据的整理与展示

要点提示

1. 整理数据

统计工作通常分为统计调查、统计整理和统计分析三个基本工作阶段,数据分组与数据展示是统计整理工作的核心。整理数据就是将通过调查或实验获得的大量的、个体的、杂乱无章的、分散的数据,使其系统化、条理化、表格化、图形化的过程;数据整理需要顺次通过审核数据、录入数据、实施数据分组、汇总数据和展示数据等步骤。

2. 数据审核

无论是通过调查或实验获得的直接(原始)数据,还是通过各种媒介获得的间接数据,在利用这些数据分析具体问题前,都应对其进行审核。其中,对直接数据主要审核其完整性和准确性,对间接数据主要审核其适用性和时效性。

3. 数据分组

由于直接(原始)数据都是变量在相应总体单位上的数值表现,每一个数据都对应着一个总体单位,因此,数据分组本质上是对相应总体单位的分组。

统计分组就是选取一个适当的变量(也称分组变量)并根据该变量在总体单位上的数值表现,将相应总体单位归入不同的组,据此可得每组包含的总体单位数及其占总体或样本单位数的比重等数据。其中,当选择连续型变量作为分组变量时,首先,需要确定组数——相应的总体单位将被分到多少个不同的组内;其次,需要确定组距——相应组内最大变量值与最小变量值相差多少,根据研究问题的需要,有时采用等距分组、有时采用不等(异)距分组;最后,需要确定组限——每一组最大变量值、最小变量值分别是多少。

事实上,对一组连续型截面数据的分组,只有在组数、组距、组限都确定的情况下,才能得到一个具体的分组结果;组数、组距、组限中有一个不能确定,最后的分组结果都不能具体地确定下来。

特别地,当一组数据中有极端数值(与大多数数据相差极大)存在时,通常应将最小变量值组或最大变量值组设计为开口组形式——规定下限而不规定上限或规定上限而不规定下限的组。

4. 数据展示

数据展示主要就是将汇总后的调查数据或分组后的调查数据或据其计算所得的数据,以适当的方式展示或提供给公众(用户),让公众(用户)能清晰、直观地了解并理解调查数据的实际意义。通常可以选用纯文字方式来描述这些汇总、分组或计算所得数据,以及数据间的数量关系,也可以选用统计表直观展示这些汇总、分组或计算所得数据,也可以根据汇总、分组或计算所得数据的特征,制作统计图加以直观展示。

从选用纯文字描述数据特征看,对反映现象发展变化性质、过程与结果的数据,应注意其习惯表达(用词),如"增加""增加到""增长""增长到""提高""提高到""降低""降低到""上升""上升到""下降""下降到""上涨""下跌""同比增加""同比增长""环比增加""环比增长"等对特定现象特征描述的意义;同时,应考虑如何将数据表达得更为简洁、清晰;也应注意标点符号在纯文字描述数据中的作用。

从统计表的构成看,统计表通常由表头、横行标题、纵行标题、数值(据)和表外附注等部分构成;从统计表的内容上看,统计表包括主词和宾词两部分。三线统计表是最简单、最简洁、最常用的简单统计表;根据研究问题的需要和数据特征,可以在三线统计表的基础上制作各种形式的复合统计表。从形式上看,左右开口、横行标题对应组间不用横线隔开、上下两条线稍粗(黑)是三线统计表最显著的形式特征。

从统计图的制作看,随着计算机技术的发展和各种统计软件的开发利用,利用软件自动生成统计图展示数据变得越来越普遍。但是,无论利用哪种软件自动生成的统计图,通常都需要对其进行适当的调整、编辑,才能使其更简洁、更清晰、更美观,才能使得公众(用户)能更直观、更准确地理解所展示数据的意义。从日常生活中最常见的统计图看,条(柱)形图、圆饼图、散点图、折线图、直方图等,都分别适用于特定类型的数据。特别地,若想在一张统计图中,既展示绝对数数据,又展示相对数数据,通常可以考虑制作双坐标轴图形;对于展示两个或两个以上、计量单位不同的绝对数数据,通常不采用双坐标轴图形;对于时间序列数据绝对不能采用圆饼图展示。

练习题

(一) 判断题

1. 对直接(原始)数据应主要从数据的完整性和时效性两方面进行审核。
2. 对间接(次级)数据应主要从数据的适用性和时效性两方面进行审核。
3. 对有极端数值存在的一组截面数量数据进行分组时,通常应考虑采用开口组的形式进行分组。
4. 对一组连续型截面数量数据分组的结果,可以看作是组数、组距和组限的三元函数。
5. 统计表中数据的计量单位应置于表的右上角。
6. 一张统计表或一张统计图或一段统计文字中的数据,应保留相同的小数位数。
7. 统计图纵横坐标轴的计量单位刻度的长度应保持一致。
8. 统计图的标题通常应置于图的正下方。
9. 在任何一张统计图中都应该使用图标(例)。
10. 采用圆饼图展示时间序列数据优于条(柱)形图。
11. 一张统计图内不能同时展示某一现象的绝对数量特征和相对数量特征。
12. 对于分类数据,通常既可以考虑采用圆饼图展示也可以考虑采用条(柱)形图展示。

13. 对于顺序数据,通常既可以考虑采用圆饼图展示也可以考虑采用条(柱)形图展示。

14. 要展示 2021 年 7 月 31 日全球新冠病毒肺炎现有确诊病例数、治愈出院病例数和病亡病例数及其占比情况,采用圆饼图比采用条(柱)图或折线图更简洁明了。

15. 一段统计文字中的同类数据应尽量采用相同的计量单位。

16. 采用不同计量单位计量的两个或多个现象的数量特征,不能在单坐标轴的同一个图形中展示。

17. 一张统计表中的数据应保留相同的小数位数。

18. 任意一张统计表中都应有"合计"行或列。

19. 一张统计表中的所有"单元格"都不能空着。

20. 若想展示某现象的绝对数量特征,又想展示该现象的相对数量特征,可以制作双坐标轴统计图展示。

21. 对调查数据实施录入和汇总时都有可能产生差错,这种差错属于登记性误差。

22. 对一组连续型截面数据进行分组时,选用的组数不同或组距不同或组限不同都可能会有不同的分组结果,根据不同的分组结果对现象进行的分析与现象的实际状况就可能存在差异,这种差异属于系统性误差。

23. 对调查数据的分组实际上是对总体单位的分组。

24. 选用何种变量对调查数据进行分组,实际上在数据搜集阶段,特别是在设计调查问卷时就已经确定,研究者通常不应在完成数据搜集后才考虑选用何种变量对数据进行分组。

25. 在坐标轴单位刻度不同的平面直角坐标系中,采用同一图形分别展示同一现象的数量特征,人们对其展示效果的感受相同。

(二) 单项选择题

1. 关于对一组连续型截面数据的分组,下列说法正确的有
(1) 采用的组数不同,则有不同的分组结果
(2) 采用的组限不同,则有不同的分组结果
(3) 采用的组距不同,则有不同的分组结果
A. 0 项   B. 1 项   C. 2 项   D. 3 项

2. 关于统计图、统计表、统计文字,下列说法正确的有
(1) 一张统计图中数据的计量单位应保持相同
(2) 一张统计表中数据的计量单位应置于表的右上角
(3) 一段统计文字中的同类数据应尽量保留相同的小数位数
A. 0 项   B. 1 项   C. 2 项   D. 3 项

3. 在对某班学生按手机日消耗流量分组时,一位学生某日手机消耗流量是 200 MB,那么该学生应归入
A. "100～200 MB"组
B. "200～250 MB"组
C. 既可以归入"100～200 MB"组,也可以归入"200～250 MB"组
D. 没有统一的规定

4. 表 3-1 作为一张统计表,主要不规范之处有

表 3-1　2011—2020 年中国税收相关数据

年份	一般公共预算收入 (亿元)	税收收入 (亿元)	税收收入占一般公共 预算收入的比重
2011 年	103 740	89 720	86.49%
2012 年	117 210	100 601	85.83%
2013 年	129 143	110 497	85.56%
2014 年	140 350	119 158	84.9%
2015 年	152 269	124 892	82.02%
2016 年	159 605	130 354	81.67%
2017 年	172 567	144 360	83.65%
2018 年	183 352	156 401	85.3%
2019 年	190 382	157 992	82.99%
2020 年	182 895	154 310	84.37%

注:表中数据分别来自 2011—2020 年中华人民共和国国民经济和社会发展统计公报及其测算。

  A. 4 处   B. 5 处
  C. 8 处   D. 10 处

5. 下列最适宜展示分类数据的是
  A. 直方图   B. 茎叶图
  C. 圆饼图   D. 箱线图

6. 已知 2020—2021 学年第一学期某高校 1 505 名学生"统计学"课程期末考试成绩,在按成绩进行组距分组后,准备采用统计图展示这次"统计学"课程期末考试成绩的分布情况。下列最适宜的图形是
  A. 折线图   B. 散点图
  C. 直方图   D. 圆饼图

7. 若分别已知 2021 年 7 月 26 日和 8 月 2 日,上海证券交易所"中国石化"这只股票当天的开盘价、收盘价、最低价和最高价,且准备采用图形展示和比较这只股票的价格变动情况,则下列最适宜的图形是
  A. 圆饼图   B. 茎叶图
  C. 条(柱)图   D. 箱线图

8. 若已掌握 1978—2020 年我国国内生产总值和固定资产投资时间序列数据,且准备在一张图中展示这两个现象变动的趋势特征,下列最适宜的图形是
  A. 折线图   B. 散点图
  C. 直方图   D. 圆饼图

9. 作为一张统计图,图 3-1 中主要不规范之处有

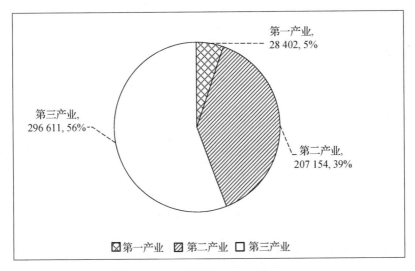

图 3-1 2021 年上半年我国三次产业增加值及其占比情况

A. 1 处　　　　B. 2 处　　　　C. 3 处　　　　D. 4 处

10. 作为一张统计图,图 3-2 中主要不规范之处有

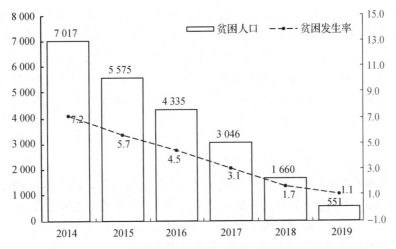

图 3-2 2014—2019 年年末我国贫困人口及贫困发生率情况

A. 1 处　　　　B. 3 处　　　　C. 5 处　　　　D. 7 处

(三) 填空题

1. 在图 3-1 中,主要不规范之处有(哪些)_____。

2. 在图 3-2 中,主要不规范之处有(哪些)_____。

3. 在表 3-1 中,主要不规范之处有(哪些)_____。

4. 2020 年我国全年猪牛羊禽肉产量 7 639 万吨,比上年下降 0.1%,其中猪肉产量 4 113 万吨,比上年下降 3.3%,牛肉产量 672 万吨,比上年增长 0.8%,羊肉产量 492 万吨,比上年增长 1.0%,禽肉产量 2 361 万吨,比上年增长 5.5%。禽蛋产量 3 468 万吨,比上年增长 4.8%。牛奶产量 3 440 万吨,比上年增长 7.5%。全年生猪出栏 52 704 万头,

比上年下降 3.2%;年末生猪存栏 40 650 万头,比上年末增长 31.0%。

(1) 在这一段文字中,主要不规范之处有_____处;

(2) 这一段文字的规范表达为_____。

(四) 简答题

1. 简述制作一张规范的统计表应注意的事项。

2. 简述制作一张规范的统计图应注意的事项。

3. 简述书写一段规范的统计文字应注意的事项。

(五) 实务题

1. 某研究团队采用简单随机不重复抽样组织方式,从 2021 年上半年我国电子产品小微生产企业中随机抽取 60 家,并采用访谈法搜集了这 60 家企业的资产额、负债额、应收账款、坏账准备、销售收入、利润额、企业性质及其产品主要销售途径等数据。其中,2021 年上半年这 60 家小微企业应收账款额(万元)如下:62、70、57、60、50、72、82、68、54、60、64、62、60、53、79、33、48、62、56、63、55、69、52、65、57、44、42、52、51、69、74、62、21、63、71、80、63、88、80、60、79、58、60、73、64、62、61、17、43、38、74、64、33、65、47、46、43、14、65、46。

要求:

(1) 以应收账款额的个位数字"0"为组限的个位数值,将上述 60 家小微企业等距分为 6 组,并将变量值在各组出现的频数和频率用一张统计表进行展示;

(2) 用文字对(1)中数据的分组情况进行描述;

(3) 制作一张适当的统计图展示(1)中数据的分组情况。

2. 2020 年一至四季度,我国国内生产总值分别为 205 727 亿元、248 985 亿元、264 976 亿元和 296 298 亿元,同比分别增长 −6.8%、3.2%、4.9%和 6.5%;2021 年一至三季度,我国国内生产总值分别为 249 310 亿元、282 857 亿元和 290 964 亿元,分别增长 18.3%、7.9%和 4.9%。

要求:

(1) 制作一张适当的统计表,展示这一段文字中的统计数据;

(2) 制作一张适当的统计图,展示这一段文字中的统计数据。

第4章 数据特征值的测定

要点提示

1. 众数

众数是一组数据中出现次数最多的那个数据。一组数据中可能每个数据出现的次数都相同,也可能有两个或两个以上的数据出现的次数同样最多,也可能只有一个数据出现的次数最多。因此,一组数据可能没有众数,可能有两个或两个以上众数,也可能只有一个众数,即众数不具有唯一性。

一组分类数据可能有众数,一组顺序数据可能有众数,一组数量数据也可能有众数。

对于未分组的数量数据或单变量值数据,其众数根据定义很容易确定。对于组距分配数列数据,假定变量在每一组内服从均匀分布时,可利用以下公式估算其众数,即

$$M_0 = L + \frac{f_m - f_{m-1}}{(f_m - f_{m-1}) + (f_m - f_{m+1})} \cdot I$$

其中,在确定众数组时,理论上应根据次数密度的大小进行确定,但是在等距分组或大多数组的组距相同的情况下,可以大致根据"频数"或"频率"确定。同时,能准确区分哪一组是众数组的前一组、哪一组是众数组的后一组是利用该公式的一个关键;上式中的 f_{m-1}、f_m、f_{m+1} 可以都是"频数",也可以都是"频率",分别表示众数组前一组、众数所在组、众数组后一组的频数或频率。

一组数据的众数大小不受极端数值(极大值或极小值)的影响。但是,若对该组数据进行分组后,然后再确定其众数,则所求众数受分组结果的影响,即受到组数、组距和组限的影响。

书中主要讨论数量数据的众数且重点考察组距分配数列数据众数的测定问题。

2. 中位数

中位数是一组数据排序后处于中间位置上的那个数据。分类数据不能排序,故而分类数据没有中位数;顺序数据可以排序,故而顺序数据有中位数;数量数据可以排序,故而数量数据有中位数。无论是一组顺序数据还是一组数量数据,其中位数都具有唯一性。

对于未分组或单变量值分组数据,其中位数按定义比较容易确定;对于组距分配数列数据,假定变量在每一组内服从均匀分布时,可利用下列公式估算其中位数,即

$$M_e = L + \frac{\frac{1 + \sum f}{2} - s_{m-1}}{f_m} \cdot I$$

其中,在确定中位数组时,应首先对"频数"或"频率"进行"向上累积",以确定中位数会落入哪一组;其次,应理解公式中 s_{m-1} 的意义——对"频数"或"频率"采用"向上累积"时,累计到中位数所在组前一组为止时的累积数;最后,公式中 $\dfrac{1+\sum f}{2}$ 表示中位数所处的位置。上式中的 f_m、s_{m-1} 可以都是"频数",也可以都是"频率";若它们都是"频率",则 $\dfrac{1+\sum f}{2}$ 应以50%替换,但结果略有不同。

另外,对于组距分配数列数据中位数的估算,正确理解"向上累积"是一个关键点。同时,尽管一组数据的中位数的大小不受极端数值(极大值或极小值)的影响,但是,若对该组数据进行分组后,然后再确定其中位数,则所求中位数的大小受分组结果的影响,即受组数、组距和组限的影响。

3. 算术平均数

算术平均数是指数量变量在相应样本(或总体)单位上的数值表现之和与相应样本(总体)单位数的比值,分母中每一个样本(总体)单位与分子中的"数值表现"之间具有明确的一一对应的关系。

$$\text{算术平均数} = \frac{\text{数量变量在样本单位上的数值表现之和}}{\text{样本单位数}}$$

其中,分子"数量变量在样本单位上的数值表现之和"中的"数值表现"只能是绝对数,不能是相对数,也不能是平均数。

对于未分组的绝对数截面数据,采用简单算术平均数公式计算,即

$$\bar{x} = \frac{1}{n}\sum_{i=1}^{n} x_i = \frac{1}{n}\sum x$$

其中,x_1、x_2、$\cdots$、x_n 为一组绝对数。

对于单变量值数据或组距分配数列数据,通常利用加权算术平均数公式计算,即

$$\bar{x} = \frac{\sum_{i=1}^{k} x_i \cdot f_i}{\sum_{i=1}^{k} f_i} = \sum_{i=1}^{k} x_i \cdot \frac{f_i}{\sum_{i=1}^{k} f_i} \quad \text{或} \quad \bar{x} = \frac{\sum xf}{\sum f} = \sum x \cdot \frac{f}{\sum f}$$

其中,x_1、x_2、$\cdots$、x_k 为单变量绝对数或 k 组组距分配数列之组中值(分组变量的取值应为绝对数);f_1、f_2、$\cdots$、f_k 为相应组的频数;$\dfrac{f}{\sum f}$ 表示变量在相应组出现的频率。由于频率被用于测定概率,因此,数据的算术平均数与变量的数学期望意义相同:简单算术平均数公式中,变量值 x_1、x_2、$\cdots$、x_n 出现的概率均为 $\dfrac{1}{n}$;加权算术平均数公式中,变量值 x_i 出现的频率为 $\dfrac{f_i}{\sum_{i=1}^{k} f_i}$,这个频率也称作权数。

当一组数据中有极端数值存在时,通常不宜采用算术平均数衡量该组数据的一般水平。根据组距分配数列计算加权算术平均数时,应注意开口组组中值的确定方法,以及只有在假定变量在每一组内服从均匀分布或关于组中值对称分布的前提下才能计算。

4. 调和平均数

调和平均数是指一组非零数量数据倒数的算术平均数的倒数。对于一组未分组非零数量数据 $x_1、x_2、\cdots、x_n$，可采用简单调和平均数公式计算，即

$$\overline{x}_H = \cfrac{1}{\cfrac{\cfrac{1}{x_1}+\cfrac{1}{x_2}+\cdots+\cfrac{1}{x_n}}{n}} = \cfrac{n}{\sum\limits_{i=1}^{n}\cfrac{1}{x_i}} = \cfrac{n}{\sum\cfrac{1}{x}}$$

其中，$x_1、x_2、\cdots、x_n$ 不能为零；在解决实际问题时，$x_1、x_2、\cdots、x_n$ 也不能为负数且其倒数应有实际意义。

对于单变量值分组数据或组距分配数列数据，可采用加权调和平均数公式计算，即

$$\overline{x}_H = \cfrac{1}{\cfrac{\cfrac{m_1}{x_1}+\cfrac{m_2}{x_2}+\cdots+\cfrac{m_k}{x_k}}{m_1+m_2+\cdots+m_k}} = \cfrac{\sum\limits_{i=1}^{k}m_i}{\sum\limits_{i=1}^{k}\cfrac{m_i}{x_i}} = \cfrac{\sum m}{\sum\cfrac{m}{x}}$$

其中，$x_1、x_2、\cdots、x_k$ 为单变量取值或 k 组组距分配数列的组中值；$m_1、m_2、\cdots、m_k$ 为权数且 $\cfrac{m_1}{x_1}、\cfrac{m_2}{x_2}、\cdots、\cfrac{m_k}{x_k}$ 应有实际意义。

加权调和平均数常用来计算一组相对数截面数据的平均数。如在已知2021年生产同类产品的15家企业，各自的资产负债率、流动比率、速动比率、产品销售计划完成程度、销售利润率、产品次品率，以及各自的负债额、流动资产、速动资产、产品销售实际完成额、利润额、产品次品数等情况下，若要求解2021年这15家企业的平均资产负债率、平均流动比率、平均速动比率、平均产品销售计划完成程度、平均销售利润率、平均产品次品率等，则需要采用加权调和平均数公式进行计算。

5. 几何平均数

几何平均数是指一组非零数量数据的连乘积的数据个数次算术方根。对于一组未分组非零数量数据 $x_1、x_2、\cdots、x_n$，可采用简单几何平均数公式计算，即

$$\overline{x}_G = \sqrt[n]{x_1 \cdot x_2 \cdot \cdots \cdot x_n} = (x_1 \cdot x_2 \cdot \cdots \cdot x_n)^{\frac{1}{n}}$$

其中，当数据个数 n 为偶数时，$x_1、x_2、\cdots、x_n$ 的连乘积不能为负数；在解决实际问题时，不仅 $x_1、x_2、\cdots、x_n$ 的连乘积不能为负数，而且这 n 个数据也均不能为负数，同时还要确保其连乘积应有一定的实际意义。

对于单变量值分组数据或组距分配数列数据，可采用加权几何平均数公式计算，即

$$\overline{x}_G = \sqrt[(f_1+f_2+\cdots+f_k)]{x_1^{f_1} \cdot x_2^{f_2} \cdot \cdots \cdot x_k^{f_k}} = \sum\sqrt[f]{\prod x^f}$$

其中，$x_1、x_2、\cdots、x_k$ 为单变量取值或 k 组组距分配数列的组中值；$f_1、f_2、\cdots、f_k$ 为单变量值出现的次数或变量在相应组内出现的次数，常称其为权数。

在实际应用中，由于任何现象若干个绝对数之积，以及若干个平均数之积都没有实际意义，因此，对一组绝对数数据或平均数数据，通常不用几何平均数反映其一般水平。而对于某些相对数数据，当其连乘积有意义时，可考虑采用简单或加权几何平均数反映其一般水平。

6. 标准差与标准差系数

标准差（Standard Deviation）是推断统计中广泛应用的一个指标。对于一组未分组数

量数据 x_1、x_2、$\cdots$、x_n，可采用简单标准差公式计算，即

$$s = \sqrt{\frac{\sum_{i=1}^{n}(x_i - \overline{x})^2}{n-1}}$$

其中，$\overline{x} = \frac{1}{n}\sum_{i=1}^{n}x_i$；$x_1$、$x_2$、$\cdots$、$x_n$ 可以是绝对数或相对数，也可以是平均数，只是当 x_1、x_2、$\cdots$、x_n 为相对数或平均数时，其平均数通常不能直接按公式 $\overline{x} = \frac{1}{n}\sum_{i=1}^{n}x_i$ 计算。

当数据个数 n 充分大时（在统计学中，通常用 n 表示样本容量且 n 应尽可能地大），

标准差 $s = \sqrt{\dfrac{\sum_{i=1}^{n}(x_i - \overline{x})^2}{n-1}} \approx \sqrt{\dfrac{\sum_{i=1}^{n}(x_i - \overline{x})^2}{n}} = \sqrt{\dfrac{1}{n}\sum_{i=1}^{n}x_i^2 - (\overline{x})^2}$

对于单变量值分组数据或组距分配数列数据，可采用加权标准差公式计算，即

$$s = \sqrt{\frac{\sum_{i=1}^{k}(x_i - \overline{x})^2 f_i}{\sum_{i=1}^{k}f_i - 1}} \approx \sqrt{\frac{\sum_{i=1}^{k}(x_i - \overline{x})^2 f_i}{\sum_{i=1}^{k}f_i}} = \sqrt{\frac{\sum_{i=1}^{k}[x_i^2 - 2\overline{x}x_i + (\overline{x})^2]f_i}{\sum_{i=1}^{k}f_i}}$$

$$= \sqrt{\frac{\sum_{i=1}^{k}x_i^2 f_i - 2\overline{x}\sum_{i=1}^{k}x_i f_i + (\overline{x})^2 \sum_{i=1}^{k}f_i}{\sum_{i=1}^{k}f_i}}$$

$$= \sqrt{\frac{\sum_{i=1}^{k}x_i^2 f_i}{\sum_{i=1}^{k}f_i} - 2\overline{x} \cdot \frac{\sum_{i=1}^{k}x_i f_i}{\sum_{i=1}^{k}f_i} + (\overline{x})^2} = \sqrt{\frac{\sum_{i=1}^{k}x_i^2 f_i}{\sum_{i=1}^{k}f_i} - 2\overline{x} \cdot \overline{x} + (\overline{x})^2}$$

$$= \sqrt{\frac{\sum_{i=1}^{k}x_i^2 f_i}{\sum_{i=1}^{k}f_i} - (\overline{x})^2} = \sqrt{\frac{\sum x^2 f}{\sum f} - \left(\frac{\sum xf}{\sum f}\right)^2} = \sqrt{\sum x^2 \frac{f}{\sum f} - \left(\sum x \frac{f}{\sum f}\right)^2}$$

其中，x_1、x_2、$\cdots$、x_k 为单变量取值或 k 组组距分配数列的组中值；f_1、f_2、$\cdots$、f_k 为单变量值出现的次数或变量在相应组内出现的次数，常称其为权数。

由于变量值为 x_1、x_2、$\cdots$、x_k 且出现的概率分别为 $\dfrac{f_1}{\sum_{i=1}^{k}f_i}$、$\dfrac{f_2}{\sum_{i=1}^{k}f_i}$、$\cdots$、$\dfrac{f_k}{\sum_{i=1}^{k}f_i}$ 时，样本数据 x_1、x_2、$\cdots$、x_k 的二阶中心矩就是 $\dfrac{\sum_{i=1}^{k}(x_i - \overline{x})^2 f_i}{\sum_{i=1}^{k}f_i}$，因此，由样本二阶中心矩等于样本二阶原点矩 $\sum_{i=1}^{k}x_i^2 \dfrac{f_i}{\sum_{i=1}^{k}f_i}$，减去样本一阶原点矩 $\sum_{i=1}^{k}x_i \dfrac{f_i}{\sum_{i=1}^{k}f_i}$ 的平方，也可以得到上面的标准差的计算公式。

标准差系数是指一组数据的标准差与其平均水平之比值,即 $V_\sigma = \frac{s}{\bar{x}} \times 100\%$。其中,分母中的平均数可以是算术平均数,也可以是调和平均数或几何平均数。在实际应用时,应根据数量数据是绝对数、相对数或平均数的不同而改变。

标准差与标准差系数均可以反映一组数据的分散程度或偏离其平均水平的程度,但是,若需要比较两组或两组以上平均水平不同但性质相同的数据,以及性质不同的两组或两组以上的数据,哪组数据的分散程度较大或较小时,应选择标准差系数作为评判依据。

7. 偏态与偏态系数

从数据分布的形态看,与标准正态分布形态相比,若一组数量数据分布其长长的"尾巴"拖于右侧或"峰点"居于标准正态分布"峰点"的左侧,则表明这组数据呈右偏分布;若一组数量数据分布其长长的"尾巴"拖于左侧或"峰点"居于标准正态分布"峰点"的右侧,则表明这组数据呈左偏分布。

从众数与算术平均数的大小关系看,若一组数量数据的算术平均数大于众数,则表明该组数据可能呈右偏分布;若一组数量数据的算术平均数小于众数,则表明该组数据可能呈左偏分布。

从偏态系数看,若一组数量数据的偏态系数为负数,则表明该组数据可能呈左偏分布;若一组数量数据的偏态系数为正数,则表明该组数据可能呈右偏分布;若一组数量数据的偏态系数为0,则表明该组数据的分布可能呈对称分布或正态分布。一组数量数据的偏态系数的绝对值越大,表明与标准正态分布相比,其左偏或右偏的程度越大;一组数量数据的偏态系数的绝对值越接近0,表明与标准正态分布相比,其左偏或右偏的程度越小。当一组数量数据左偏或右偏适度的情况下,该组数据的中位数通常介于其众数与算术平均数之间。

8. 平均增量

平均增量也称平均增长量,是指对一组绝对数时间序列所求逐期增长量的算术平均数。对于绝对数时间序列 a_0、a_1、a_2、a_3、$\cdots$、a_{n-1}、a_n,相应的逐期增长量时间序列为 $a_1 - a_0$、$a_2 - a_1$、$a_3 - a_2$、$\cdots$、$a_n - a_{n-1}$。

原时间序列从第1期至第 n 期的平均增量为

$$\bar{\Delta} = \frac{1}{n}[(a_1 - a_0) + (a_2 - a_1) + (a_3 - a_2) + \cdots + (a_n - a_{n-1})] = \frac{1}{n}(a_n - a_0)$$

9. 平均发展水平

时间序列的平均发展水平也称作时间序列的序时平均数。从定义上看,尽管平均发展水平是一个时间序列各期数值的平均数,但是,由于时点时间序列,以及相对数时间序列和平均数时间序列在各时间上的数值相加没有意义,因此,对于时点时间序列,以及相对数时间序列和平均数时间序列,其平均发展水平的计算应采用不同的公式计算,不能直接采用简单算术平均数公式计算。

(1) 对于时期时间序列,采用简单算术平均数公式计算;

(2) 对于间隔相同的连续时点时间序列,采用简单算术平均数公式计算;

(3) 对于间隔不同的连续时点时间序列,采用加权算术平均数公式计算;

(4) 对于间隔相同的间断时点时间序列,采用"首尾折半法"计算;

(5) 对于间隔不同的间断时点时间序列,采用加权算术平均数公式计算;

(6) 对于相对数或平均数时间序列,应先计算与相对数或平均数序列各项的分子、分母相对应的绝对数时间序列的平均发展水平,再用"分子时间序列"的平均发展水平,除以"分母时间序列"的平均发展水平,从而求得相对数或平均数时间序列的序时平均数。

值得注意的是,当"分子时间序列"或"分母时间序列"为时点时间序列时,应注意间隔是否相同,从而选择不同的公式。计算时点时间序列平均发展水平时,均假定现象在两个时点之间服从均匀分布。

10. 平均增长速度(率)

时间序列的平均增长速度不能由增长速度时间序列直接求出,应先将环比增长速度时间序列转化为环比发展速度时间序列,采用几何平均法求出平均发展速度,再由平均发展速度与平均增长速度之间的关系得到平均增长速度。

对于绝对数时间序列 a_0、a_1、a_2、a_3、$\cdots$、a_{n-1}、a_n,相应的环比发展速度时间序列为 $\frac{a_1}{a_0}$、$\frac{a_2}{a_1}$、$\frac{a_3}{a_2}$、$\cdots$、$\frac{a_n}{a_{n-1}}$,因此,从第 1 期至第 n 期的平均发展速度为

$$\overline{V} = \sqrt[n]{\frac{a_1}{a_0} \cdot \frac{a_2}{a_1} \cdot \frac{a_3}{a_2} \cdot \cdots \cdot \frac{a_n}{a_{n-1}}} = \sqrt[n]{\frac{a_n}{a_0}}$$

所以,从第 1 期至第 n 期的平均增长速度为

$$\overline{v} = \overline{V} - 1 = \sqrt[n]{\frac{a_1}{a_0} \cdot \frac{a_2}{a_1} \cdot \frac{a_3}{a_2} \cdot \cdots \cdot \frac{a_n}{a_{n-1}}} - 1 = \sqrt[n]{\frac{a_n}{a_0}} - 1$$

11. 增长1%绝对值

增长1%的绝对值是用来反映报告期现象相比上期增长1%时,可以带来现象相比上期绝对增加的数量,既涉及报告期的逐期增长量,也涉及报告期的环比发展速度。其计算公式为

$$\text{第 } i \text{ 期增长1\%的绝对值} = \frac{a_i - a_{i-1}}{\frac{a_i}{a_{i-1}} - 1} \times 1\% = \frac{a_{i-1}}{100}$$

练习题

(一) 判断题

1. 已知某连续型变量的一组样本数据被分成了组距分配数列,当需要根据此组距分配数列计算其算术平均数、中位数、众数、标准差时,通常应假定该变量在每一组内服从正态分布。

2. 研究一组数量型截面数据的分布特征时,只要从该组数据的集中趋势(一般水平)、离散程度两方面都加以研究就能对其分布特征有比较清晰的认识。

3. 当某一数量变量的 k 个数值表现出现的次数相同时,采用加权算术平均数公式计算这些数值的平均数与采用简单算术平均数公式计算的结果一定相同。

4. 若 2017—2020 年某投资者购买某只股票的年收益率分别为 4.5%、2.1%、25.5% 和 1.9%，则该投资者购买这只股票四年的年平均收益率是 8.5%。

5. 常见的位置平均数主要有中位数与众数，常见的数值平均数主要有算术平均数、几何平均数与调和平均数。

6. 对于一组给定的数量型截面数据，其算术平均数、中位数和众数都是唯一的。

7. 当一组数据中有极大（极小）值存在时，采用中位数或众数反映该组数据的一般水平优于算术平均数。

8. 若 2020 年甲地居民家庭年收入的标准差大于乙地居民家庭年收入的标准差，则表明 2020 年甲地居民家庭间年收入的差距大于乙地（居民家庭间年收入的差距）。

9. 若从随机变量 $X \sim t(15)$ 的所有可能取值中，随机抽取 k 个值并分别计算其中位数、众数和算术平均数，则这三个数一定相等。

10. 若从随机变量 $X \sim \chi^2(15)$ 的所有可能取值中，随机抽取 k 个值并分别计算其中位数 M_e、众数 M_0 和算术平均数 $\bar{x}$，最有可能出现 $M_0 \leqslant M_e \leqslant \bar{x}$。

11. 分类变量在样本单位上的数值表现是分类数据，将分类变量在样本单位上的数值表现进行汇总所得数据仍是分类数据。

12. 时间序列数据可以由某一分类变量在同一样本单位不同时间上的数值表现，按时间先后顺序排列得到。

13. 从数据类型看，时间序列有数量数据时间序列、分类数据时间序列和顺序数据时间序列。

14. 从数据性质看，时间序列有绝对数时间序列、相对数时间序列和平均数时间序列。

15. 一个绝对数时间序列的环比增长速度的连乘积等于其相应的定基增长速度。

16. 2021 年 1—3 月某企业主营产品的销售利润率分别为 12.5%、13.5% 和 18.7%，则 2021 年 1—3 月该企业主营产品的平均销售利润率是 14.9%。

17. 2021 年 3—6 月末，某企业流动资产分别为 162 万元、154 万元、182 万元和 202 万元，流动比率分别为 70.5%、72.3%、69.5% 和 80.2%。2021 年 4—6 月该企业资产平均流动比率为 72.38%。

18. 2021 年 3—6 月末，某企业流动负债分别为 214 万元、258 万元、162 万元和 402 万元，速动比率分别为 28.5%、32.3%、39.5% 和 20.2%。2021 年 4—6 月该企业资产平均速动比率为 30.67%。

19. 2021 年 1—6 月末，某企业流动负债分别为 201 万元、340 万元、225 万元、258 万元、162 万元和 402 万元。2021 年二季度该企业月平均流动负债为 244.5 万元。

20. 计算绝对数时间序列的平均发展水平时，应采用简单算术平均数公式。

21. 计算间隔不等的间断时点时间序列的平均发展水平，应采用加权算术平均数公式。

22. 由反映现象内部构成的相对数形成的时间序列，任意相邻的两个数值相加都没有意义。

23. 计算一组相对数数据的平均数，应采用几何平均数公式。

24. 2021 年 7 月某海关人员检测发现，来自 J 国装有相同数量同种产品的五个集装箱内，产品的次品率分别为 1.2%、2.5%、1.9%、1.7% 和 3.2%。2021 年 7 月来自 J 国的这五个集装箱内产品的平均次品率是 2.1%。

25. 间隔不等的连续时点时间序列中的所有数据，都是采用逐日调查得到的。

（二）单项选择题

2021年3月，某研究人员获得了某地网购消费者2021年2月网上购物支出的相关数据，并整理成统计表。

表4-1 2021年2月某地网购消费者网上购物支出数据

按支出分组(元)	人数(人)	比重(%)	人数向上累积(人)
100以下	18人	1	*
100～150	45人	2.5	*
150～200	252人	14	（　）
200～250	918人	51	*
250～300	324人	18	*
300～350	144人	8	*
350～450	90人	5	*
450以上	9人	0.5	*
合　计	1 800人	100	—

数据来源：某研究人员的研究报告"某地网购消费问题研究"。

1. 2021年2月，表4-1中这1 800名网购消费者网购月平均支出是

A. 240.9元　　　B. 241.1元　　　C. 250.1元　　　D. 261.1元

2. 2021年2月，表4-1中这1 800名网购消费者网购支出的众数是

A. 223.6元　　　B. 226.4元　　　C. 229.5元　　　D. 233.6元

3. 2021年2月，表4-1中这1 800名网购消费者网购支出的标准差是

A. 56元　　　　B. 59元　　　　C. 61元　　　　D. 65元

4. 2021年2月，表4-1中这1 800名网购消费者网购支出的中位数是

A. 218.1元　　　B. 228.7元　　　C. 230.1元　　　D. 231.9元

5. 表4-1中第4列"（　）"内应填写的数值是

A. 315　　　　B. 330　　　　C. 1 650　　　D. 1 737

6. 2021年2月，表4-1中这1 800名网购消费者的网购支出数据呈

A. 左偏分布　　　　　　　　　B. 右偏分布

C. 均匀分布　　　　　　　　　D. 正态分布

7. 表4-1作为一张统计表，除第4列外，主要不规范之处有

A. 0处　　　　B. 2处　　　　C. 4处　　　　D. 6处

8. 要比较某班学生某日手机使用流量数据与该日生活消费支出数据差异程度的相对大小，通常应选用

A. 恩格尔系数　B. 偏态系数　　C. 标准差系数　D. 基尼系数

9. 2021年3月，某研究人员从甲地所有居民家庭中随机抽取1 050个家庭并调查其2020年家庭总收入，并分别计算这1 050个家庭总收入的算术平均数 $\bar{x}$、众数 M_0 和中位数 M_e。下列最有可能出现的是

A. $\bar{x} \leq M_0 \leq M_e$　　　　　　　B. $\bar{x} \leq M_e \leq M_0$

C. $M_0 \leq M_e \leq \bar{x}$　　　　　　　D. $M_e \leq M_0 \leq \bar{x}$

10. 下列说法正确的有
(1) 任意一组数量型截面数据都有唯一的算术平均数、中位数和标准差
(2) 利用偏态系数既可以判断一组数据分布的偏斜方向又能判断其偏斜的程度
(3) 当一组数据有极端数值存在时,中位数或众数比算术平均数更能反映该组数据分布的集中趋势

　　A. 0 项　　　　B. 1 项　　　　C. 2 项　　　　D. 3 项

11. 2021 年一季度,我国对东盟出口 6 835 亿元,同比增长 27.7%;自东盟进口 5 606 亿元,增长 24.3%。2021 年一季度,我国与东盟进出口总额同比增长

　　A. 25.85%　　B. 26.00%　　C. 26.15%　　D. 27.08%

12. 2021 年 8 月,某会计师事务所对三家上市公司年中审计发现:2021 年 6 月末 A 公司资产 1 850 亿元、资产负债率为 62.2%,B 公司资产 985 亿元、资产负债率为 70.6%,C 公司资产 1 363 亿元、资产负债率为 58.8%。2021 年 6 月末,这三家上市公司平均资产负债率是

　　A. 63.07%　　B. 63.68%　　C. 63.87%　　D. 63.95%

13. 2021 年 8 月,某会计师事务所对三家上市公司年中审计发现:2021 年 6 月末 A 公司负债 350 亿元、资产负债率为 52.2%,B 公司负债 285 亿元、资产负债率为 60.6%,C 公司负债 136 亿元、资产负债率为 48.8%。2021 年 6 月末,这三家上市公司平均资产负债率是

　　A. 52.8%　　　B. 53.9%　　　C. 54.3%　　　D. 55.2%

14. 2015—2020 年我国快递业务量(亿件)分别为 206.7、312.8、400.6、507.1、635.2 和 830.0。"十三五"时期,我国快递业务量年平均增量是

　　A. 103.5 亿件　B. 103.9 亿件　C. 124.7 亿件　D. 129.3 亿件

15. 2015—2020 年我国快递业务量(亿件)分别为 206.7、312.8、400.6、507.1、635.2 和 830.0。"十三五"时期,我国快递业务量年平均增速是

　　A. 21.6%　　　B. 26.1%　　　C. 27.6%　　　D. 32.1%

(三) 填空题

2013—2020 年我国快递业务发展迅速,快递业务量由 2013 年的 91.9 亿件增加到 2020 年的 830.0 亿件,快递业务收入由 2013 年的 1 442 亿元增加到 2020 年的 8 750 亿元。2013—2020 年我国快递业务收入变动情况见表 4-2。

表 4-2　2013—2020 年我国快递业务收入变动情况

年份	收入(亿元)	增量(亿元)		增速(%)		增长 1% 的绝对数(亿元)
		逐期	累积	环比	定基	
2013	1 442	—	—	—	—	—
2014	( )	603	( )	( )	( )	( )
2015	( )	( )	1 328	( )	( )	( )
2016	( )	( )	( )	43.5	( )	( )
2017	( )	( )	( )	( )	243.8	( )
2018	( )	( )	( )	( )	( )	( )
2019	( )	1 460	( )	( )	( )	60.38
2020	8 750	( )	( )	( )	( )	( )

数据来源:国家邮政局、华经情报网。

1. 填写表4-2括号内所缺数值；

2. 根据表4-2及所填数据，可得2014—2020年我国快递业务收入年平均增加_____；

3. 根据表4-2及所填数据，可得2014—2020年我国快递业务收入年平均增长_____；

4. 2014—2020年我国快递业务量年平均增速比快递业务收入年平均增速_____个百分点；

5. 2020年我国快递业务平均单件收入比2013年_____元。

(四) 简答题

1. 简述比较数量数据 $x_1、x_2、\cdots、x_n$ 与 $y_1、y_2、\cdots、y_m$ 差异程度大小的基本思路。

2. 已知某企业2016—2020年全员劳动生产率时间序列数据，简述测算2016—2020年该企业年平均全员劳动生产率的基本思路。

(五) 计算分析题

1. 2021年10月，针对高校学生阅读手机与课程学习时间分配问题，有关人员采用简单随机重复抽样组织方式，从某地40多所高校中抽出1 800名学生，调查其性别、年级、日阅读手机时长等，并按日阅读手机时长对其进行分组(见表4-3)。

表4-3　某地高校学生日阅读手机时长有关数据

按阅读时长分组(小时)	人数(人)	占比(%)	向上累积 人数(人)	向上累积 占比(%)
1.0 以下	27	1.5	*	*
1.0～1.5	99	5.5	*	*
1.5～2.0	225	12.5	*	*
2.0～2.5	729	40.5	( )	*
2.5～3.0	360	20.0	*	*
3.0～3.5	162	9.0	*	*
3.5～4.5	117	6.5	*	*
4.5 以上	81	4.5	*	*
合计	1 800	100	*	( )

注：(1) 表中数据来自某研究报告；(2) 表中第4、5列中的"*"为有意隐去的数据。

要求：(注：计算结果保留2位小数)

(1) 表4-3作为一张统计表，主要不规范有_____处(须填写数字!)；

(2) 若某学生日阅读手机时长为2.0小时，则其应归入_____组(须填写组的名称!)；

(3) 表4-3中第4、5列括号"( )"处应分别填写_____和_____；

(4) 展示表4-3中1 800名学生日阅读手机时长的分布，比较适宜的统计图是_____；

(5) 计算表4-3中1 800名学生日阅读手机时长的众数、中位数、均值、标准差、偏态系数和峰度系数。

2. 2015—2020 年我国三次产业和工业增加值数据见图 4-1。

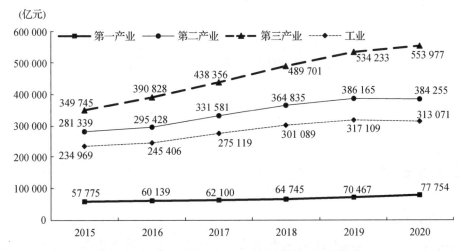

图 4-1 2015—2020 年我国三次产业和工业增加值

注：2015—2019 年数据见《中国统计年鉴 2020》；2020 年数据见《中华人民共和国 2020 年国民经济和社会发展统计公报》。

要求：

(1) 求"十三五"时期我国第一、第二、第三产业和工业增加值的年平均增量；

(2) 求"十三五"时期我国第一、第二、第三产业和工业增加值的年平均增长速度；

(3) 求"十三五"时期我国工业增加值占第二产业增加值的比重和年平均比重。

第 5 章 统计指数

要点提示

1. 指数的种类

从指数反映现象的范围看,统计指数有个体指数与总指数之分;从指数反映现象的性质看,统计指数有数量指标指数、质量指标指数和价值总量指数之分;从指数反映现象的时间状态看,统计指数有静态(空间)指数与动态指数之分;从指数计算的基期看,统计指数有定基指数和环比指数之分。另外,从总指数的表现形式看,总指数又有综合指数和平均指数之分。

2. 综合指数

综合指数计算的关键在于同度量因素指标的确定,即数量指标综合指数应以质量指标为同度量、质量指标综合指数应以数量指标为同度量。在解决实际问题时,数量指标综合指数的计算主要以基期的质量指标作为同度量;质量指标综合指数的计算主要以报告期的数量指标作为同度量。即

$$I_q = \frac{\sum p_0 q_1}{\sum p_0 q_0} \times 100\%, I_p = \frac{\sum q_1 p_1}{\sum q_1 p_0} \times 100\%$$

3. 平均指数

平均指数有简单平均指数和加权平均指数之分。加权平均指数有加权算术平均指数、加权调和平均指数和加权几何平均指数之分,加权算术平均指数和加权调和平均指数应用较为普遍。在解决实际问题时,对于数量指标平均指数,主要以基期价值指标为权数计算加权算术平均指数;对于质量指标平均指数,主要以报告期价值指标为权数计算加权调和平均指数。即

$$I_q = \frac{\sum p_0 q_0 \cdot \frac{q_1}{q_0}}{\sum p_0 q_0} \times 100\% = \sum \frac{q_1}{q_0} \cdot \frac{p_0 q_0}{\sum p_0 q_0} \times 100\%$$

$$I_p = \frac{\sum p_1 q_1}{\sum \frac{p_1 q_1}{p_0}} \times 100\% = \frac{\sum p_1 q_1}{\sum \frac{p_0}{p_1} \cdot p_1 q_1} \times 100\%$$

但是,对于消费者价格指数(CPI)、工业生产者价格指数(PPI)、采购经理指数(PMI)等指数,它们不仅都是平均指数,而且都是固定权数加权算术平均指数。

消费者价格指数$(\text{CPI}) = \sum \frac{p_{1i}}{p_{0i}} \cdot \frac{w_i}{\sum w_i} \times 100\%$

其中，p_{1i}、p_{0i} 表示第 i 种代表规格品（或小类、中类、大类）在报告期和基期的价格；w_i、$\sum w_i$ 表示第 i 种代表规格品（或小类、中类、大类）在基期消费支出额和所有代表规格品（或小类、中类、大类）的总消费额。

工业生产者价格指数$(\text{PPI}) = \sum \frac{p_{1i}}{p_{0i}} \cdot \frac{C_i}{\sum C_i} \times 100\%$

其中，p_{1i}、p_{0i} 分别表示第 i 种（类）工业品在报告期和基期的出厂价格（或采购价格）；C_i、$\sum C_i$ 分别表示第 i 种（类）工业品在基期的出厂成本（或采购成本），以及纳入计算的基期工业品出厂总成本（或总采购成本）。

采购经理指数$(\text{PMI}) = \sum W_i I_i \times 100\%$

其中，W_i 表示新订单指数、生产指数、在手订单指数等对应的权数，且 $\sum W_i = 1$；I_i 表示新订单指数、生产指数、在手订单指数等。

4. 指数体系

指数体系中的指数应在经济上有联系且在数量上具有对等关系。通常采用连锁替代法构造较为复杂的指数体系。平均数指数体系可借鉴价值指数体系构造的基本思路进行。特别地，常见的平均工资指数体系，由总平均工资指数、组水平工资指数和结构影响指数构成，即

$$\text{总平均工资指数} = \frac{\overline{x}_1}{\overline{x}_0} \times 100\% = \frac{\dfrac{\sum x_1 f_1}{\sum f_1}}{\dfrac{\sum x_0 f_0}{\sum f_0}} \times 100\% = \frac{\sum x_1 \cdot \dfrac{f_1}{\sum f_1}}{\sum x_0 \cdot \dfrac{f_0}{\sum f_0}} \times 100\%$$

其中，x_1、f_1，x_0、f_0 分别表示报告期组水平工资、组人员数及基期组水平工资和组人员数。

$$\text{组水平工资指数} = \frac{\overline{x}_1}{\hat{\overline{x}}} \times 100\% = \frac{\dfrac{\sum x_1 f_1}{\sum f_1}}{\dfrac{\sum x_0 f_1}{\sum f_1}} \times 100\% = \frac{\sum x_1 \cdot \dfrac{f_1}{\sum f_1}}{\sum x_0 \cdot \dfrac{f_1}{\sum f_1}} \times 100\%$$

$$\text{结构影响指数} = \frac{\hat{\overline{x}}}{\overline{x}_0} \times 100\% = \frac{\dfrac{\sum x_0 f_1}{\sum f_1}}{\dfrac{\sum x_0 f_0}{\sum f_0}} \times 100\% = \frac{\sum x_0 \cdot \dfrac{f_1}{\sum f_1}}{\sum x_0 \cdot \dfrac{f_0}{\sum f_0}} \times 100\%$$

练习题

（一）判断题

1. 所有统计指数都是根据某现象在某一时期（点）上的数值表现与该现象在另一时

期(点)上的数值表现进行对比得到的。

2. 2021年7月我国消费者价格指数(CPI)环比上涨0.3个百分点,表明与2020年7月相比,2021年7月我国消费品与服务的价格平均涨幅为0.3个百分点。

3. 计算数量指标综合指数时,通常应选择基期的质量指标作为同度量因素。

4. 2021年8月某大型购物中心商品销售额与7月持平,销售量平均增长了2.15个百分点,表明2021年8月该购物中心商品销售价格比7月平均下跌了2.15个百分点。

5. 计算加权平均指数时,只能以基期价值指标(p_0q_0)为权数或报告期价值指标(p_1q_1)为权数。

6. 商品销售量指数、商品销售价格指数、商品销售额指数作为一个整体是一个指数体系。

7. 任何一个统计指数不是数量指标指数,就是质量指标指数。

8. 商品销售量指数、商品销售价格指数、商品销售额指数都是总指数。

9. 2021年8月甲地水果零售价格比乙地同类水果零售价格平均高出2.5个百分点。这句话中涉及的价格指数是一个静态指数。

10. 计算综合指数的同度量因素根据需要可以有不同的选择,同一问题选择不同的同度量因素计算的综合指数的结果也不同。

(二) 单项选择题

1. 在编制质量指标综合指数时,通常选作同度量因素的是

A. 基期数量指标　　　　　　　　B. 基期质量指标

C. 报告期数量指标　　　　　　　D. 报告期质量指标

2. 2021年2月我国鲜菜价格同比上涨3.3%、环比上涨1.8%。某餐饮店2021年2月花费5 000元购买的鲜菜,若在上年同期购买最有可能少花费

A. 88.4元　　　B. 90.0元　　　C. 159.7元　　　D. 165.0元

3. 2020年我国居民人均可支配收入32 189元,比上年增长4.7%,扣除价格因素,实际增长2.1%。从我国居民人均可支配收入的角度看,2020年我国物价比上年上涨

A. 1.88%　　　B. 2.55%　　　C. 2.60%　　　D. 2.75%

第4~17题基于表5-1的内容:

2020年7—8月和2021年7—8月某网店四种商品销售情况见下表。

表5-1　2020年7—8月与2021年7—8月某网店四种商品销售数据

商品名称	计量单位	销售量				销售价格(元)			
		2020年7月	2020年8月	2021年7月	2021年8月	2020年7月	2020年8月	2021年7月	2021年8月
甲	米	900	896	1 200	1 250	3.5	3.6	3.8	3.9
乙	千克	195	210	250	300	53.0	52.1	45.5	44.2
丙	包	520	530	510	550	9.5	9.2	10.8	11.2
丁	台	35	48	50	55	765.0	770.0	800.0	795.0

4. 2021年8月,该网店表5-1中四种商品销售额环比增长了

A. 10.70%　　　B. 11.23%　　　C. 20.60%　　　D. 21.46%

5. 2021年8月,该网店表5-1中四种商品销售额同比增长了
   A. 10.70% B. 11.23%
   C. 21.46% D. 35.94%

6. 2021年8月,该网店表5-1中四种商品销售额环比增加了
   A. 6 577.0元 B. 6 897.0元
   C. 11 537.4元 D. 12 017.4元

7. 2021年8月,该网店表5-1中四种商品销售额同比增加了
   A. 6 577.0元 B. 6 897.0元
   C. 11 537.4元 D. 12 017.4元

8. 2021年8月,该网店表5-1中四种商品销售价格同比上涨了
   A. −0.47% B. 0.71%
   C. 1.48% D. 1.55%

9. 2021年8月,该网店表5-1中四种商品销售价格环比上涨了
   A. −0.41% B. −0.47%
   C. 0.71% D. 1.55%

10. 2021年8月,该网店表5-1中四种商品销售量同比增长了
    A. 11.16% B. 11.23%
    C. 19.60% D. 20.60%

11. 2021年8月,该网店表5-1中四种商品销售量环比增长了
    A. 11.16% B. 11.23%
    C. 19.60% D. 20.60%

12. 2021年8月,该网店表5-1中四种商品销售价格的变动使得销售额同比增加了
    A. −320.0元 B. 480.0元
    C. 898.0元 D. 11 537.4元

13. 2021年8月,该网店表5-1中四种商品销售价格的变动使得销售额环比增加了
    A. −320.0元 B. 480.0元
    C. 6 897.0元 D. 11 537.4元

14. 2021年8月,该网店表5-1中四种商品销售量的变动使得销售额同比增加了
    A. −320.0元 B. 480.0元
    C. 6 897.0元 D. 11 537.4元

15. 2021年8月,该网店表5-1中四种商品销售量的变动使得销售额环比增加了
    A. −320.0元 B. 480.0元
    C. 6 897.0元 D. 11 537.4元

16. 2021年7月,该网店表5-1中四种商品销售量同比平均增长了
    A. 10.70% B. 11.23%
    C. 33.95% D. 35.94%

17. 2021年7月,该网店表5-1中四种商品销售量的变动使得销售额同比增加了
    A. −320.0元 B. 480.0元
    C. 11 537.4元 D. 15 345.0元

第 18~25 题基于表 5-2 的内容：

表 5-2 2020 年一季度和 2021 年一季度某公司三种产品的销售数据

产品	计量单位	产值（万元）		价格同比上涨（%）
		2020 年一季度	2021 年一季度	
甲	件	56	150	12
乙	盒	140	246	25
丙	部	98	190	−2

18. 2021 年一季度，该公司三种产品的销售价格同比上涨了
   A. 11.67%　　　B. 11.70%　　　C. 12.11%　　　D. 12.52%

19. 2021 年一季度，该公司三种产品的销售量同比增长了
   A. 38.36%　　　B. 59.62%　　　C. 78.44%　　　D. 99.32%

20. 2021 年一季度，该公司三种产品销售价格的变动使得销售额同比增加了
   A. 61.39 万元　　　B. 126.63 万元　　　C. 230.61 万元　　　D. 292.00 万元

21. 2021 年一季度，该公司三种产品销售量的变动使得销售额同比增加了
   A. 61.39 万元　　　　　　　　　B. 126.63 万元
   C. 230.61 万元　　　　　　　　D. 292.00 万元

22. 在计算数量指标加权平均指数时，通常应选作权数的是
   A. 基期价值指标
   B. 基期与报告期价值指标的简单平均
   C. 报告期价值指标
   D. 基期与报告期价值指标的加权平均

23. 在计算质量指标加权平均指数时，通常应选作权数的是
   A. 基期与报告期价值指标的简单平均
   B. 报告期价值指标
   C. 基期与报告期价值指标的加权平均
   D. 基期价值指标

24. 若商品销售价格综合指数、商品销售量综合指数、商品销售额指数构成一个指数体系，则下列与商品销售额指数可构成指数体系的是
   (1) 商品销售量综合指数应以基期价格为同度量因素
   (2) 商品销售量综合指数应以报告期价格为同度量因素
   (3) 商品销售价格综合指数应以基期销售量为同度量因素
   (4) 商品销售价格综合指数应以报告期销售量为同度量因素
   A. (1)(3)　　　　　　　　　　B. (1)(4) 和 (2)(3)
   C. (1)(2) 和 (3)(4)　　　　　D. (1)(3) 和 (2)(4)

25. 关于我国消费者价格指数（CPI），下列说法正确的有
   (1) 我国消费者价格指数（CPI）具有平均性
   (2) 我国消费者价格指数（CPI）具有综合性
   (3) 我国消费者价格指数（CPI）具有代表性
   A. 0 项　　　　B. 1 项　　　　C. 2 项　　　　D. 3 项

(三) 填空题

1. 2015—2020 年我国消费者价格指数 (CPI) 分别为 101.4%、102.0%、101.6%、102.1%、102.8% 和 102.5%；国内生产总值分别为 688 858 亿元、746 395 亿元、832 036 亿元、919 281 亿元、986 515 亿元和 1 015 986 亿元 (注：2015—2019 年我国消费者价格指数见《中国统计年鉴 2020》，2020 年我国消费者价格指数以及 2016—2020 年国内生产总值见《中华人民共和国 2020 年国民经济和社会发展统计公报》，2015 年国内生产总值见《中华人民共和国 2019 年国民经济和社会发展统计公报》)。

(1) "十三五"时期我国总通货膨胀率为_____；

(2) "十三五"时期我国年平均通货膨胀率为_____；

(3) 按当年价计算的"十三五"时期我国国内生产总值年名义平均增长速度为_____；

(4) 按 2015 年价计算的"十三五"时期我国国内生产总值年实际平均增长速度为_____；

(5) 按 2015 年价计算的 2016—2020 年我国国内生产总值年增速分别为_____、_____、_____、_____和_____；

(6) 按当年价计算的 2016—2020 年我国国内生产总值年增速分别为_____、_____、_____、_____和_____。

2. 2020 年我国居民人均可支配收入 32 189 元，比上年增长 4.7%，扣除价格因素，实际增长 2.1%；居民人均可支配收入中位数 27 540 元，增长 3.8%（见《中华人民共和国 2020 年国民经济和社会发展统计公报》），扣除价格因素，实际增长_____。

3. 2020 年二季度某企业三类商品的销售额为 1 235 万元，2021 年二季度该企业为实现这三类商品 1 580 万元的销售目标，实施了降价 2.5% 的商品营销策略。若该企业能实现这一销售目标，那么该企业这三类商品的销售量至少应增长_____；销售量变动对销售目标实现的绝对贡献是_____，销售价格变动对销售目标实现的绝对贡献是_____。

(四) 简答题

1. 简述我国消费者价格指数 (CPI) 编制的基本思路。

2. 简述综合指数与平均指数计算步骤的主要差异。

（五）计算分析题

1. 2020—2021 年部分月份某电商平台四种商品的销售数据见表 5-3。

表 5-3 2020—2021 年部分月份某电商平台四种商品销售数据

商品名称	计量单位	2020年 9月 单价（元）	2020年 9月 销售额（元）	2020年 10月 销量	2020年 10月 单价（元）	2021年 8月 单价（元）	2021年 8月 销售额（元）	2021年 9月 销量	2021年 9月 销售额（元）	2021年 10月 单价（元）	2021年 10月 销售额（元）
甲	米	1.5	300	210	1.6	1.8	414	252	630	2.4	612
乙	千克	2.8	84	28	2.5	2.6	91	40	112	3.5	147
丙	箱	95.0	1 425	18	92.0	95.0	1 520	20	1 960	100.0	2 400
丁	瓶	2.2	330	180	2.1	2.4	348	200	500	2.6	611
合计	—	—	2 139	—	—	—	2 373	—	3 202	—	3 770

注：绝对数计算结果保留 1 位小数，百分数计算结果保留 2 位小数，如 1.25%。

要求：

（1）2021 年 10 月，表中四种商品的销售价格同比平均上涨了多少？这四种商品销售价格的变动使其销售总额同比增加了多少？

（2）2021 年 10 月，表中四种商品的销售量同比平均增长了多少？这四种商品销售量的变动使其销售总额同比增加了多少？

（3）2021 年 9 月，表中四种商品的销售量环比平均增长了多少？这四种商品销售量的变动使其销售总额环比增加了多少？

（4）2021 年 9 月，表中四种商品的销售价格环比平均上涨了多少？这四种商品销售价格的变动使其销售总额环比增加了多少？

（5）以 2021 年 9 月为基期，若表中四种商品的销售价格指数、销售量指数和销售额指数可以构成一个指数体系，从相对数和绝对数两方面解释这个指数体系。

下篇

第6章　推断统计的理论基础

要点提示

1. 样本空间与随机事件

随机现象所有可能的基本结果的集合是样本空间。构成样本空间的基本结果也被称作样本点,但是,它与第1章所述样本点或样本单位的概念不同。由部分或全部样本点构成的集合称作随机事件(简称事件);随机事件常用大写英文字母 A、B、C 等表示,但也需要用文字来描述。其中,样本空间是一个必然事件,是一个特殊的随机事件;构成样本空间的每一个基本结果都对应一个基本随机事件;不可能同时发生的两个事件是不相容事件;互不影响的两个事件是相互独立事件。

2. 概率与概率的测定方法

一个随机事件发生的概率是客观的,如同一个物体的长、宽、高、重量等客观存在一样,人们必须采用一定的方法去测定才能得到。但是,无论采用何种方法去测定,从某种意义上说,都无法得到其真值,只能得到一个能满足需要的近似值。

概率有古典测定法、频率测定法和主观测定法三种基本方法。其中,统计学主要应用频率测定法测定概率,因此,统计学有时也称作频率统计学。

3. 贝叶斯定理

贝叶斯定理是贝叶斯统计学思想的集中体现。任何现象(随机事件)的发生都是有条件的,若能搜集(或掌握)更多与随机事件有关的信息,就可以对随机事件发生的概率给出比先前更精确的测定。频率统计学不同于贝叶斯统计学,但是,利用频率统计方法对同类事物在不同条件下的特征进行一次次研究、一次次修正,本质上也是贝叶斯定理的一种应用。

4. 随机变量

随机变量不同于随机事件。一个随机变量可以看作定义于特定样本空间上的一个函数,每一个基本事件都可以看作是随机变量的一个取值。一个随机变量所有可能的基本取值的集合也称变量总体(简称总体)。对一个统计总体而言,用于刻画总体单位特征的量是变量,如果在没有确定该变量在哪个具体总体单位上的数值表现是多少时,那么该变量在所有总体单位上的所有可能取值的集合,就可以看作是一个变量总体。当这个变量总体是数量变量总体时,就对应数理统计中的一个总体;它可能是离散型变量总体,也可能是连续型变量总体;从抽样的角度看,这个变量就可以理解为一个随机变量。数理统计中,有时把随机变量的分布,称作变量总体的分布,简称总体分布。

5. 两点(0-1)分布

两点分布是所有随机变量分布中最基础、最简单的一个分布。服从两点分布的随机变量只有两个可能的取值,这两个可能的取值对应的基本事件是两个互不相容的事件。若其中一个基本事件的发生用"1"表示,则另一个基本事件的发生就可以用"0"表示,相应的随机变量的值或者为1,或者为0。

若用 X 表示一个服从两点分布的随机变量,则 $X=1$ 就表示在一次随机试验中某事件发生,$X=0$ 就表示在同一次试验中该事件没有发生;若用 π(此处 π 仅是一个符号,且 $0<\pi<1$)表示在一次随机试验中某事件发生的概率,则有 $P\{X=1\}=\pi, P\{X=0\}=1-\pi$ 且 $EX=\pi, DX=\pi(1-\pi)$,即两点分布的变量总体 X 的数学期望、方差分别为 π 和 $\pi(1-\pi)$。

6. 正态分布与标准正态分布

一个随机变量服从正态分布,通常表示为 $X \sim N(\mu, \sigma^2)$。其中,μ 可以取任意实数,是随机变量 X 的数学期望,即 $EX=\mu$;σ^2 可以取任意非负数,是随机变量 X 的方差,即 $DX=\sigma^2$。

对于正态分布 $X \sim N(\mu, \sigma^2)$ 而言,当 μ, σ^2 分别取不同的数值时,尽管其概率密度函数的图形看上去具有一定的相似性,但是在形态或位置上却有所差异。

但是,当随机变量 X 服从正态分布,即 $X \sim N(\mu, \sigma^2)$ 时,将其变换为 $\dfrac{X-\mu}{\sigma}$ 后,不仅 $\dfrac{X-\mu}{\sigma}$ 仍为随机变量,而且仍服从正态分布,同时其数学期望和方差分别为 0 和 1。这时,若记 $\dfrac{X-\mu}{\sigma}=Z$,则随机变量 $Z \sim N(0,1)$,并称其为标准正态分布。

由此可见,具有任意形态和位置的正态分布都可以转化为标准正态分布,标准正态分布的概率密度函数 $f(z)=\dfrac{1}{\sqrt{2\pi}}e^{-\frac{z^2}{2}}, z \in \mathbf{R}$,其图形是唯一确定不变的。

特别地,由 $\int_{-z_{\frac{\alpha}{2}}}^{z_{\frac{\alpha}{2}}} \dfrac{1}{\sqrt{2\pi}} e^{-\frac{z^2}{2}} \mathrm{d}z = 1-\alpha$ 可知,当 $1-\alpha$ 分别为 0.90、0.95、0.98 和 0.99 时,$z_{\frac{\alpha}{2}}$ 分别为 1.64(1.645)、1.96(1.960)、2.33(2.326) 和 2.58(2.576)。这几个数值在参数区间估计和假设检验等问题中,经常被用到。

7. 常用随机变量函数的分布

对随机变量进行适当的运算可以得到随机变量函数,随机变量函数仍是随机变量,其服从何种分布既与原随机变量服从何种分布有关,也与采用了何种运算有关。在推断统计中常用的服从 χ^2 分布、t 分布和 F 分布的随机变量,都与正态分布有关,都可以看作服从正态分布的随机变量的函数。

χ^2 分布:若随机变量 $X_1, X_2, \cdots, X_n$ 均服从标准正态分布且相互独立,则随机变量函数 $Y = X_1^2 + X_2^2 + \cdots + X_n^2 = \sum_{i=1}^{n} X_i^2 \sim \chi^2(n)$。

t 分布:若随机变量 $X \sim N(0,1)$,$Y \sim \chi^2(n)$ 且随机变量 X_1, Y_2 相互独立,则随机变量函数 $\xi = \dfrac{X}{\sqrt{\dfrac{Y}{n}}} \sim t(n)$。

F 分布:若随机变量 $X_1 \sim \chi^2(n)$,$X_2 \sim \chi^2(m)$ 且随机变量 X_1、X_2 相互独立,则随机变量函数 $\zeta = \dfrac{\dfrac{X_1}{n}}{\dfrac{X_2}{m}} \sim F(n, m)$。

上述三个随机变量函数的分布在方差分析、回归分析等问题中有较多的应用。

8. 林德伯格-列维中心极限定理

该中心极限定理表明:对于独立、同分布的随机变量序列,只要随机变量的个数足够得多,这些随机变量的和函数标准化近似服从标准正态分布。

因为当采用简单随机重复抽样组织方式,从均值为 μ、方差为 σ^2 的总体 X 中,抽选出容量为 n 的随机样本 X_1、X_2、$\cdots$、X_n 时,样本 X_1、X_2、$\cdots$、X_n 中的每一个变量都与总体 X 同分布且相互独立,因此,当样本容量 n 充分大时,样本均值 $\overline{X} = \dfrac{1}{n}\sum\limits_{i=1}^{n} X_i$ 近似服从数学期望为 μ、方差为 $\dfrac{1}{n}\sigma^2$ 的正态分布,即 $\overline{X} \stackrel{\cdot}{\sim} N\left(\mu, \dfrac{\sigma^2}{n}\right)$。

特别地,当 X 为两点分布总体,即 $X \sim B(1, \pi)$ 时,样本均值 $\overline{X} = \dfrac{1}{n}\sum\limits_{i=1}^{n} X_i$ 对应于样本比率 $\overline{X} = \dfrac{1}{n}\sum\limits_{i=1}^{n} X_i = \dfrac{k}{n} = p$,数学期望对应 $\mu = \pi$,方差对应 $\sigma^2 = \pi(1-\pi)$,因此,$p \stackrel{\cdot}{\sim} N\left(\pi, \dfrac{\pi(1-\pi)}{n}\right)$。

当样本容量充分大时,样本均值、样本比率分别近似服从正态分布的结论,是解决参数区间估计、假设检验等相关问题的关键,是中心极限定理在解决现实问题中的重要应用之一;没有这个中心极限定理,就无法对某些现象总体的参数进行估计和检验。

9. 抽样分布

尽管统计量是随机变量,但是,随机变量不一定是统计量。因此,统计量的分布并不等同于随机变量的分布。统计量的分布与相应的随机变量服从何种分布有关,也与统计量的具体表达形式有关。

① 当 X_1、X_2、$\cdots$、X_n 为从均值为 μ、方差为 σ^2 的正态总体 X 中,按简单随机重复抽样组织方式选出的样本时,样本均值 $\overline{X} = \dfrac{1}{n}\sum\limits_{i=1}^{n} X_i$ 是统计量且 $\overline{X} \sim N\left(\mu, \dfrac{\sigma^2}{n}\right)$。

② 当 X_1、X_2、$\cdots$、X_n 为从标准正态总体 X 中,按简单随机重复抽样组织方式选出的样本时,样本均值 $\overline{X} = \dfrac{1}{n}\sum\limits_{i=1}^{n} X_i$ 是统计量且 $\overline{X} \sim N\left(0, \dfrac{1}{n}\right)$;$\sum\limits_{i=1}^{n} X_i^2$ 是统计量且 $\sum\limits_{i=1}^{n} X_i^2 \sim \chi^2(n)$;$\sum\limits_{i=1}^{n}(X_i - \overline{X})^2$ 是统计量且 $\sum\limits_{i=1}^{n}(X_i - \overline{X})^2 \sim \chi^2(n-1)$。

③ 当 X_1、X_2、$\cdots$、X_n 为从均值为 μ、方差为 σ^2 的总体 X 中,按照简单随机重复抽样组织方式选出的样本时,样本均值 $\overline{X} = \dfrac{1}{n}\sum\limits_{i=1}^{n} X_i$ 是统计量,且当 n 充分大(不小于30)时,$\overline{X} \stackrel{\cdot}{\sim} N\left(\mu, \dfrac{\sigma^2}{n}\right)$。

④ 当 $X_1、X_2、\cdots、X_n$ 为从均值为 π、方差为 $\pi(1-\pi)$ 的两点分布总体 X 中，按简单随机重复抽样组织方式选出的样本时，样本比率 $p = \overline{X} = \frac{1}{n}\sum_{i=1}^{n} X_i = \frac{k}{n}$ 是统计量且当样本容量 n 充分大时 $p \stackrel{.}{\sim} N\left(\pi, \frac{\pi(1-\pi)}{n}\right)$。

练习题

（一）判断题

1. 对于任意两个互不相容随机事件 $A、B$，有 $P(A+B) = P(A) + P(B)$。

2. 若随机变量 $X、Y$ 的期望与方差都存在，则 $E(X+Y) = EX + EY$，$D(X+Y) = DX + DY$。

3. 若随机变量 $X \sim \chi^2(5)$、$Y \sim \chi^2(10)$，则 $\frac{2X}{Y} \sim F(5, 10)$。

4. 若 $X_1、X_2、\cdots、X_n$ 为从正态总体 $X \sim N(\mu, \sigma^2)$ 中按简单随机重复抽样组织方式选出的一个样本，则 $\frac{1}{\sigma^2}\sum_{i=1}^{n}(X_i - \overline{X})^2 \sim \chi^2(n-1)$。

5. 任意三个人，生日所在月份各不相同的概率是 $\frac{55}{72}$。

（二）单项选择题

1. 关于概率的计算，下列说法正确的有

（1）测定一个投资项目成功的概率应采用主观概率法

（2）从一个班级中随机抽选出一名学生是女生的概率应采用古典概率法测定

（3）测定投掷一枚均匀硬币正面向上的概率既可以采用频率法也可以采用古典概率法

A. 0项　　　　B. 1项　　　　C. 2项　　　　D. 3项

2. 关于随机变量，下列说法正确的有

（1）统计量都是随机变量

（2）随机变量的函数仍是随机变量

（3）随机变量所有可能取值的概率之和为1

A. 0项　　　　B. 1项　　　　C. 2项　　　　D. 3项

3. 若 $X_1、X_2、\cdots、X_n$ 为从正态总体 $X \sim N(\mu, \sigma^2)$ 中，按简单随机重复抽样组织方式选出的一个样本，则下列表示正确的有

（1）$\frac{X_i - \mu}{\sigma} \sim N(0, 1)$　　（2）$\frac{\overline{X} - \mu}{\frac{\sigma}{\sqrt{n}}} \sim N(0, 1)$　　（3）$\frac{\overline{X} - \mu}{\frac{\sigma}{n}} \sim N(0, 1)$

A. 0项　　　　B. 1项　　　　C. 2项　　　　D. 3项

4. 关于标准正态分布，下列说法正确的有

（1）标准正态分布图形最高点的坐标是 $(0, 1)$

(2) 任意一个正态分布都可以转化为标准正态分布

(3) 标准正态分布图形与横坐标轴之间围成图形的面积是1

A. 0项　　　　　　B. 1项　　　　　　C. 2项　　　　　　D. 3项

5. 在推断统计中,下列说法正确的有

(1) 总体比率通常用 π 表示,样本比率通常用 p 表示

(2) 总体均值通常用 μ 表示,样本均值通常用 $\overline{X}$ 表示

(3) 总体标准差通常用 σ 表示,样本标准差通常用 S 表示

A. 0项　　　　　　B. 1项　　　　　　C. 2项　　　　　　D. 3项

(三) 填空题

1. 若某审计人员,对甲、乙、丙三家企业提供的2021年上半年"银行存款"账户进行审计,且按甲、乙、丙企业的先后顺序给出其"银行存款"账户"有问题"或"没有问题"的审计意见,那么由审计意见构成的样本空间为＿＿＿＿；若这三家企业2021年上半年"银行存款"账户"有问题"的概率都是0.2,那么该审计人员仅认为只有一家企业的"银行存款""有问题"的概率是＿＿＿＿；若用 X 表示该审计人员对这三家企业2021年上半年"银行存款"账户给出审计意见为"没有问题"的次数,则 $P\{X\leq 2\}=$＿＿＿＿, $EX=$＿＿＿＿, $DX=$＿＿＿＿, $EX^2=$＿＿＿＿, $E(X-EX)^2=$＿＿＿＿。

2. 若 $X_1, X_2, \cdots, X_{16}$ 为从正态总体 $X \sim N(\mu, \sigma^2)$ 中,按简单随机重复抽样组织方式选出的样本,则＿＿＿＿、＿＿＿＿、＿＿＿＿ 都是统计量; $\sum_{i=1}^{16}\left(\dfrac{X_i-\mu}{\sigma}\right)^2 \sim$ ＿＿＿＿; $\dfrac{16(\overline{X}-\mu)^2}{\sigma^2} \sim$ ＿＿＿＿; $\dfrac{\sum_{i=1}^{16}(X_i-\overline{X})^2}{\sigma^2} \sim$ ＿＿＿＿; $\dfrac{4(\overline{X}-\mu)}{\sqrt{\dfrac{1}{15}\sum_{i=1}^{16}(X_i-\overline{X})^2}} \sim$ ＿＿＿＿; $\dfrac{240(\overline{X}-\mu)^2}{\sum_{i=1}^{16}(X_i-\overline{X})^2} \sim$ ＿＿＿＿。

(四) 简答题

1. 简述概率的基本性质及其常用的计算方法。

2. 写出林德伯格-列维中心极限定理。

(五) 计算题

1. 2021年8月末,某居民小区12岁以上人口中,男性占55%且男性人口中有80%已至少完成两剂新冠疫苗接种;12岁以上女性人口中有78%已至少完成两剂新冠疫苗的接种。

(1) 从该小区12岁以上人口中随机抽取1人,求其是女性的概率;

(2) 从该小区12岁以上人口中随机抽取1人,求其已至少完成两剂新冠疫苗接种的概率;

(3) 从该小区12岁以上人口中随机抽取1人,若是女性,求其已至少完成两剂新冠疫苗接种的概率;

(4) 从该小区12岁以上人口中随机抽取1人,若其已至少完成两剂新冠疫苗接种,求其是女性的概率;

(5) 采用简单随机不重复抽样组织方式,从该小区12岁以上人口中随机选出10人,求有4人是男性的概率;

(6) 采用简单随机不重复抽样组织方式,从该小区12岁以上人口中随机选出10人,求有5人已至少完成两剂新冠疫苗接种的概率;

(7) 采用简单随机不重复抽样组织方式,从该小区12岁以上人口中随机选出5人,求选出的5人中男性人数的数学期望和方差;

(8) 采用简单随机不重复抽样组织方式,从该小区12岁以上人口中随机选出5人,求选出的5人中已至少完成两剂新冠疫苗接种人数的数学期望和方差。

注:计算结果保留4位小数。

第 7 章　区间估计

要点提示

1. 参数

如第 1 章所言,参数是总体未知的数量特征,也就是指标。本章所言总体主要是数量变量总体,由无限多个或虽有限但又非常多个数量数据构成的集合,因此,反映这些数量数值一般水平的指标,如算术平均数、几何平均数、调和平均数、中位数、众数,以及反映这些数量数据分散程度的指标,如方差、标准差、标准差系数、平均差、平均差系数、极差、极差系数,还有数量数据的总和等,都是定量变量总体的参数。其中,算术平均数、方差、所有数量数据的总和,是最常见的参数。

定量变量总体中每一个数值都唯一地对应着一个总体单位,根据总体单位的特征(变量),可以将所有的总体单位划分为不同的类型,因此,这个变量总体中的所有数据也相应地成为"具有"了不同类型特征的数量数据。这些"具有"不同类型特征的数量数据的个数分别占变量总体中数据总个数的比重,以及具有同类型特征的变量值之和占变量总体所有变量值总和的比重等,也常常成为需要估计的参数。

例如,2020 年我国所有工业企业的主营业务收入是一个变量总体。显然,从工业企业所有制性质看,2020 年我国所有工业企业可以分为国有工业企业、集体工业企业、私营工业企业、中外合资工业企业、外商独资工业企业等,因此,2020 年我国所有工业企业主营业务收入的数值,也分别"具有"了国有工业企业主营业务收入、集体工业企业主营业务收入、私营工业企业主营业务收入、中外合资工业企业主营业务收入、外商独资工业企业主营业务收入等特征。在实际工业活动分析中,人们不仅要认识 2020 年我国工业企业年平均主营业务收入、主营业务收入的方差、主营业务总收入等参数的大小,还常常要掌握如私营工业企业数占工业企业总数的比重,以及私营工业企业主营业务总收入占所有工业企业主营业务总收入的比重等参数,为评价私营工业在我国工业发展中的地位和作用提供参考。

简言之,变量总体的均值、方差、所有变量值之和,以及"具有"一定特征的变量值的个数占总体中变量值总个数的比重,是人们最常关注的参数。但是,本章不讨论方差这个参数的估计,因为它在数理统计课程已有较多的介绍。

2. 置信区间与置信水平

置信区间是指在无法测算出定量变量总体某一参数的真值是多少的情况下,利用推断统计方法,给出该参数真值所处的区间,并能让人们在一定程度上相信它正确。其中,

"让人们在一定程度上相信它正确"中的"一定程度"就是置信水平。如 95% 的置信水平，是指有 95% 的把握可以让人们相信该置信区间包含该参数的真值。

从经典（频率）统计学看，所求总体参数置信区间的置信水平为 95%，意味着：若采用相同的抽样组织方式方法，随机抽取样本容量相同的 100 个样本，则根据这 100 个随机样本所确定的 100 个区间，尽管任意一个区间都只能或者包含或者不包含该参数的真值，但是，这 100 个区间中会有 95 个区间包含这个参数的真值。

在解决实际问题时，一般都是按照一定的抽样组织方式方法，随机抽取一个样本并把利用这个样本确定的区间作为参数具有一定置信水平的置信区间。因为选取样本的随机性，使得据其确定的区间也具有随机性，即这个"区间"实际就是一个随机变量。因此，根据每一随机样本所确定的区间，都可以作为这个随机变量的一个取值看待。若这个"随机区间"变量取某一个"区间"的概率为 0.95，就表明该区间有 95% 的可能包含总体参数的真值。这与一个随机变量取某值的概率是多大有相同的意义。

3. 估计标准误差或抽样平均误差

估计标准误差或抽样平均误差，是指在抽样组织方式方法和样本容量一定的情况下，所有可能的样本均值的标准差。它是反映所有可能的样本平均值之间差异程度大小的一个指标，在求总体均值置信区间时，直接影响着估计总体均值精度的高低。估计标准误差在求参数置信区间中居于非常重要的地位。

影响估计标准误差大小的因素主要有：(1) 样本容量。在其他条件相同时，样本容量越大，估计标准误差越小。(2) 变量总体的变异程度。在其他条件相同时，变量总体的变异程度（即变量总体中各数值之间的差异程度）越大，估计标准误差越大。(3) 抽样方法。在其他条件相同时，采用重复抽样所得样本之估计标准误差理论上会大于不重复抽样。(4) 抽样组织方式。在其他条件相同时，采用不同的抽样组织方式获取随机样本，所得估计标准误差不同，如采用分层随机抽样所得样本之估计标准误差理论上会小于整群随机抽样。

4. 一个总体均值的置信区间

设变量总体 X 的数学期望、方差分别为 μ 和 σ^2，X_1、X_2、$\cdots$、X_n 为从总体 X 中按照一定的抽样组织方式方法抽出的一个样本，$\overline{X} = \frac{1}{n}\sum_{i=1}^{n} X_i$ 和 $S^2 = \frac{1}{n-1}\sum_{i=1}^{n}(X_i - \overline{X})^2$ 分别为样本均值和样本方差。

(1) 一个正态总体均值的置信区间

若变量总体 X 为正态总体，且 X_1、X_2、$\cdots$、X_n 为采用简单随机抽样组织方式从中抽选出的一个随机样本，则总体均值 μ 的 $1-\alpha$ 的置信区间为 $[\overline{X} - z_{\frac{\alpha}{2}} SE, \overline{X} + z_{\frac{\alpha}{2}} SE]$。其中，

$$SE = \begin{cases} \frac{\sigma}{\sqrt{n}}, \text{重复抽样且 } n \text{ 为任意正整数，}\sigma \text{ 已知} \\ \frac{\sigma}{\sqrt{n}} \approx \frac{S}{\sqrt{n}}, \text{重复抽样且 } n \text{ 充分大，}\sigma \text{ 未知} \\ \sqrt{\frac{\sigma^2}{n} \cdot \frac{N-n}{N-1}} \approx \sqrt{\frac{S^2}{n}\left(1-\frac{n}{N}\right)}, \text{不重复抽样且样本容量充分大，}\sigma \text{ 未知} \end{cases}$$

(2) 一个非正态总体均值的置信区间

若变量总体 X 为任意总体,且 X_1、X_2、$\cdots$、X_n 为采用简单随机抽样组织方式从中抽选出的一个随机样本,则总体均值 μ 的 $1-\alpha$ 的置信区间为 $[\overline{X} - z_{\frac{\alpha}{2}}SE, \overline{X} + z_{\frac{\alpha}{2}}SE]$。其中,

$$SE = \begin{cases} \dfrac{\sigma}{\sqrt{n}} \approx \dfrac{S}{\sqrt{n}}, \text{重复抽样且 } n \text{ 充分大} \\ \sqrt{\dfrac{\sigma^2}{n} \cdot \dfrac{N-n}{N-1}} \approx \sqrt{\dfrac{S^2}{n}\left(1 - \dfrac{n}{N}\right)}, \text{不重复抽样且样本容量充分大} \end{cases}$$

(3) 一个服从 0-1 分布的总体比率的置信区间

若变量总体 $X \sim B(1, \pi)$,且 X_1、X_2、$\cdots$、X_n 为采用简单随机抽样组织方式从中抽选出的一个随机样本,则总体比率 π 的 $1-\alpha$ 的置信区间为 $[p - z_{\frac{\alpha}{2}}SE, p + z_{\frac{\alpha}{2}}SE]$。其中,

$$p = \frac{1}{n}\sum_{i=1}^{n} X_i = \frac{k}{n},$$

$$SE = \begin{cases} \sqrt{\dfrac{\pi(1-\pi)}{n}} \approx \sqrt{\dfrac{p(1-p)}{n}}, \text{重复抽样且 } n \text{ 充分大} \\ \sqrt{\dfrac{\pi(1-\pi)}{n} \cdot \dfrac{N-n}{N-1}} \approx \sqrt{\dfrac{p(1-p)}{n}\left(1 - \dfrac{n}{N}\right)}, \text{不重复抽样且 } n \text{ 充分大}。\end{cases}$$

5. 两个总体均值之差的置信区间

设变量总体 X、Y 的数学期望、方差分别为 μ_1、μ_2 和 σ_1^2、σ_2^2,X_1、X_2、$\cdots$、X_{n_1} 和 Y_1、Y_2、$\cdots$、Y_{n_2} 为从总体 X 和 Y 中,按照一定的抽样组织方式分别抽出的两个样本,$\overline{X} = \dfrac{1}{n_1}\sum_{i=1}^{n_1} X_i$,$\overline{Y} = \dfrac{1}{n_2}\sum_{i=1}^{n_2} Y_i$ 和 $S_1^2 = \dfrac{1}{n_1 - 1}\sum_{i=1}^{n_1}(X_i - \overline{X})^2$、$S_2^2 = \dfrac{1}{n_2 - 1}\sum_{i=1}^{n_2}(Y_i - \overline{Y})^2$ 分别为样本均值和样本方差。

(1) 若变量总体 X、Y 相互独立且样本容量 n_1、n_2 都充分大,则两总体均值之差 $\mu_1 - \mu_2$ 的 $1-\alpha$ 置信区间为 $[(\overline{X} - \overline{Y}) - z_{\frac{\alpha}{2}}SE, (\overline{X} - \overline{Y}) + z_{\frac{\alpha}{2}}SE]$。其中,

$$SE = \begin{cases} \sqrt{\dfrac{\sigma_1^2}{n_1} + \dfrac{\sigma_2^2}{n_2}} \approx \sqrt{\dfrac{S_1^2}{n_1} + \dfrac{S_2^2}{n_2}}, \text{均采用重复抽样} \\ \sqrt{\dfrac{\sigma_1^2}{n_1} \cdot \dfrac{N_1 - n_1}{N_1 - 1} + \dfrac{\sigma_2^2}{n_2} \cdot \dfrac{N_2 - n_2}{N_2 - 1}} \approx \sqrt{\dfrac{S_1^2}{n_1}\left(1 - \dfrac{n_1}{N_1}\right) + \dfrac{S_2^2}{n_2}\left(1 - \dfrac{n_2}{N_2}\right)}, \text{均采用不重复抽样} \end{cases}$$

(2) 若变量总体 X、Y 不相互独立但相互配对且样本容量 $n_1 = n_2 = n$ 充分大,则两总体均值之差 $\mu_1 - \mu_2$ 的 $1-\alpha$ 置信区间为 $[\overline{d} - z_{\frac{\alpha}{2}}SE, \overline{d} + z_{\frac{\alpha}{2}}SE]$,其中,

$$\overline{d} = \frac{1}{n}\sum_{i=1}^{n} d_i = \frac{1}{n}\sum_{i=1}^{n}(X_i - Y_i)$$

$$SE = \frac{S_d}{\sqrt{n}}, S_d = \sqrt{\frac{1}{n-1}\sum_{i=1}^{n}(d_i - \overline{d})^2}$$

(3) 设变量总体 $X \sim B(1, \pi_1)$、$Y \sim N(1, \pi_2)$ 且相互独立,并从总体 X 和 Y 中按照一定的抽样组织方式分别抽出两个样本 $X_1, X_2, \cdots, X_{n_1}$ 和 $Y_1, Y_2, \cdots, Y_{n_2}$。因为样本均值 $\overline{X} = p_1 = \dfrac{1}{n_1}\sum_{i=1}^{n_1} X_i = \dfrac{k_1}{n_1}$,$\overline{Y} = p_2 = \dfrac{1}{n_2}\sum_{i=1}^{n_2} Y_i = \dfrac{k_2}{n_2}$ 和样本方差 $S_1^2 = p_1(1 - p_1)$、$S_2^2 = p_2(1 - p_2)$,所以,当在两个总体内均采用简单随机抽样并获取充分大的样本时,两总体比率之差 $\pi_1 - \pi_2$ 的 $1-\alpha$ 置信区间为 $[(p_1 - p_2) - z_{\frac{\alpha}{2}}SE, (p_1 - p_2) + z_{\frac{\alpha}{2}}SE]$。其中,

$$SE = \begin{cases} \sqrt{\dfrac{\pi_1(1-\pi_1)}{n_1} + \dfrac{\pi_2(1-\pi_2)}{n_2}} \approx \sqrt{\dfrac{p_1(1-p_1)}{n_1} + \dfrac{p_2(1-p_2)}{n_2}}, & \text{重复抽样} \\ \sqrt{\dfrac{\pi_1(1-\pi_1)}{n_1} \cdot \dfrac{N_1-n_1}{N_1-1} + \dfrac{\pi_2(1-\pi_2)}{n_2} \cdot \dfrac{N_2-n_2}{N_2-1}} \approx \\ \sqrt{\dfrac{p_1(1-p_1)}{n_1}\left(1-\dfrac{n_1}{N_1}\right) + \dfrac{p_2(1-p_2)}{n_2}\left(1-\dfrac{n_2}{N_2}\right)}, & \text{不重复抽样} \end{cases}$$

6. 样本容量

对任何现象进行任何统计推断都需要借助一定容量大小的样本。一次抽样调查需要多大的样本,常受如下因素的影响:① 对参数估计精度的要求,即研究者能承受的最大允许误差的要求。在其他条件相同时,对参数估计的精度要求越高,即研究者所能承受的最大允许误差越小,就需要更大的样本容量。② 对参数估计区间置信水平高低的要求。在其他条件相同时,置信水平越高,需要的样本容量越大。③ 变量总体的变异程度,即变量总体中数值之间的差异程度。在其他条件相同时,变量总体的变异程度越大,需要的样本容量也越大。④ 抽样方法。在其他条件相同时,采用重复抽样所需要的样本容量,理论上大于不重复抽样。⑤ 抽样组织方式。在其他条件相同时,采用随机抽样组织方式不同,需要的样本容量理论上也各不相同。如在其他条件相同时,采用整群随机抽样组织方式就需要比分层随机抽样、简单随机抽样更大的样本容量。⑥ 抽样成本,即获取一个样本单位数据的平均成本。若获取一个样本单位数据的平均成本较高,则样本容量不能太大,否则,抽样调查就失去其经济意义。

(1) 若在求总体均值 μ 的置信区间时不考虑抽样成本,则在简单随机重复抽样条件下,为满足最大允许误差 $\Delta_{\bar{x}}$ 并达到 $1-\alpha$ 的置信水平的要求,所需样本容量为 $n = \dfrac{z_{\frac{\alpha}{2}}^2 \cdot \sigma^2}{\Delta_{\bar{x}}^2}$。

(2) 若在求总体均值 μ 的置信区间时不考虑抽样成本,则在简单随机不重复抽样条件下,为满足最大允许误差 $\Delta_{\bar{x}}$ 并达到 $1-\alpha$ 的置信水平的要求,所需样本容量为 $n = \dfrac{Nz_{\frac{\alpha}{2}}^2 \sigma^2}{N\Delta_{\bar{x}}^2 + z_{\frac{\alpha}{2}}^2 \sigma^2}$。其中,对于总体方差 σ^2,在没有实施抽样调查前这个方差都是未知的。为确定抽样调查所需要的样本容量,在利用以上两式确定样本容量时,应对所研究变量总体的方差 σ^2 进行事先估计。通常用同类变量总体的方差替代,或者用同一变量总体在以前时间上的总体方差替代,或者利用试验性调查所得样本方差替代;N 为总体单位数。

(3) 若在求总体比率 π 的置信区间时不考虑抽样成本,则在简单随机重复抽样条件下,为满足最大允许误差 Δ_p 并达到 $1-\alpha$ 的置信水平的要求,所需样本容量为 $n = \dfrac{z_{\frac{\alpha}{2}}^2 \cdot \pi(1-\pi)}{\Delta_p^2}$。

(4) 若在求总体比率 π 的置信区间时不考虑抽样成本,在简单随机不重复抽样条件下,为满足最大允许误差 Δ_p 并达到 $1-\alpha$ 的置信水平的要求,所需样本容量为 $n = \dfrac{Nz_{\frac{\alpha}{2}}^2 \pi(1-\pi)}{N\Delta_p^2 + z_{\frac{\alpha}{2}}^2 \pi(1-\pi)}$。

同理,利用以上两式确定样本容量时,可用同类其他总体的比率替代 π,或者利用同一总体在过去时间上的总体比率替代 π，或者利用试验性调查所得样本比率替代 π，或者在特别看重估计精度时，直接利用 0.5 替代 π；N 为总体单位数。

练习题

（一）判断题

1. 已知 X_1、X_2、$\cdots$、X_n 为来自总体 X 的一个简单随机样本，则样本均值 $\overline{X} = \frac{1}{n}\sum_{i=1}^{n} X_i$ 服从正态分布。

2. 已知 X_1、X_2、$\cdots$、X_n 为来自总体 $X \sim B(1,\pi)$（即 0-1 分布或两点分布）的一个简单随机样本，则 $Z = \dfrac{\overline{X} - \pi}{\sqrt{\dfrac{\pi(1-\pi)}{n}}}$ 是一个随机变量。

3. 若随机变量 $X \sim N(\mu,\sigma^2)$，则 $P\{|X - \mu| \geqslant 1.96\sigma\} = 0.05$。

4. 在求一个总体均值的置信区间且在其他条件相同时，与重复抽样相比，利用不重复抽样获取随机样本，所求总体均值的置信区间相对较短。

5. 若采用简单随机重复抽样组织方式，从均值、标准差分别为 μ 和 σ 的正态总体中抽取容量为 n 的一个样本，则所有可能的样本均值的均值是 μ，所有可能的样本均值的标准差是 $\dfrac{\sigma}{\sqrt{n}}$。

6. 对一个总体均值进行区间估计，当其他条件相同时，样本（容）量越大所求区间越短。

7. 对一个总体均值进行区间估计，当其他条件相同时，置信水平越高所求区间越短。

8. 对一个总体均值进行区间估计，当其他条件相同时，总体变异程度越大所求区间越长。

9. 估计总体均值首先需要确定样本容量。当其他条件相同时，若最大允许误差越小，则所需样本容量越大。

10. 估计总体均值首先需要确定样本容量。当其他条件相同时，若总体变异程度越小，则所需样本容量越大。

11. 估计总体均值首先需要确定样本容量。当其他条件相同时，若设置的置信水平越高，则所需样本容量越大。

12. 估计总体均值首先需要确定样本容量。当其他条件相同时，若采用不重复抽样，则所需样本容量大于重复抽样。

13. 设 X_1、X_2、$\cdots$、X_n 为来自总体 $X \sim N(\mu,\sigma^2)$ 的一个简单随机样本，则 $\dfrac{1}{\sigma^2}\sum_{i=1}^{n}(X_i - \mu)^2 \sim \chi^2(n)$。

14. 设 X_1、X_2、$\cdots$、X_n 为来自总体 $X \sim N(\mu,\sigma^2)$ 的一个简单随机样本，则 X_1、X_2、$\cdots$、X_n 相互独立且均服从 $N(\mu,\sigma^2)$。

15. 设 X_1、X_2、$\cdots$、X_n 为来自总体 $X \sim N(\mu,\sigma^2)$ 的一个简单随机样本且随机变量

$Y \sim \chi^2(n)$，则 $\dfrac{\dfrac{X_i - \mu}{\sigma}}{\sqrt{\dfrac{Y}{n}}} \sim t(n)$，$i = 1、2、\cdots、n$。

16. 在采用简单随机重复抽样组织方式获取样本，对一个总体均值进行估计时，若想使得估计标准误差比在样本容量为 n 时的估计标准误差缩小三分之一，则样本容量应扩大为 $9n$。

17. 在采用简单随机重复抽样组织方式获取样本，对一个总体均值进行估计且在样本容量为 n 时的估计标准误差为 SE。在其他条件相同时，若样本容量由 n 扩大为 $\dfrac{25}{4}n$，则估计标准误差将缩小为 $\dfrac{2}{5}SE$。

18. 在利用公式 $n = \dfrac{z_{\frac{\alpha}{2}}^2 \cdot \pi(1-\pi)}{\Delta_p^2}$ 确定样本容量时，若其中的 $\pi = 0.5$ 且保持其他条件相同，则利用该公式确定的样本容量实施抽样调查获取数据，对总体比率 π 所做估计的精度能满足要求，但可信度有可能达不到要求。

19. 若根据式子 $\dfrac{z_{\frac{\alpha}{2}}^2 \cdot \pi(1-\pi)}{\Delta_p^2}$ 计算的结果不是整数，则样本容量一定要取比其整数部分大 1 的整数。

20. 在其他条件相同时，与整群随机抽样组织方式相比，采用分层随机抽样组织方式抽选样本，所求总体均值的置信区间理论上相对较短。

(二) 单项选择题

1. 某居民小区有 1 000 户居民，小区物业管理者为采用一项新的车位管理措施，想了解居民是否赞成。为此，该物业管理者采用简单随机不重复抽样组织方式抽取 120 户进行调查，结果有 90 户赞同、30 户反对。在置信水平为 95％ 的条件下，该小区赞成采用新车位管理措施的居民户所占比重的置信区间下限是

　　A. 67.73％　　　B. 68.13％　　　C. 68.51％　　　D. 68.92％

2. 某居民小区有 1 000 户居民，小区物业管理者为采用一项新的接收、存放快递的管理措施，想利用简单随机重复抽样组织方式获取样本，了解居民是否赞成。若在置信水平为 95％、估计允许误差不超过 5％ 的条件下，则该物业管理者至少应抽取的居民户是

　　A. 269 户　　　B. 291 户　　　C. 337 户　　　D. 385 户

3. 下列说法不正确的有

　　(1) 在其他条件相同的情况下，置信水平越高，对总体参数估计的精度就越高

　　(2) 在其他条件相同的情况下，样本(容)量越大，对总体参数估计的精度就越高

　　(3) 在其他条件相同的情况下，总体变异程度越小，对总体参数估计的精度就越高

　　A. 0 项　　　B. 1 项　　　C. 2 项　　　D. 3 项

4. 2021 年 3 月，某研究人员从某市共享单车使用者中，采用简单随机重复抽样组织方式随机选取 196 人，询问其骑行一次所用的时间。调查结果显示：这些被调查者骑行一次的平均用时为 12 分钟，标准差为 4 分钟。2021 年 3 月，该市共享单车使用者骑行一次平均用时 95％ 的置信区间上限是

　　A. 11.44 分钟　　B. 12.49 分钟　　C. 12.56 分钟　　D. 12.65 分钟

5. 如果随着样本容量的不断增大，估计量的值越来越接近被估计总体参数的真值，这表明该估计量具有

　　A. 无偏性　　　　B. 有效性　　　　C. 一致性　　　　D. 充分性

6. 如果总体某一参数估计量的数学期望恰好等于该参数，则表明该估计量具有

　　A. 无偏性　　　　B. 有效性　　　　C. 一致性　　　　D. 充分性

7. 下列对确定样本容量可能产生直接影响的有

　　(1) 抽样方法
　　(2) 抽样组织方式
　　(3) 所研究总体的变异程度
　　(4) 所研究总体的平均水平
　　(5) 估计的可靠性要求
　　(6) 估计的精度要求
　　(7) 抽样误差的大小

　　A. 3项　　　　　B. 5项　　　　　C. 6项　　　　　D. 7项

8. 关于总体某一参数所求置信区间具有95%置信水平，下列对其理解正确的有

　　(1) 若随机抽取100个样本且分别求该参数的置信区间，则有95个区间包含该参数
　　(2) 若随机抽取一个样本且求该参数的置信区间，则该置信区间有95%的可能包含该参数
　　(3) 若随机抽取一个样本且求该参数的置信区间，则该参数有5%的可能不包含于该置信区间

　　A. 0项　　　　　B. 1项　　　　　C. 2项　　　　　D. 3项

9. 关于求两个配对总体均值之差的置信区间，下列说法正确的有

　　(1) 这两个总体必须相互独立
　　(2) 这两个总体必须服从正态分布
　　(3) 若这两个总体服从何种分布未知，则必须采用大样本

　　A. 0项　　　　　B. 1项　　　　　C. 2项　　　　　D. 3项

10. 关于求两个总体均值之差的置信区间，下列说法正确的有

　　(1) 这两个总体必须相互独立
　　(2) 这两个总体必须服从正态分布
　　(3) 从这两个总体中所选样本的样本容量必须相同

　　A. 0项　　　　　B. 1项　　　　　C. 2项　　　　　D. 3项

（三）填空题

1. 已知变量总体 X 的均值与方差分别为 μ、σ^2，并采用简单随机重复抽样组织方式从中抽取样本 X_1、X_2、$\cdots$、X_n 对总体均值 μ 进行估计。(1) 若总体方差 σ^2 未知，在置信水平为 $1-\alpha$ 时所求置信区间为 $\left[\overline{X} - z_{\frac{\alpha}{2}} \frac{S}{\sqrt{n}}, \overline{X} + z_{\frac{\alpha}{2}} \frac{S}{\sqrt{n}}\right]$，则样本容量 n 应_____；(2) 若总体方差 σ^2 未知，在置信水平为 $1-\alpha$ 时对总体均值 μ 估计的最大估计误差为_____；(3) 若总体方差 σ^2 未知且其他条件保持不变时，要使得在置信水平为 $1-\alpha$ 时所求置信区间长度缩短一些，则样本容量应_____；(4) 若总体方差 σ^2 未知且其他条件保持不变，要使得所求置信区间长度缩短一些，则置信水平 $1-\alpha$ 应_____；(5) 若从该总体中

按简单随机重复抽样组织方式,再重新抽取一个样本 $X'_1、X'_2、\cdots、X'_m$ 对总体均值 μ 进行估计,在置信水平为 $1-\alpha$ 时所求置信区间为 $\left[\overline{X}' - z_{\frac{\alpha}{2}}\frac{S'}{\sqrt{m}}, \overline{X}' + z_{\frac{\alpha}{2}}\frac{S'}{\sqrt{m}}\right]$,则总体均值 μ 同时位于区间 $\left[\overline{X} - z_{\frac{\alpha}{2}}\frac{S}{\sqrt{n}}, \overline{X} + z_{\frac{\alpha}{2}}\frac{S}{\sqrt{n}}\right]$ 和 $\left[\overline{X}' - z_{\frac{\alpha}{2}}\frac{S'}{\sqrt{m}}, \overline{X}' + z_{\frac{\alpha}{2}}\frac{S'}{\sqrt{m}}\right]$ 内的概率为 _____。

2. 2020 年某地有 2 000 家生产大型盾构机不同配件的微型企业,在采用简单随机不重复抽样组织方式抽取的 50 家微型企业中,其 2020 年平均主营业务收入为 210 万元、标准差为 20 万元,平均职工人数为 12 人、标准差为 4 人。在 95% 的置信水平下,该地生产大型盾构机不同配件的微型企业 2020 年平均主营业务收入至少为 _____ 万元、主营业务总收入最多可达 _____ 万元,这些微型企业平均工人数至多有 _____ 人、年吸纳就业人员至少可达 _____ 人。

(四) 简答题

1. 简述在确定一个总体均值的置信区间时,应考虑哪些因素的影响?

2. 简述在确定一个总体均值的置信区间所需样本容量时,应考虑哪些因素的影响?

3. 简述在其他条件相同时,提高对总体均值或总体比率估计精度的措施有哪些?

(五)计算分析题

1. 2021年8月,某审计机构为掌握2021年上半年某地乡镇级财政项目资金实际支出与其预算执行进度的情况,采用简单随机不重复抽样组织方式,从该地1 500个乡镇中随机抽选出64个乡镇,对其2021年上半年财政项目资金支出与其预算执行进度情况进行审计。审计发现,这64个乡镇中财政项目资金实际支出与其预算执行进度支出完全一致的仅有3个乡镇,其余61个乡镇财政项目资金的实际支出与其预算支出的差额情况见表7-1。

表7-1　2021年上半年某地部分乡镇财政项目资金实际支出与预算支出的差额情况

按实际支出与预算支出的差额分组(万元)	乡镇数(个)	占比(%)
5以下	8	12.500
5~10	12	18.750
10~15	24	37.500
15~20	10	15.625
20~30	8	12.500
30以上	2	3.125
合计	64	100.000

要求:

(1) 在置信水平为0.95时,求2021年上半年该地乡镇财政项目资金实际支出与预算支出平均差额的置信区间,以及总差额至少会达到多少?

(2) 在置信水平为0.99时,求2021年上半年该地乡镇财政项目资金实际支出与预算支出相差不小于20万元的乡镇占比的置信区间,以及相应的乡镇至少有多少个?

(3) 若2019年上半年该地乡镇财政项目资金实际支出与其预算支出差额的标准差为10万元,那么要使得对2021年上半年该地财政项目资金实际支出与预算支出平均差额估计的最大误差不超过2万元且可信度达到90%,应抽选多少乡镇进行审计?

2. 2021年7月,某地海关人员对来自A国的一批进口小包装零食产品进行例行检查发现:在采用简单随机重复抽样组织方式随机抽选出的150包产品中,其平均每包钠元素的含量为460毫克、标准差为50毫克,同时有3包重量不合格。

要求:

(1) 在置信水平为0.95时,来自A国的这批进口小包装零食产品,平均每包钠元素的含量至多可达到多少?

(2) 在置信水平为0.90时,来自A国的这批进口小包装零食产品,包装重量的不合格率至多为多少?

3. 根据第4章"计算分析题"第1题表4-3中数据,求:

(1) 该地高校学生日阅读手机平均时长95%的置信区间;

(2) 该地高校学生日阅读手机时长在3.0小时以上人数所占比重95%的置信区间。

第 8 章 假设检验

1. 假设检验

假设检验是先假设"某事项"正确(为真),然后在假定该假设正确的前提下,借助抽样调查获取随机样本的信息,以验证该假设是否正确的一个推断过程。若"某事项"为总体参数是否为某一数值或大(小)于某一数值,则这样的假设检验为参数检验;若"某事项"为某总体或某变量是否服从某种分布,或者某现象是否具有特定的性质等,则这样的假设检验为非参数检验。本章主要讨论参数检验。

2. 小概率事件原理

统计上,常把在一次试验中发生(出现)的概率小于等于 0.05 的随机事件称作小概率事件。小概率事件原理是指小概率事件在一次试验中几乎不可能发生。这里的"几乎不可能发生"并不是不会发生,且强调是"在一次试验中""几乎不可能发生"。小概率事件原理是一个公理,无须证明,人们均有意或无意地认可它,并在日常生活、工作、学习中随时随地利用着小概率事件原理。

3. 原假设

作为假设检验中的原假设是需要人们搜集非常多、非常充分、非常翔实可靠的证据,想证明其不正确的事项。由于作为原假设的事项,在相应的环境、背景条件下已客观地存续了很长时间,在相应的环境、背景条件没有发生显著或质的变化之前,作为原假设的事项有其客观存在的物质基础,因此,人们不能轻易地否定原假设;而且一旦否定了原假设,也就否定了作为原假设事项长期客观存续的物质基础,表明其所处的环境、背景条件发生了根本性的改变,若从社会层面看,往往可能带来非常严重的不利后果。

因此,在假设检验中,作为原假设的事项,一是可能具有"久已存在"的特征,二是可能具有一旦被拒绝,有可能为社会、集体或个人带来非常严重的社会后果的特征。尽管"非常严重的社会后果"可能会因人、因事、因环境变化而有不同的理解,但是,在特定的社会情境中,总存在为大多数人共同拥有的价值取向、道德评判标准。总之,假设检验中的原假设,在假设检验中不应轻易被否定,应遵循"慎重性原则"设置原假设。

另外,假设检验中,一般有原假设还有与其对立的备择假设,但是,在解决任何一个假设检验问题时,都是在假定原假设正确的前提下,搜集随机样本的信息,去验证原假设而与备择假设没有什么关系,即不能通过备择假设的正确与否去间接推断原假设正确与否。

4. 两类错误

假设检验中的第一类错误,是指在原假设的的确确正确的情况下,作出拒绝原假设的判断时所犯的错误;第二类错误,是指在原假设的的确确不正确的情况下,没有作出拒绝原假设的判断时所犯的错误。基于"慎重性原则",在假设检验中人们都不会轻易地拒绝原假设,总是在特定的条件下通过设置一定的标准使得拒绝原假设的概率尽可能地小,即保证假设检验中所犯第一类错误的概率都比较小,且将其控制在一旦拒绝原假设可能带来的不利后果,不超过人们心理、经济等各方面所能承受得起的范围。但是,对于第二类错误发生的概率,在样本容量保持不变时,人们却无法同时对其进行控制。

在一个假设检验问题中,一旦在样本容量确定后,犯第一类错误的概率较小,那么犯第二类错误的概率可能会偏大;反之亦然。犯第一类错误的概率也就是人们所能容忍的认为原假设不正确的概率。

5. 显著性水平

显著性水平是指在假定原假设成立(为真)的情况下,在能拒绝原假设的统计量所有可能取值构成的区间上,统计量取值落入该区间的概率。可见,在能作出拒绝原假设的统计量所有可能取值构成的区间上统计量取值的概率,就是人们所能容忍的犯第一类错误的概率。若人们所能容忍的犯第一类错误的概率较小,则显著性水平就应设置得小一些;反之,可以设置大一些。

统计上,人们使用最多的两个显著性水平是 0.05 和 0.01。若在显著性水平为 0.05 时没有拒绝原假设,则习惯上认为原假设显著成立(正确、为真),但并不是原假设成立:即"成立"就是"成立",没有什么可怀疑的,而"显著成立"仅是在特定条件下可以认为其成立,若不在特定条件下其也可能不成立。若在显著性水平为 0.05 时拒绝了原假设,但在显著性水平为 0.01 时没有拒绝原假设,则习惯上认为原假设显著不成立(不正确)。若在显著性水平为 0.01 时拒绝了原假设,则习惯上认为原假设高度显著不成立。"高度显著不成立"与"显著不成立"相比,其"不成立"的程度要高于"显著不成立",但是,也都有"成立"的可能,也都不是"不成立"。

6. p 值

p 值是指在假定原假设成立(为真)时,根据具体样本所求统计量的值作为一个端点值并在由比该端点值更大(或更小)的值构成的区间上,统计量取值的概率。特别地,一是必须在假定原假设成立的前提下测定 p 值;二是 p 值是随机样本确定后,统计量在特定区间上取值的概率,而该区间的端点是根据具体样本确定的;三是 p 值的大小与事先设置的显著性水平的高低没有直接关系,也没有间接关系。显著性水平仅可以理解为是人们能容忍的犯第一类错误的最大概率,而 p 值的大小仅与根据随机选出的样本所测算统计量的值以及统计量服从何种分布有直接关系。

另外,若是单侧检验,当 p 值小于或等于显著性水平时,应拒绝原假设;若是双侧检验,当 p 值小于或等于显著性水平的一半时,应拒绝原假设。不过有人认为,对于双侧检验,当 p 值的 2 倍小于或等于显著性水平时,应拒绝原假设。显然,这不仅与直接利用 p 值同显著性水平的一半进行比较并没有本质上的差异,而且 p 值的定义也不简练。

7. 统计量

统计量是样本的函数且在该函数中没有未知参数。由于抽样调查中所抽取的样本都具有随机性,因此作为其函数的统计量也具有随机性,即统计量都是随机变量,随机变量却不一定是统计量。一旦具体的样本确定下来,统计量的值也唯一地被确定。

既然统计量是随机变量,那么统计量这个随机变量服从何种分布,既取决于从中随机抽取样本的总体服从何种分布,也受样本容量、抽样方法和抽样组织方式等因素的影响。

在参数检验中,构造检验统计量时,通常都是先确定由随机样本构造的含有未知参数的随机变量并确认其服从何种分布,然后根据原假设正确的假定,再将这个随机变量转化为统计量并确认其服从何种分布。这是理解参数的假设检验以及构造统计量的关键。

如变量总体 X 的均值和方差分别为 μ 和 σ^2,X_1、X_2、$\cdots$、X_n 为采用简单随机重复抽样组织方式从总体 X 中随机选出的一个样本,则 $Z = \dfrac{\overline{X}-\mu}{\dfrac{\sigma}{\sqrt{n}}}$ 是样本 X_1、X_2、$\cdots$、X_n 的 n 元一次函数,是一个随机变量但并不是统计量。

(1) 若原假设 $H_0:\mu = \mu_0$(μ_0 为已知数)且总体 X 服从正态分布、σ^2 已知,则随机变量 $Z = \dfrac{\overline{X}-\mu}{\dfrac{\sigma}{\sqrt{n}}}$ 一定服从标准正态分布,且在假定原假设 $\mu = \mu_0$ 正确时,$Z = \dfrac{\overline{X}-\mu_0}{\dfrac{\sigma}{\sqrt{n}}}$ 不仅是随机变量而且是统计量,同时仍服从标准正态分布。

若总体方差 σ^2 未知,则 $Z = \dfrac{\overline{X}-\mu_0}{\dfrac{\sigma}{\sqrt{n}}}$ 不再是统计量,仅仅是随机变量。这时,如果样本容量 n 充分大并以样本标准差 S 替代总体标准差 σ,则随机变量 $Z = \dfrac{\overline{X}-\mu_0}{\dfrac{\sigma}{\sqrt{n}}}$ 可以转化为统计量 $Z = \dfrac{\overline{X}-\mu_0}{\dfrac{S}{\sqrt{n}}}$ 且在原假设 $H_0:\mu = \mu_0$ 为真时,近似服从标准正态分布。

(2) 若原假设 $H_0:\mu = \mu_0$(μ_0 为已知数)且样本容量 n 充分大、总体 X 服从何种分布未知、σ^2 已知,则随机变量 $Z = \dfrac{\overline{X}-\mu}{\dfrac{\sigma}{\sqrt{n}}}$ 近似服从标准正态分布,且在假定原假设 $H_0:\mu = \mu_0$ 正确时,$Z = \dfrac{\overline{X}-\mu_0}{\dfrac{\sigma}{\sqrt{n}}}$ 不仅是随机变量而且是统计量,同时仍近似服从标准正态分布。

若总体方差 σ^2 未知,以样本标准差 S 替代总体标准差 σ,则 $Z = \dfrac{\overline{X}-\mu_0}{\dfrac{S}{\sqrt{n}}}$ 不仅是随机变量而且是统计量,同时仍近似服从标准正态分布。

(3) 若原假设 $H_0:\mu = \mu_0$(μ_0 为已知数),X_1、X_2、$\cdots$、X_n 是按照简单随机不重复抽样组织方式从未知总体 X 中抽出的一个样本,且样本容量 n 充分大、σ^2 已知,则随机变量

$Z = \dfrac{\overline{X} - \mu}{\sqrt{\dfrac{\sigma^2}{n}\left(1 - \dfrac{n}{N}\right)}}$（$N$ 为总体 X 中所有可能的变量值个数）也近似服从标准正态分布，且在假定原假设 $H_0: \mu = \mu_0$ 正确时，$Z = \dfrac{\overline{X} - \mu_0}{\sqrt{\dfrac{\sigma^2}{n}\left(1 - \dfrac{n}{N}\right)}}$ 不仅是随机变量而且是统计量，同时仍近似服从标准正态分布。

若总体方差 σ^2 未知，以样本标准差 S 替代总体标准差 σ，则 $Z = \dfrac{\overline{X} - \mu_0}{\sqrt{\dfrac{S^2}{n}\left(1 - \dfrac{n}{N}\right)}}$ 不仅是随机变量而且是统计量，同时仍近似服从标准正态分布。

在其他总体参数检验的情形下，确定统计量的思路与上述情形基本相同。

8. 假设检验的基本步骤

在利用假设检验统计推断法解决具体问题，即在展示假设检验的推证过程时，应按演绎推理的逻辑顺序去表述，不能随意表述。

假设检验的基本步骤：(1) 确定原假设与备择假设；(2) 构造统计量并指出其服从何种分布；(3) 根据显著性水平，确定拒绝域或临界值；(4) 根据样本，计算统计量的值；(5) 根据统计量的值与拒绝域作出拒绝或不拒绝原假设的判断，并说明其意义。

其中，(1) 是 (2) 的前提条件，即只有假定原假设成立，才能得到统计量及其服从何种分布；(2) 又是 (3) 的前提条件，即只有知道统计量服从何种分布，才能根据显著性水平查表或计算相应的临界值并确定拒绝域；只有 (4) 计算的统计量的值落入或不落入拒绝域，才能有 (5)，即必须在确定统计量的前提下才能计算统计量的值，只有观察统计量的值与 (3) 确定的拒绝域的关系后，才能作出判断。可见，假设检验的 5 个步骤之间具有严密的逻辑关系。

当然，若利用 p 值进行检验，上述 (3) 可以省略，直接过渡到 (4) 并将其作为 (3)；(4) 则为"求出 p 值"，即根据 (2) 统计量服从何种分布，以及 (3) 所求统计量的值，求出 p 值（事实上，利用软件比较容易计算之，且在很多问题的软件输出结果中，都会给出相应的 p 值，无需计算。）

练习题

（一）判断题

1. 假设检验中，无论最终作出拒绝或不拒绝原假设的判断，都有可能犯错误。

2. 假设检验中，无论采用何种方法都不可能使犯两类错误的概率同时变小。

3. 假设检验中，显著性水平设置得越小，表明研究者越不想拒绝原假设。

4. 在对总体均值进行检验且在其他条件相同时，样本容量越大，越有可能拒绝原假设。

5. 假设检验中设置的原假设与备择假设，在假设检验中具有同等重要的地位。

6. 在对总体均值或总体比率进行检验时，若在显著性水平为 0.05 时拒绝了原假设，而在显著性水平为 0.01 时没有拒绝原假设，通常表明原假设显著不成立。

7. 在对总体均值或总体比率进行检验时,若在显著性水平为 0.01 时拒绝了原假设,通常表明原假设高度显著不成立。

8. 在对总体均值或总体比率进行检验时,若在显著性水平为 0.05 时没有拒绝原假设,通常表明原假设显著成立。

9. 小概率事件原理是指小概率事件在一次试验中不可能发生。

10. 假设检验中,若原假设用数学表达式展示,则表达式中一定应含有"等号";若原假设用文字表述,则这些文字一定应有"等号"的含义。

11. 设 X_1、X_2、$\cdots$、X_n 为采用简单随机重复抽样组织方式,从均值、方差分别为 μ、σ^2 的总体 X 中选出的一个样本。若检验 $H_0: \mu \leq \mu_0$,则检验统计量为 $Z = \dfrac{\overline{X} - \mu}{\dfrac{\sigma}{\sqrt{n}}}$。

12. 设 X_1、X_2、$\cdots$、X_n 为采用简单随机重复抽样组织方式,从均值、方差分别为 μ、σ^2 的总体 X 中选出的一个样本。若需要检验 $H_0: \mu = \mu_0$;$H_1: \mu \neq \mu_0$ 且根据统计量的值计算出 p 值小于显著性水平 α,则应拒绝原假设。

13. 设 X_1、X_2、$\cdots$、X_n 为采用简单随机重复抽样组织方式,从均值、方差分别为 μ、σ^2 的正态总体 X 中选出的一个样本。若检验 $H_0: \mu \leq \mu_0$,则在原假设 $H_0: \mu \leq \mu_0$ 成立时,统计量 $Z = \dfrac{\overline{X} - \mu_0}{\dfrac{S}{\sqrt{n}}} \sim N(0, 1)$。

14. 在假设检验中,若在给定显著性水平下,拒绝了原假设,则表明根据统计量的值计算的 p 值一定小于这个给定的显著性水平。

15. 在双侧检验的情形拒绝了原假设且在其他条件相同时,若将这个双侧检验调整为单侧检验,则也一定拒绝原假设。

(二) 单项选择题

1. 关于小概率事件原理,下列说法正确的有

(1) 小概率事件几乎不可能发生

(2) 小概率事件在一次试验中不可能发生

(3) 小概率事件在一次试验中几乎不可能发生

A. 0 项　　　　B. 1 项　　　　C. 2 项　　　　D. 3 项

2. 关于显著性水平,下列说法正确的有

(1) 在其他条件相同的情况下,若在显著性水平为 0.05 时拒绝了原假设,则在显著性水平为 0.01 时也一定拒绝原假设

(2) 在其他条件相同的情况下,若在显著性水平为 0.01 时没有拒绝原假设,则在显著性水平为 0.05 时也一定不拒绝原假设

(3) 在其他条件相同的情况下,若在显著性水平为 0.05 时没有拒绝原假设,则在显著性水平为 0.01 时也一定不拒绝原假设

A. 0 项　　　　B. 1 项　　　　C. 2 项　　　　D. 3 项

3. 关于假设检验步骤的顺序,下列说法正确是

(1) 写出原假设与备择假设

(2) 根据显著性水平确定临界值(或拒绝域)

(3) 写出统计量并指明其服从何种分布
(4) 作出拒绝或不拒绝原假设的判断,并说明其意义
(5) 根据样本,计算统计量的值

A. 上述五个步骤可以按任意顺序展示
B. 上述五个步骤只能按(1)(2)(3)(4)(5)的顺序展示
C. 上述五个步骤只能按(1)(5)(3)(2)(4)的顺序展示
D. 上述五个步骤只能按(1)(3)(2)(5)(4)的顺序展示

4. 关于原假设的设置,下列说法正确的有
(1) 通常应将久已存在的事项作为原假设
(2) 通常应将处于重要保护地位的事项作为原假设
(3) 通常应将一旦拒绝可能会带来非常严重后果的事项作为原假设

A. 0项　　　　B. 1项　　　　C. 2项　　　　D. 3项

5. 关于两类错误,下列说法正确的有
(1) 假设检验中犯第一类错误的概率通常可由检验者事先设置(确定)
(2) 假设检验中犯第一类错误的概率与犯第二类错误的概率之和等于1
(3) 在其他条件不变的情况下,假设检验中采用单侧或双侧检验对犯第二类错误发生的概率可能会产生影响,而对犯第一类错误的概率没有影响

A. 0项　　　　B. 1项　　　　C. 2项　　　　D. 3项

6. 在对总体均值采用右侧检验时,若选取的统计量服从标准正态分布,则在显著性水平为0.01时,相应的临界值为

A. 1.64　　　　B. 1.96　　　　C. 2.33　　　　D. 2.58

7. 在有关总体 X 与总体 Y 的均值是否相同的检验中,若所选统计量为
$$Z = \frac{\overline{X} - \overline{Y}}{\sqrt{\frac{S_1^2}{n_1} + \frac{S_2^2}{n_2}}} \overset{H_0 为真}{\sim} N(0,1),$$
则这两个总体

A. 方差一定相同
B. 一定相互独立
C. 样本容量一定相同
D. 一定都服从正态分布

第8—10题基于下面一段文字:
2021年9月,某研究人员从某高校所有学生中,采用简单随机重复抽样组织方式,随机抽取1 100名学生并调查其某日手机使用流量。调查显示:这1 100名学生该日平均手机使用流量是154 MB,标准差为60 MB。

8. 若该研究人员想对"某高校学生某日手机平均使用流量是否会超过150 MB"作出判断,其设置的原假设应为

A. 某高校学生该日手机平均使用流量少于150 MB
B. 某高校学生该日手机平均使用流量不多于150 MB
C. 某高校学生该日手机平均使用流量不少于150 MB
D. 某高校学生该日手机平均使用流量多于150 MB

9. 若该研究人员想对"某高校学生某日手机平均使用流量是否会超过150 MB"作出判断,则检验统计量的值是

A. 1.78　　　　B. 2.21　　　　C. 2.63　　　　D. 3.12

10. 若该研究人员想对"某高校学生某日手机平均使用流量是否会超过 150 MB"作出判断,则下列判断正确的有

(1) 在显著性水平为 0.05 时,可能会认为 2021 年 9 月某高校学生某日手机平均使用流量超过了 150 MB

(2) 在显著性水平为 0.01 时,可能会认为 2021 年 9 月某高校学生某日手机平均使用流量超过了 150 MB

(3) 可能会认为 2021 年 9 月某高校学生该日手机平均使用流量显著超过了 150 MB

A. 0 项　　　　　　B. 1 项　　　　　　C. 2 项　　　　　　D. 3 项

11. 关于假设检验,下列说法正确的有

(1) 假设检验的结论不容质疑

(2) 假设检验必须使用随机样本的信息

(3) 假设检验的过程就是一种逻辑推理的过程

A. 0 项　　　　　　B. 1 项　　　　　　C. 2 项　　　　　　D. 3 项

12. 关于假设检验中的 p 值,下列说法正确的有

(1) p 值的大小实际需要通过求定积分得到

(2) p 值的大小与变量总体服从何种分布没有关系

(3) p 值的大小与所设置的显著性水平的大小没有关系

A. 0 项　　　　　　B. 1 项　　　　　　C. 2 项　　　　　　D. 3 项

13. 关于下列实际问题的检验,处理正确的有

(1) 海关人员对进口产品进行质量检验,应以产品标明的质量标准为原假设

(2) 审计人员对某企业财务状况进行审计,应以该企业申报的状况为原假设

(3) 质检人员对大型超市商品进行抽检,应以相应商品标明的质量标准为原假设

A. 0 项　　　　　　B. 1 项　　　　　　C. 2 项　　　　　　D. 3 项

14. 关于假设检验中显著性水平与原假设的关系,下列说法正确的有

(1) 显著性水平设置得越小,表明研究者越不想拒绝原假设

(2) 显著性水平设置得越小,表明人们对原假设是否正确越没有信心

(3) 显著性水平设置得越小,表明拒绝原假设带来的不利后果可能越严重

A. 0 项　　　　　　B. 1 项　　　　　　C. 2 项　　　　　　D. 3 项

15. 对于假设检验所犯错误,下列说法正确的有

(1) 在一定的条件下人们总有办法同时降低犯两类错误的概率

(2) 假设检验中一旦犯了第一或第二类错误,则会产生统计系统性误差

(3) 针对一个具体问题进行假设检验时,人们其实无法确定是否真的犯了错误

A. 0 项　　　　　　B. 1 项　　　　　　C. 2 项　　　　　　D. 3 项

(三) 填空题

1. 在有关假设检验的问题研究中,通常认为:假设检验的理论依据是_____,它表明_____;在假设检验中,一旦拒绝了原假设则有可能犯_____错误;在假设检验中,作为原假设的事项通常应处于_____的地位,不应轻易被拒绝;假设检验中所设置的显著性水平,本质上就是能够作出拒绝原假设的_____;假设检验中 p 值的大小,不仅与相应总体服从何种分布有着_____关系,而且与_____、_____和抽样组织方式也有密切的关系。

2. 假设检验中的第一类错误是指_____；第二类错误是指_____。

3. 假设检验中，小概率事件原理是指_____。

4. 假设检验中，无论作出拒绝或不拒绝原假设的判断都有可能犯错误，主要是因为_____。

5. 若在假定原假设成立时，统计量服从标准正态分布且根据样本求得的统计量的值为 z_0，则相应 p 值的计算表达式为_____；在显著性水平为 α 且为单侧检验时，只要_____，就应拒绝原假设；在显著性水平为 α 且为双侧检验时，只要_____，就应拒绝原假设。

（四）简答题

1. 简述实施假设检验的基本步骤。

2. 简述何为假设检验中的第一类错误和第二类错误以及两类错误之间的关系。

（五）计算分析题

1. 根据第 7 章"计算分析题"第 1 题所给数据，求：

（1）在显著性水平为 0.01 时，2021 年上半年该地乡镇财政项目资金实际支出与预算支出的平均差额会超过 10 万元吗？

（2）在显著性水平为 0.05 时，2021 年上半年该地乡镇财政项目资金实际支出与预算支出相差 20 万元以上的乡镇占比会超过 10% 吗？

2. 根据第 7 章"计算分析题"第 2 题所给资料，若从 A 国进口小包装零食外包装上标明"每包钠元素的含量为 450 毫克，产品重量不合格率低于 5%"。

（1）在显著性水平为 0.01 时，来自 A 国的这批小包装零食的平均每包钠元素含量与其所标明的一致吗？

（2）在显著性水平为 0.05 时，来自 A 国的这批小包装零食重量的合格率与其标明的一致吗？

3. 根据第 4 章"计算分析题"第 1 题表 4-3 中数据，求：

（1）在 $\alpha = 0.05$ 时，该地高校学生日阅读手机平均时长会超过 2.5 小时吗？

（2）在 $\alpha = 0.05$ 时，该地高校有 10% 以上的学生日阅读手机时长超过 3.5 小时吗？

第 9 章 定性数据分析

1. 定性数据

定性数据是定性变量在相应总体单位上的数值表现或相应数值表现汇总、处理的结果。分类变量与顺序变量统称为定性变量(也称属性变量),分类数据、顺序数据均称为定性数据。定性变量的数值表现有多少,相应的定性数据就分为多少组。如由在校大学生构成的总体,"性别"是一个定性变量,其数值表现仅有"男性"和"女性"两个,相应的定性数据分为两组——如男生 400 人、女生 600 人,或者男生占 40%、女生占 60%。

定(数)量数据可以转化为定性数据,定性数据不能转化为定量数据。如某地 1 000 个居民家庭的年收入是定量数据,但是根据这 1 000 个家庭年收入的多少,可以将其转化为"高收入""中等偏上收入""中等收入""中等偏下收入"和"低收入"等顺序数据。而"中等收入"家庭的年收入具体是多少,则无法得到。这说明定性数据无法转化为定量数据。

2. 拟合优度检验

拟合优度检验,本质上是检验某一定性变量的实际取值或分布与其期望(或理论)取值或分布是否具有一致性的问题。由于任意一个定性变量在不同时间或空间上的数值表现都受到众多因素的影响,而使其数值表现往往具有一定的随机性。因此,这些受随机因素影响的定性数据,与期望的定性数据之间,客观上必然具有一定程度的不一致性。然而,只要这种不一致性没有超出一定的范围,人们仍认为该定性变量的取值或分布具有期望(或理论)的取值或分布的特征。

检验统计量为 $\chi^2 = \sum_{i=1}^{k} \frac{(X_{oi} - X_{ei})^2}{X_{ei}}$。其中,$X_{oi}$ 为定性变量的第 i 个数值表现实际出现的次数;X_{ei} 为在假定原假设"H_0:定性变量的实际取值或分布与期望(或理论)取值或分布完全一致"正确的前提下,定性变量的第 i 个数值表现期望(或理论)应该出现的次数;k 为定性变量在总体单位上可能的数值表现的个数且 $k \geqslant 2$。

在假定原假设正确时,统计量 $\chi^2 = \sum_{i=1}^{k} \frac{(X_{oi} - X_{ei})^2}{X_{ei}} \sim \chi^2(k-1)$。

3. 列联表

所谓列联表就是按照两个定性变量的取值进行交叉分组形成的一张表格。一旦能辨明其中一个定性变量可能会引起另一个定性变量变动时,通常就将该定性变量的数值表现作为行标题,另一定性变量的数值表现作为列标题。

如某调查机构采用简单随机抽样组织方式,获得某地高校 1 000 名不同年级的学生对 2021 年 7 月举行的 2020 年东京夏季奥运会中国奥运代表团整体表现的满意度数据,可构成如下列联表(见表 9-1)。

表 9-1　某地高校学生对 2020 年东京奥运会中国奥运代表团整体表现的满意度　单位:人

年级	满意度				合计
	非常满意	满意	不满意	非常不满意	
大一	237	74	27	12	350
大二	121	86	28	15	250
大三	89	80	19	12	200
大四	17	60	16	7	100
研究生	36	50	10	4	100
合计	500	350	100	50	1 000

4. 定性变量相关程度的测定方法

当列联表中的两个定性变量之间具有一定的相关关系时,测定其相互联系的密切程度,常使用 V 相关系数,即 $V = \sqrt{\dfrac{\chi_0^2}{n \cdot \min\{(r-1),(c-1)\}}}$。它不仅可以测定一个列联表中两个定性变量相关的程度,而且可以根据多个列联表测算的 V 相关系数的大小,比较多个列联表中每两个定性变量相关程度的高低。

对于 2×2 列联表,也可以采用 φ 相关系数,它是 V 相关系数的一个特例。而 c 相关系数相对于 V 相关系数,它不能根据多个列联表测算 c 相关系数的大小,比较多个列联表中每两个定性变量相关程度的高低。尽管 c 相关系数可以为 0,表示两个定性变量相互独立或毫无关系,但是 c 相关系数的取值不可以为 1,这是因为 $\chi_0^2 \neq n + \chi_0^2$,因此,$c = \sqrt{\dfrac{\chi_0^2}{n + \chi_0^2}} \neq 1$。对于 $r \times c$ 列联表仅当 $r = c = k \geq 2$ 时,c 相关系数为 $\sqrt{\dfrac{k-1}{k}}$。可见,随着 k 的增大,c 相关系数也会随之增大并以 1 为极限。

练习题

(一) 判断题

1. 对于任意 $r \times c$ 列联表中两定性变量的相关程度,既可以采用 V 相关系数测定,也可以采用 φ 相关系数测定。

2. 在 $r \times c$ 列联表中,只要行数或列数中有一个为 2 时,其 V 相关系数值一定等于 φ 相关系数值。

3. 根据行数、列数相同的两个 $r \times c$ 列联表测算的两个 c 相关系数,哪个 c 相关系数大,就表明哪个列联表中的两个定性变量之间的关联程度高于另两个定性变量之间的关联程度。

4. 根据一个 2×2 列联表测算的统计量的值 χ_0^2,不可能超过实际观察总数 n,即 $\chi_0^2 \leq n$。

5. 若判断 2020 年某地区"高收入""中等偏上收入""中等收入""中等偏下收入"和"低收入"的家庭构成状况,与 2019 年相比是否有显著改变,可采用 χ^2 拟合优度检验法进行判断。

(二) 单项选择题

1. 2021 年二季度,某单位上班迟到人次统计如下:星期一有 55 人次,星期二有 26 人次,星期三有 30 人次,星期四有 35 人次,星期五有 44 人次。在显著性水平为 0.05 时,若问 2021 年二季度该单位职工上班迟到是随机的吗?则检验统计量的值是

A. 13.55　　　　　B. 14.26　　　　　C. 15.12　　　　　D. 16.08

2. 关于定性数据分析,下列说法正确的有

(1) χ^2 拟合优度检验从形式上可以看作行数为 1 的 1×c 列联表检验

(2) 无论是现象的 χ^2 拟合优度检验还是列联表检验,检验统计量的值一定是非负数

(3) 定性数据既可以是原始的分类数据或顺序数据,也可以是由定量数据转化而来的定性数据

A. 0 项　　　　　B. 1 项　　　　　C. 2 项　　　　　D. 3 项

3. 若对行数为 5、列数为 6 的列联表中两定性变量之间是否具有关联性进行检验,则检验统计量服从

A. 自由度为 20 的卡方分布　　　　　B. 自由度为 24 的卡方分布

C. 自由度为 25 的卡方分布　　　　　D. 自由度为 30 的卡方分布

4. 关于 φ 相关系数,下列说法正确的有

(1) φ 相关系数随着实际观测总次数 n 的增大而变小

(2) φ 相关系数为 0 时,表明列联表中两个定性变量不相关

(3) φ 相关系数只能用来测定 2×2 列联表中两定性变量的关联程度

A. 0 项　　　　　B. 1 项　　　　　C. 2 项　　　　　D. 3 项

5. 关于 $r×c$ 列联表,下列说法正确的有

(1) $r×c$ 列联表中的 r、c 分别为两个定性变量数值表现的个数

(2) $r×c$ 列联表中的数据既可以是绝对数也可以是相对数或平均数

(3) 检验统计量的值 χ_0^2 不会因为 $r×c$ 列联表中行与列的交换而改变

A. 0 项　　　　　B. 1 项　　　　　C. 2 项　　　　　D. 3 项

(三) 计算分析题

1. (1) 根据表 9-1 中数据,在显著性水平为 0.05 时,该地高校不同年级的大学生对 2020 年东京奥运会中国奥运代表团整体表现的满意度有显著差异吗?

(2) 若该地高校不同年级的大学生对 2020 年东京奥运会中国奥运代表团整体表现所持态度有显著差异,计算 c 相关系数和 V 相关系数,并说明其意义。

2. 根据第 7 章"计算分析题"第 1 题数据,若 2019 年上半年该地乡镇财政项目资金实际支出与其预算支出的差额在 5 万元以下的占 10%、5~10 万元的占 20%、10~15 万元的占 34%、15~20 万元的占 18%、20~30 万元的占 12%、30 万元以上的占 6%。在显著性水平为 0.01 时,2021 年上半年该地乡镇财政项目资金实际支出与预算支出的差额状况与 2019 年上半年相比会有显著不同吗?

第 10 章 方差分析

要点提示

1. 因素与水平

方差分析是研究一个或两个定性变量对一个定(数)量变量是否有显著影响的一种统计推断法。其中,定性变量称作因素,还可以理解为自变量;定量变量可以理解为因变量。定性变量可以是分类变量,也可以是顺序变量,也可以是由定量变量转化而来的顺序变量或分类变量。在特定问题中,每一个定性变量的不同取值称作不同的水平。如在研究水稻亩产量问题时,水稻品种是影响水稻亩产量的一个因素,不同的施肥量、不同的播种方法、不同的耕作方式等也是影响水稻亩产量的因素。若水稻品种仅有 1 号品种、2 号品种、3 号品种三个品种,则水稻品种这个因素有三个水平。尽管"施肥量"是一个定量变量,但是,若把其在单位面积土地上的施肥量为"5 kg""10 kg"或"15 kg",看作"低施肥量""中施肥量"和"高施肥量",则"施肥量"这个定量变量就转化为一个顺序变量,那么"低施肥量""中施肥量"和"高施肥量"就是施肥量这个因素的三个水平。

方差分析的重要内容之一,是判断在因素的不同水平下因变量取值的平均水平是否有显著差异。如不同水稻品种的亩产量是否有显著差异,不同施肥量水平下水稻亩产量是否有显著差异,或者在不同水稻品种与施肥量的交互作用下,水稻亩产量是否有显著差异等问题。

2. 三个假定

运用方差分析统计推断法应注意三个基本假定:

(1) 在每一因素不同水平下的试验没有结束之前,试验结果服从方差相同的正态分布;

(2) 在每一因素不同水平下的试验相互独立;

(3) 在不同因素不同水平组合下的试验相互独立。

这三个基本假定是构造方差分析检验统计量的理论基础。

3. 单因素方差分析中三个误差的计算

(1) 假定因素 A 有 k 个水平且在每一个水平下的试验次数均为 m,第 i 水平下第 j 次试验的试验结果为 X_{ij},$i=1,2,\cdots,k$;$j=1,2,\cdots,m$,则

水平(组)内误差 $SSE = \sum\limits_{i=1}^{k}\sum\limits_{j=1}^{m}(X_{ij}-\overline{X}_i)^2 = \sum\limits_{i=1}^{k}\sum\limits_{j=1}^{m}X_{ij}^2 - \frac{1}{m}\sum\limits_{i=1}^{k}\Big(\sum\limits_{j=1}^{m}X_{ij}\Big)^2$

水平(组)间误差 $SSA = \sum\limits_{i=1}^{k}\sum\limits_{j=1}^{m}(\overline{X}_i-\overline{X})^2 = \frac{1}{m}\sum\limits_{i=1}^{k}\Big(\sum\limits_{j=1}^{m}X_{ij}\Big)^2 - \frac{1}{km}\Big(\sum\limits_{i=1}^{k}\sum\limits_{j=1}^{m}X_{ij}\Big)^2$

总误差 $SST = \sum_{i=1}^{k}\sum_{j=1}^{m}(X_{ij}-\overline{X})^2 = \sum_{i=1}^{k}\sum_{j=1}^{m}X_{ij}^2 - \frac{1}{km}(\sum_{i=1}^{k}\sum_{j=1}^{m}X_{ij})^2$

其中,$\overline{X}_i = \frac{1}{m}\sum_{j=1}^{m}X_{ij}, \overline{X} = \frac{1}{km}\sum_{i=1}^{k}\sum_{j=1}^{m}X_{ij} = \frac{1}{k}\sum_{i=1}^{k}\overline{X}_i$

注:第 i 水平内方差为 $S_i^2 = \frac{1}{m-1}\sum_{j=1}^{m}(X_{ij}-\overline{X}_i)^2, i=1,2,\cdots,k$。

(2) 假定因素 A 有 k 个水平且在第 i 水平下试验次数为 m_i、在第 j 次试验中的试验结果为 $X_{ij}, i=1,2,\cdots,k; j=1,2,\cdots,m_i$,则

水平(组) 内误差 $SSE = \sum_{i=1}^{k}\sum_{j=1}^{m_i}(X_{ij}-\overline{X}_i)^2 = \sum_{i=1}^{k}\sum_{j=1}^{m_i}X_{ij}^2 - \sum_{i=1}^{k}\frac{1}{m_i}(\sum_{j=1}^{m_i}X_{ij})^2$

水平(组) 间误差 $SSA = \sum_{i=1}^{k}\sum_{j=1}^{m_i}(\overline{X}_i-\overline{X})^2 = \sum_{i=1}^{k}\frac{1}{m_i}(\sum_{j=1}^{m_i}X_{ij})^2 - \frac{1}{n}(\sum_{i=1}^{k}\sum_{j=1}^{m_i}X_{ij})^2$

总误差 $SST = \sum_{i=1}^{k}\sum_{j=1}^{m_i}(X_{ij}-\overline{X})^2 = \sum_{i=1}^{k}\sum_{j=1}^{m_i}X_{ij}^2 - \frac{1}{n}(\sum_{i=1}^{k}\sum_{j=1}^{m_i}X_{ij})^2$

其中,$\overline{X}_i = \frac{1}{m_i}\sum_{j=1}^{m_i}X_{ij}, n = \sum_{i=1}^{k}m_i, \overline{X} = \frac{1}{n}\sum_{i=1}^{k}\sum_{j=1}^{m_i}X_{ij} = \frac{1}{n}\sum_{i=1}^{k}m_i\overline{X}_i$

注:第 i 水平(组) 内方差为 $S_i^2 = \frac{1}{m_i-1}\sum_{j=1}^{m_i}(X_{ij}-\overline{X}_i)^2, i=1,2,\cdots,k$。

4. 单因素方差分析中水平总体均值的区间估计

假定因素 A 有 k 个水平且在第 i 水平下因变量的总体均值、试验次数和试验结果分别为 $\mu_i、m_i$ 和 $X_{ij}, i=1,2,\cdots,k; j=1,2,\cdots,m_i$,则第 i 水平下因变量总体均值 μ_i 的 $1-\alpha$ 置信区间为 $\left[\overline{X}_i - z_{\frac{\alpha}{2}} \cdot \sqrt{\frac{SSE}{m_i(n-k)}}, \overline{X}_i + z_{\frac{\alpha}{2}} \cdot \sqrt{\frac{SSE}{m_i(n-k)}}\right], i=1,2,\cdots,k$。其中,

$SSE = \sum_{i=1}^{k}\sum_{j=1}^{m_i}(X_{ij}-\overline{X}_i)^2, \overline{X}_i = \frac{1}{m_i}\sum_{j=1}^{m_i}X_{ij}, n = \sum_{i=1}^{k}m_i$

5. 等重复试验两因素方差分析中的四个误差的计算

假定作为因变量的定量变量受因素 A 和 B 的影响,因素 A 和 B 分别有 r 和 s 个水平$(r,s>1)$ 且在其每一水平组合$(A_i、B_j)$ 下分别做 t 次试验$(t>1)$,则

水平(组) 内误差 $SSE = \sum_{i=1}^{r}\sum_{j=1}^{s}\sum_{k=1}^{t}(X_{ijk}-\overline{X}_{ij})^2$

$= \sum_{i=1}^{r}\sum_{j=1}^{s}\sum_{k=1}^{t}X_{ijk}^2 - \frac{1}{t}\sum_{i=1}^{r}\sum_{j=1}^{s}(\sum_{k=1}^{t}X_{ijk})^2$

因素 A 水平间误差 $SSA = \sum_{i=1}^{r}\sum_{j=1}^{s}\sum_{k=1}^{t}(\overline{X}_{i\cdot\cdot}-\overline{X})^2$

$= \frac{1}{st}\sum_{i=1}^{r}(\sum_{j=1}^{s}\sum_{k=1}^{t}X_{ijk})^2 - \frac{1}{rst}(\sum_{i=1}^{r}\sum_{j=1}^{s}\sum_{k=1}^{t}X_{ijk})^2$

因素 B 水平间误差 $SSB = \sum_{i=1}^{r}\sum_{j=1}^{s}\sum_{k=1}^{t}(\overline{X}_{\cdot j\cdot}-\overline{X})^2$

$= \frac{1}{rt}\sum_{j=1}^{s}(\sum_{i=1}^{r}\sum_{k=1}^{t}X_{ijk})^2 - \frac{1}{rst}(\sum_{i=1}^{r}\sum_{j=1}^{s}\sum_{k=1}^{t}X_{ijk})^2$

因素 A、B 交互作用误差

$$SS(A \times B) = \sum_{i=1}^{r}\sum_{j=1}^{s}\sum_{k=1}^{t}(X_{ijk} - \overline{X}_{i\cdot\cdot} - \overline{X}_{\cdot j\cdot} + \overline{X})^2$$

$$= \frac{1}{t}\sum_{i=1}^{r}\sum_{j=1}^{s}\Big(\sum_{k=1}^{t}X_{ijk}\Big)^2 - \frac{1}{rst}\Big(\sum_{i=1}^{r}\sum_{j=1}^{s}\sum_{k=1}^{t}X_{ijk}\Big)^2 - SSA - SSB$$

总误差 $SST = \sum_{i=1}^{r}\sum_{j=1}^{s}\sum_{k=1}^{t}(X_{ijk} - \overline{X})^2 = \sum_{i=1}^{r}\sum_{j=1}^{s}\sum_{k=1}^{t}X_{ijk}^2 - \frac{1}{rst}\Big(\sum_{i=1}^{r}\sum_{j=1}^{s}\sum_{k=1}^{t}X_{ijk}\Big)^2$

其中,$\overline{X}_{ij} = \frac{1}{t}\sum_{k=1}^{t}X_{ijk}, i=1,2,\cdots,r; j=1,2,\cdots,s;$

$$\overline{X}_{i\cdot\cdot} = \frac{1}{st}\sum_{j=1}^{s}\sum_{k=1}^{t}X_{ijk}; \overline{X}_{\cdot j\cdot} = \frac{1}{rt}\sum_{i=1}^{r}\sum_{k=1}^{t}X_{ijk}; \overline{X} = \frac{1}{rst}\sum_{i=1}^{r}\sum_{j=1}^{s}\sum_{k=1}^{t}X_{ijk}$$

6. 不重复试验两因素方差分析中的三个误差的计算

假定作为因变量的定量变量受因素 A 和 B 的影响且这两个因素仅独立地对因变量产生作用,若因素 A 和 B 分别有 r 和 s 个水平(r、$s > 1$)且在其每一水平组合(A_i、B_j)下分别做 1 次试验,则

因素 A 水平间误差 $SSA = \sum_{i=1}^{r}\sum_{j=1}^{s}(\overline{X}_{i\cdot} - \overline{X})^2$

$$= \frac{1}{s}\sum_{i=1}^{r}\Big(\sum_{j=1}^{s}X_{ij}\Big)^2 - \frac{1}{rs}\Big(\sum_{i=1}^{r}\sum_{j=1}^{s}X_{ij}\Big)^2$$

因素 B 水平间误差 $SSB = \sum_{i=1}^{r}\sum_{j=1}^{s}(\overline{X}_{\cdot j} - \overline{X})^2 = \frac{1}{r}\sum_{j=1}^{s}\Big(\sum_{i=1}^{r}X_{ij}\Big)^2 - \frac{1}{rs}\Big(\sum_{i=1}^{r}\sum_{j=1}^{s}X_{ij}\Big)^2$

水平(组)内误差 $SSE = \sum_{i=1}^{r}\sum_{j=1}^{s}(X_{ij} - \overline{X}_{i\cdot} - \overline{X}_{\cdot j} + \overline{X})^2$

$$= \sum_{i=1}^{r}\sum_{j=1}^{s}X_{ij}^2 - \frac{1}{s}\sum_{i=1}^{r}\Big(\sum_{j=1}^{s}X_{ij}\Big)^2 - \frac{1}{r}\sum_{j=1}^{s}\Big(\sum_{i=1}^{r}X_{ij}\Big)^2 +$$

$$\frac{1}{rs}\Big(\sum_{i=1}^{r}\sum_{j=1}^{s}X_{ij}\Big)^2$$

总误差 $SST = \sum_{i=1}^{r}\sum_{j=1}^{s}(X_{ij} - \overline{X})^2 = \sum_{i=1}^{r}\sum_{j=1}^{s}X_{ij}^2 - \frac{1}{rs}\Big(\sum_{i=1}^{r}\sum_{j=1}^{s}X_{ij}\Big)^2$

其中,$\overline{X}_{i\cdot} = \frac{1}{s}\sum_{j=1}^{s}X_{ij}, \overline{X}_{\cdot j} = \frac{1}{r}\sum_{i=1}^{r}X_{ij}, i=1,2,\cdots,r; j=1,2,\cdots,s; \overline{X} = \frac{1}{rs}\sum_{i=1}^{r}\sum_{j=1}^{s}X_{ij}$。

7. 单因素方差分析软件输出结果

在单因素方差分析软件输出结果中,最重要的信息是"方差分析"表;在"方差分析"表中最核心的两个数值就是"水平(组)间误差 SSA"和"水平(组)内误差 SSE"。SSA 和 SSE 的值,还可以根据软件输出的其他数值计算得到。

一般情况下,单因素方差分析软件输出结果中,都会给出在因素的每一水平下所做试验的"次数"、试验数据的"和""均值""方差"等。因此,根据这些"方差"与水平(组)内误差之间的关系,可求得水平(组)内误差,以及相应的水平(组)间误差。即

$SSE = $ 因素各水平下的"方差"乘以相应试验"次数 -1"之和。

设因素 A 有 k 个水平,在不同水平下的试验次数分别为 $n_1, n_2, \cdots, n_k$,不同水平下试

验数据的均值分别为 $\overline{X}_1, \overline{X}_2, \cdots, \overline{X}_k$，方差分别为 $S_1^2, S_2^2, \cdots, S_k^2$，则

水平(组)内误差 $SSE = \sum_{i=1}^{k}(n_i-1)S_i^2$；其中，$\overline{X} = \dfrac{\sum_{i=1}^{k} n_i \overline{X}_i}{\sum_{i=1}^{k} n_i}$，特别地，当 $n_1 = n_2 = \cdots = n_k$ 时，$\overline{X} = \dfrac{1}{k}\sum_{i=1}^{k}\overline{X}_i$。水平(组)间误差 $SSA = \sum_{i=1}^{k} n_i (\overline{X}_i - \overline{X})^2$。

练习题

(一) 判断题

1. 在对某问题进行方差分析时，只有拒绝原假设，才表明所实施的方差分析有实际意义。

2. 从形式上看，单因素方差相当于对三个或三个以上总体均值的假设检验，但又不能完全按两总体均值检验那样去构造统计量。

3. 在单因素方差分析中，因为可以证明 $\dfrac{SSA}{\sigma^2} \sim \chi^2(r-1)$，$\dfrac{SSE}{\sigma^2} \sim \chi^2(n-r)$ 且它们相互独立，因此根据 F 分布的定义，可以构造 2 个服从 F 分布的统计量作为检验统计量。

4. 在方差分析中，对试验所有数据都同时加上或减去或乘以或除以同一个非零数值，不影响方差分析的结果。

5. 在单因素方差分析中，仅需要构造一个统计量就可以完成相应的检验；在两因素方差分析中，有时需要构造两个或三个统计量才能完成相应的检验。

(二) 单项选择题

1. 因素 A 有四个不同的水平 $A_1、A_2、A_3、A_4$，并在这四个水平下分别进行了 10、11、12 和 13 次试验。试验结果显示：定量变量在四个水平下试验数据的方差分别为 20、24、18 和 16。若总误差为 1 010，则水平(组)间误差是

A. 200　　　B. 250　　　C. 300　　　D. 350

2. 因素 A 有四个不同的水平 $A_1、A_2、A_3、A_4$，并在这四个水平下分别进行了 10、11、12 和 13 次试验。试验结果显示：定量变量在四个水平下试验数据的方差分别为 20、24、18 和 16，总误差为 1 010。若需要判定定量变量在因素 A 的四个水平下平均水平之间有无显著差异，则检验统计量的值是

A. 2.56　　　B. 2.87　　　C. 3.46　　　D. 4.12

3. 根据单因素方差分析的数据结构，在假定原假设为真的情况下，下列表示正确的有

(1) 水平(组)内样本均值 $\overline{X}_i = \dfrac{1}{m_i}\sum_{j=1}^{m_i} X_{ij} \sim N\left(\mu, \dfrac{\sigma^2}{m_i}\right), i=1,2,\cdots,k$

(2) 水平(组)内误差 $SSE = \sum_{i=1}^{k} \dfrac{1}{m_i}\left(\sum_{j=1}^{m_i} X_{ij}\right)^2 - \dfrac{1}{n}\left(\sum_{i=1}^{k}\sum_{j=1}^{m_i} X_{ij}\right)^2, n = \sum_{i=1}^{k} m_i$

(3) 水平(组)间误差 $SSA = \sum_{i=1}^{k}\sum_{j=1}^{m_i}(\overline{X}_i - \overline{X})^2, \overline{X} = \dfrac{\sum_{i=1}^{k} m_i \overline{X}_i}{\sum_{i=1}^{k} m_i}$

A. 0 项　　　　　　B. 1 项　　　　　　C. 2 项　　　　　　D. 3 项

4. 关于方差分析，下列说法正确的有

(1) 研究一个定性变量对另一个定量变量的影响时，可考虑采用方差分析法

(2) 研究两个定性变量对另一个定量变量的影响时，可考虑采用方差分析法

(3) 研究三个或三个以上定性变量对另一个定量变量的影响时，不能使用方差分析法

A. 0 项　　　　　　B. 1 项　　　　　　C. 2 项　　　　　　D. 3 项

5. 关于两因素方差分析，下列说法正确的有

(1) 这两个因素之间应具有线性相关关系

(2) 这两个因素与所研究的定量变量之间可以没有关系

(3) 这两个因素可以都是分类变量，也可以都是顺序变量，也可以一个是分类变量另一个是顺序变量

A. 0 项　　　　　　B. 1 项　　　　　　C. 2 项　　　　　　D. 3 项

(三) 填空题

1. 因素 A 有四个不同的水平 A_1、A_2、A_3、A_4，并在这四个水平下分别进行了 10、11、12 和 13 次试验。试验结果显示：定量变量在四个水平下试验数据的方差分别为 20、24、18 和 16，总误差为 1 100。若需要判定定量变量在因素 A 的四个水平下平均水平之间有无显著差异，则水平(组)间误差是_____。

2. 因素 A 有四个不同的水平 A_1、A_2、A_3、A_4，并在这四个水平下分别进行了 9、10、11 和 10 次试验。试验结果显示：定量变量在四个水平下试验数据的算术平均分别为 20、24、18 和 17，总误差为 1 100。若需要判定定量变量在因素 A 的四个水平下平均水平之间有无显著差异，则水平(组)内误差是_____。

3. 方差分析中，在试验没有结束之前，通常假定定量变量在不同因素不同水平下的试验结果服从_____。

4. 为研究某定量变量受 A、B 两因素的影响，在 A 的 4 个水平和 B 的 5 个水平的每一组合下分别进行 4 次重复试验，若记来自 A、B 两因素对该定量变量交互作用的误差为 $SS(A\times B)$，则随机变量 $\dfrac{SS(A\times B)}{\sigma^2}$ 服从自由度为_____的_____分布。

5. 在两因素不重复方差分析中，通常假定这两个因素的交互作用对定量变量取值的影响为_____。

(四) 计算分析题

1. 2021 年 8 月，为了解 2021 年上半年我国乡镇级财政项目资金实际支出与预算执行进度的情况，某审计部门采用分层随机抽样组织方式，从我国东部、中部、西部和东北地区分别随机抽选出 12 个、8 个、16 个和 4 个乡镇，并对其 2021 年上半年财政项目资金实际支出与预算支出进行审计。审计发现两者的差额情况见表 10-1。

表 10-1　2021 年上半年我国部分乡镇财政项目资金实际与预算支出的差额　单位：万元

地区	实际与预算支出的差额
东部地区	2　11　5　8　7　15　20　9　25　12　30　12
中部地区	20　9　16　8　15　24　18　10
西部地区	3　8　3　14　20　25　10　8　16　23　18　20　23　7　30　28
东北地区	8　12　24　18

要求：

(1) 显著性水平为 0.05 时，2021 年上半年我国不同地区乡镇财政项目资金实际与预算支出的平均差额有显著差异吗？

(2) 置信水平为 0.95 时，分别求出四个地区乡镇财政项目资金实际与预算支出平均差额的置信区间。

(3) 显著性水平为 0.01 时，是否有两个地区乡镇财政项目资金实际与预算支出的平均差额有显著差别？若有，求其财政项目资金实际与预算支出平均差额之差的置信区间。

2. 某毛纺厂为研究毛纱与股线的不同捻度对毛织物强力的影响，分别取 3 个线捻水平和 3 个纱捻水平，并在不同的搭配下分别进行 3 次试验，经织造与相应处理后，测得毛织物强力值见表 10-2。

表 10-2　某毛纺厂线捻与纱捻在不同捻度下毛织物的强力　　　单位：千克

纱捻	线捻		
	B_1	B_2	B_3
A_1	61　62　61	60　60　61	60　60　62
A_2	60　61　62	60　59　61	63　64　63
A_3	61　61　61	62　60　61	60　60　61

要求：(计算结果保留两位小数)

在 $\alpha=0.05$ 和 $\alpha=0.01$ 时，不同捻度下纱捻和线捻及其交互作用对毛织物强力有无显著影响？并把检验所用关键数据以方差分析表的形式展示出来。

3. 一位高校公共课老师，为了解其所教班级中甲、乙、丙三个专业的学生，在该公共课程学习方面的差异情况，从所教班级三个专业学生中分别随机抽选出 11 人、13 人和 9 人，并对其考试成绩(见表 10-3)进行方差分析。方差分析的部分软件输出结果如下：

表 10-3　甲、乙、丙三个专业部分学生某公共课考试分数　　　单位：分

专业	成绩											
甲	78	68	90	45	73	55	85	87	46	66	91	
乙	60	68	87	58	66	77	90	69	78	84	82	93	49
丙	75	73	42	87	88	89	90	67	72				

方差分析：单因素方差分析

SUMMARY

组	观测数	求和	平均	方差
行 1	11	784	71.27	285.62
行 2	13	961	73.92	181.41
行 3	9	683	75.89	236.61

方差分析

差异源	SS	df	MS	F	P-value	F crit
组间	①	②	③	④	⑤	⑥
组内	⑦	⑧	⑨	—	—	—
总计	⑩	32	—	—	—	—

要求：

(1) 利用所给信息，求出①—⑩处对应的数值。其中，①③⑦⑨⑩处保留两位小数，④⑤⑥处保留 3 位小数，⑥为对应显著性水平是 0.01 时的值；

(2) 在显著性水平为 0.05 时，这三个专业学生考试的平均成绩有差异吗？

第 11 章　回归分析

1. 相关关系

现实生活中,变量与变量之间或者没有关系,或者有函数关系,或者有关系但不是函数关系——相关关系。若把"没有关系"看作不相关,把"函数关系"看作完全相关,则变量与变量之间的关系都是相关关系,"没有关系"与"函数关系"是相关关系的两个极端情形。

2. 相关关系的种类

从变量联系的方向看,有正相关关系和负相关关系;从变量联系的形式看,有线性相关关系和非线性相关关系;从变量联系的密切程度看,有不相关、微弱相关、低度相关、中度相关、高度相关和完全相关关系;从所涉变量的多少看,有单相关关系和复相关关系;从变量联系的性质看,有真实相关关系和虚假相关关系。

3. 两变量线性相关关系密切程度的测定

样本线性相关系数

$$r = \frac{\sum_{i=1}^{n}(x_i-\overline{x})(y_i-\overline{y})}{\sqrt{\left[\sum_{i=1}^{n}(x_i-\overline{x})^2\right] \cdot \left[\sum_{i=1}^{n}(y_i-\overline{y})^2\right]}}$$

$$= \frac{n\sum xy - (\sum x)(\sum y)}{\sqrt{\left[n\sum x^2 - (\sum x)^2\right] \cdot \left[n\sum y^2 - (\sum y)^2\right]}}$$

其中,(x_1,y_1)、(x_2,y_2)、$\cdots$、(x_n,y_n) 为来自总体 X 和 Y 的一组样本数据。当 $r=0$ 时,表明变量 X 和 Y 可能没有线性相关关系;当 $0<|r|<0.3$ 时,表明变量 X 和 Y 可能有微弱线性相关关系;当 $0.3\leqslant|r|<0.5$ 时,表明变量 X 和 Y 可能有低度线性相关关系;当 $0.5\leqslant|r|<0.8$ 时,表明变量 X 和 Y 可能有中度线性相关关系;当 $0.8\leqslant|r|<1$ 时,表明变量 X 和 Y 可能有高度线性相关关系;当 $|r|=1$ 时,表明变量 X 和 Y 可能有完全线性相关关系。

4. 回归分析中的变量

构建回归模型时,自变量应不是随机变量,因变量必须是随机变量;若自变量与因变量之间没有关系,则在其之间不能构建回归模型;若自变量与因变量之间具有函数关系,则在其之间不必构建回归模型;若自变量与因变量之间仅有微弱或低度相关关系,则在其之间不适宜构建回归模型;唯有自变量与因变量之间具有中度或高度相关关系时,所构建的回归模型可能才有实际意义。

5. 回归分析的基本步骤

构建回归模型一般应按如下步骤进行:(1) 确定自变量与因变量;(2) 确定自变量与因变量之间数量联系的数学表达式——选择模型;(3) 搜集样本数据(有时可能需要利用样本数据制作散点图,作为选择模型的依据);(4) 利用样本数据估计模型参数;(5) 检验模型或模型参数;(6) 利用通过各种检验的回归方程进行分析和预测。

6. 回归分析中的基本假定

线性回归分析的基本假定主要有:(1) 假定自变量与自变量之间线性无关;(2) 假定因变量相对于自变量取值的随机误差项,都服从均值为零且方差相同的正态分布;(3) 假定因变量相对于自变量取值的随机误差项之间相互独立。其中,若(1)不能满足,则会出现多重共线性问题;若(2)"同方差"假定不能满足,则会出现异方差问题;若(3)不能满足,则会出现自相关或序列相关的问题。至于如何判断线性回归模型中,是否会出现多重共线性问题、异方差问题和自相关问题,以及一旦出现多重共线性、异方差和自相关等问题,又如何消除之,在"计量经济学"课程中会介绍具体的方法解决这些问题。

7. 一元线性回归模型参数的估计方法

线性回归模型参数的估计常采用最小二乘法。但是,对于一元线性回归模型,既可以采用最小二乘法也可以采用极大似然估计法,这两种方法对模型参数的估计结果完全相同。

若(x_1,y_1)、(x_2,y_2)、…、(x_n,y_n)为来自自变量X和因变量Y总体的一组样本数据,且假定X和Y具有线性相关关系$y = \beta_0 + \beta_1 x + \varepsilon$,则参数$\beta_0$、$\beta_1$的点估计值分别为

$$\begin{cases} \hat{\beta}_1 = \dfrac{\sum(x-\bar{x})(y-\bar{y})}{\sum(x-\bar{x})^2} = \dfrac{n\sum xy - (\sum x)(\sum y)}{n\sum x^2 - (\sum x)^2} \\ \hat{\beta}_0 = \dfrac{1}{n}\sum y - \hat{\beta}_1 \cdot \dfrac{1}{n}\sum x = \bar{y} - \hat{\beta}_1 \bar{x} \end{cases}$$

因此,相应的一元线性回归方程为$\hat{y} = \hat{\beta}_0 + \hat{\beta}_1 x$。

8. 一元线性回归模型或模型参数的检验

从检验的效果看,对一元线性回归模型检验、一元线性回归模型回归系数检验,以及模型中自变量与因变量线性关系的检验,三者检验具有等价性。对于一元线性回归模型$y = \beta_0 + \beta_1 x + \varepsilon$而言,若回归系数$\beta_1 = 0$,则表明自变量$X$和因变量$Y$之间不存在线性相关关系;若回归系数$\beta_1 \neq 0$,则表明自变量$X$和因变量$Y$之间存在线性相关关系。

在原假设$H_0: \beta_1 = 0$为真时,可选取$F = \dfrac{\dfrac{SSR}{1}}{\dfrac{SSE}{n-2}} = \dfrac{MSR}{MSE} \sim F(1, n-2)$、$t = \dfrac{\hat{\beta}_1}{\dfrac{S_y}{\sqrt{L_{xx}}}} \sim t(n-2)$或$t = \dfrac{r\sqrt{n-2}}{\sqrt{1-r^2}} \sim t(n-2)$三个中的任何一个作为检验统计量。其中,

$$SSR = \sum(\hat{y}_i - \bar{y})^2 = (\hat{\beta}_1)^2 L_{xx}$$

$$L_{xx} = \sum_{i=1}^{n}(x_i - \overline{x})^2 = \sum x_i^2 - n(\overline{x})^2 = \sum x_i^2 - \frac{1}{n}\left(\sum x_i\right)^2$$

$$SSE = \sum(y_i - \overline{y})^2 - \sum(\hat{y}_i - \overline{y})^2 = L_{yy} - (\hat{\beta}_1)^2 L_{xx}$$

$$= \sum y_i^2 - \hat{\beta}_0 \sum y_i - \hat{\beta}_1 \sum x_i y_i$$

$S_y = \sqrt{\dfrac{SSE}{n-2}}$ 为估计标准误差。

9. 一元线性回归模型预测

当自变量 $x = x_0$ 时，因变量的点预测值 $\hat{y}_0 = \hat{\beta}_0 + \hat{\beta}_1 x_0$，置信水平为 $1-\alpha$ 的预测区间为 $\left[\hat{y}_0 - t_{\frac{\alpha}{2}}(n-2)S_y\sqrt{1+\dfrac{1}{n}+\dfrac{(x_0-\overline{x})^2}{L_{xx}}},\ \hat{y}_0 + t_{\frac{\alpha}{2}}(n-2)S_y\sqrt{1+\dfrac{1}{n}+\dfrac{(x_0-\overline{x})^2}{L_{xx}}}\right]$，可见，在其他条件相同时，

(1) 若样本容量 n 充分大，则 $\dfrac{1}{n}$ 趋于 0，L_{xx} 越来越大而使得 $\dfrac{(x_0-\overline{x})^2}{L_{xx}}$ 趋于 0 且自由度为 $n-2$ 的 t 分布近似于标准正态分布，预测区间可近似为 $[\hat{y}_0 - z_{\frac{\alpha}{2}}S_y, \hat{y}_0 + z_{\frac{\alpha}{2}}S_y]$。

(2) 若样本容量 n 充分大，则预测区间有可能变短，预测精度提高；

(3) 若 x_0 接近 $\overline{x} = \dfrac{1}{n}\sum x_i$，则预测区间有可能变短，预测精度提高；

(4) 若 $x_1、x_2、\cdots、x_n$ 差异较大，则 L_{xx} 较大，预测区间有可能变短，预测精度提高。

10. 一元线性回归分析中几个系数的意义

(1) 线性相关系数 $r = \dfrac{n\sum xy - (\sum x)(\sum y)}{\sqrt{[n\sum x^2 - (\sum x)^2]\cdot[n\sum y^2 - (\sum y)^2]}}$，用于测定两个定(数)量变量之间线性相关的密切程度。

(2) 回归系数 $\hat{\beta}_1 = \dfrac{\sum(x_i-\overline{x})(y_i-\overline{y})}{\sum(x_i-\overline{x})^2} = \dfrac{n\sum xy - (\sum x)(\sum y)}{n\sum x^2 - (\sum x)^2}$，用于测定自变量变动一个单位时，因变量的平均改变量。

(3) 可决系数 $R^2 = \dfrac{SSR}{SST} = \dfrac{\sum(\hat{y}_i - \overline{y})^2}{\sum(y_i - \overline{y})^2} = \dfrac{\hat{\beta}_1^2 \sum(x-\overline{x})^2}{\sum(y-\overline{y})^2}$，用于测定自变量变动对因变量变动的影响程度，即自变量对因变量变动的解释程度。

(4) 调整后的可决系数 $\overline{R}^2 = 1 - (1-R^2)\dfrac{n-k}{n-k-1}$（$k$ 为自变量的个数），用于测定剔除模型中自变量数量的影响后，所有自变量共同变动对因变量变动的解释程度。

练习题

(一) 判断题

1. 构建回归模型时，自变量应不是随机变量，因变量应是随机变量。
2. 利用从 2021 年上半年我国生产规模、主要产品等大致相同的所有工业企业中，随

机抽选的60家企业主营产品销售收入、销售价格和销售量数据,可构建一个二元回归模型。

3. 根据两个定量变量构建一元线性回归模型,其回归系数同这两个定量变量的线性相关系数之乘积一定是一个非负数。

4. 若根据50家同类型、同规模企业2020年平均应收账款 x(单位:万元)和坏账损失 y(单位:万元)数据建立的一元线性回归方程为 $\hat{y}=0.25+0.05x$,则表明2020年该类型同规模企业应收账款每增加10 000元,其坏账损失就会增加500元。

5. 在构建非线性回归模型时,应将其转化为线性回归模型问题加以解决。

(二) 单项选择题

1. 关于两变量相关方向的判断,下列说法正确的有

(1) 可以通过定性分析加以判断

(2) 可以利用相关系数加以判断

(3) 可以利用回归系数加以判断

A. 0项　　　　B. 1项　　　　C. 2项　　　　D. 3项

2. 关于回归模型中的变量,下列说法正确的有

(1) 自变量可以是定量变量也可以是定性变量

(2) 因变量可以是定量变量也可以是定性变量

(3) 自变量与因变量之间应具有线性相关关系

A. 0项　　　　B. 1项　　　　C. 2项　　　　D. 3项

3. 若准备在变量 x、y 之间构建一元线性回归模型 $y=\beta_0+\beta_1 x+\varepsilon$,则下列说法正确的有

(1) 影响因变量 y 变动的仅有 x 这一个因素

(2) 通常假定 ε 服从正态分布

(3) 参数 β_1 一定不为零

A. 0项　　　　B. 1项　　　　C. 2项　　　　D. 3项

4. 在以 x 为自变量、y 为因变量构建一元线性回归模型 $y=\beta_0+\beta_1 x+\varepsilon$ 时,关于估计标准误差 $S_y=\sqrt{\dfrac{SSE}{n-2}}=\sqrt{\dfrac{1}{n-2}\sum_{i=1}^{n}(y_i-\hat{y}_i)^2}$,下列说法正确的有

(1) 它用于测定因变量取值的平均差异程度

(2) 它用于测定因变量取值与其回归值的平均差异程度

(3) 它用于测定自变量变动对因变量变动的平均影响程度

A. 0项　　　　B. 1项　　　　C. 2项　　　　D. 3项

5. 甲、乙、丙三名同学各自准备利用所搜集的数据构建回归模型,其中思路正确的有

(1) 甲同学准备利用搜集到的截至2021年9月30日,40个国家的新冠病毒肺炎累计确诊病例数、治愈病例数、现有病例数和死亡病例数数据,构建一个三元回归模型

(2) 乙同学准备利用搜集到的2021年三季度,我国40个地级市第一产业增加值、第二产业增加值、第三产业增加值和地区生产总值数据,构建一个三元回归模型

(3) 丙同学准备利用搜集到的2021年国庆节期间,40个电商平台的商品销售额、销

售价格和销售量数据,构建一个二元回归模型

A. 0项　　　　　　B. 1项　　　　　　C. 2项　　　　　　D. 3项

(三) 填空题

1. 若在企业存货周转天数、利润额、应收账款、资产负债率之间构建一个回归模型,自变量应为_____,因变量应为_____。

2. 当两个变量之间具有完全线性相关关系时,线性相关系数为_____。

3. 若采用最小二乘法求得一元线性回归模型 $y = \beta_0 + \beta_1 x + \varepsilon$ 中参数 β_0、β_1 的点估计值为 $\hat{\beta}_0$、$\hat{\beta}_1$,以及一元线性回归方程 $\hat{y} = \hat{\beta}_0 + \hat{\beta}_1 x$,则 $\sum_{i=1}^{n}(y_i - \hat{y}_i)(\hat{y}_i - \overline{y}) = $ _____。

4. 已知利用样本数据,采用最小二乘法求得一元线性回归模型 $y = \beta_0 + \beta_1 x + \varepsilon$ 中参数 β_0、β_1 的点估计值为 $\hat{\beta}_0$、$\hat{\beta}_1$,以及一元线性回归方程 $\hat{y} = \hat{\beta}_0 + \hat{\beta}_1 x$。若对该模型或回归系数或变量间线性关系进行检验,则 $\dfrac{MSR}{MSE}$、$\dfrac{\hat{\beta}_1}{\dfrac{S_y}{\sqrt{L_{xx}}}}$、$\dfrac{r\sqrt{n-2}}{\sqrt{1-r^2}}$ 的大小关系为_____。

5. 利用自变量取值 x_1、x_2、$\cdots$、x_n 与相应因变量取值 y_1、y_2、$\cdots$、y_n 构建的一元线性回归方程 $\hat{y} = \hat{\beta}_0 + \hat{\beta}_1 x$ 进行预测且在其他条件相同时,若自变量 $x = x_0$ 且 $\min\{x_1、x_2、\cdots、x_n\} \leqslant x_0 \leqslant \max\{x_1、x_2、\cdots、x_n\}$,则所求预测区间的精度,通常比当自变量 $x = x_0$ 且 $x_0 \geqslant \max\{x_1、x_2、\cdots、x_n\}$ 或 $x_0 \leqslant \min\{x_1、x_2、\cdots、x_n\}$ 时所求预测区间的精度_____。

(四) 简答题

1. 简述相关关系的种类。

2. 简述构建回归模型的基本步骤。

3. 简述检验一元线性回归模型的基本步骤。

(五) 计算分析题

1. 为研究江苏省第三产业增加值与其用电量之间的关系,某研究人员收集了2000—2019年江苏省第三产业增加值及其用电量数据(见表11-1),并准备以用电量x为自变量、增加值y为因变量构建一元线性回归模型 $y=\beta_0+\beta_1 x+\varepsilon$。其中,部分数据计算结果为:

$$\sum_{i=1}^{20} x_i = 7\ 796.6,\ \sum_{i=1}^{20} y_i = 399\ 663.6,\ \sum_{i=1}^{20} x_i^2 = 4\ 384\ 296.56,$$

$$\sum_{i=1}^{20} y_i^2 = 12\ 721\ 897\ 816.50,\ \sum_{i=1}^{20} x_i y_i = 235\ 253\ 830.54。$$

表 11-1 2000—2019 年江苏省第三产业增加值及其用电量数据

年份	用电量 (亿千瓦时)	增加值 (亿元)	年份	用电量 (亿千瓦时)	增加值 (亿元)
2000	80.8	3 069.5	2010	361.0	16 991.5
2001	89.6	3 454.9	2011	415.8	20 548.6
2002	101.5	3 891.9	2012	468.5	23 142.8
2003	119.3	4 493.3	2013	521.7	26 752.5
2004	137.1	5 123.7	2014	542.4	30 174.3
2005	170.3	6 419.4	2015	580.4	33 931.7
2006	200.0	7 697.7	2016	651.0	38 269.6
2007	233.1	9 669.1	2017	738.6	42 700.5
2008	269.6	11 790.4	2018	875.3	46 936.5
2009	304.4	13 541.0	2019	936.1	51 064.7

注:2000—2019 年江苏省第三产业增加值数据来自《江苏统计年鉴》(2020)—"国民经济核算",用电量数据来自《江苏统计年鉴》(2005—2020)—"社会用电量"。

要求:(绝对数与平均数计算结果保留2位小数,相对数计算结果保留4位小数)

(1) 作出 2000—2019 年江苏省第三产业增加值与其用电量的散点图;

(2) 采用最小二乘法,求出 β_0、β_1 的点估计值,并写出回归方程;

(3) 解释回归系数的意义;

(4) 求出 L_{xx}、SSE、SSR、S_y;

(5) 解释估计标准误差 S_y 的意义;

(6) 在显著性水平 $\alpha=0.05$ 时,对江苏省第三产业增加值与其用电量之间的线性关系进行检验;

(7) 求出可决系数并解释其意义;

(8) 求出线性相关系数并解释其意义;

(9) 求出回归系数 β_1 的 95%的置信区间;

(10) 求出回归常数 β_0 的 95%的置信区间;

(11) 若 2020 年江苏省第三产业用电量为 1 000 亿千瓦时,则在置信水平为 0.95 时,2020 年江苏省第三产业增加值至少可达到多少?

2. 2021 年上半年,为研究在 A 产品小型生产企业产品销售活动中,其应收账款与坏账损失的数量关系,某研究人员采用简单随机不重复抽样组织方式,从 A 产品所有小型生产企业中抽选 33 家,调查其 2020 年 A 产品销售的坏账损失和年平均应收账款(见表11-2)。

表 11-2 2020 年 33 家小型生产企业 A 产品销售的平均应收账款和坏账损失数据

单位:万元

企业编号	年平均应收账款	坏账损失	企业编号	年平均应收账款	坏账损失	企业编号	年平均应收账款	坏账损失
1	8	0.30	12	21	1.85	23	27	2.26
2	6	0.25	13	28	1.95	24	9	0.82
3	18	0.80	14	2	0.15	25	7	0.56
4	22	1.12	15	6	0.45	26	14	1.25
5	5	0.21	16	24	3.00	27	15	1.05
6	17	1.30	17	25	2.35	28	20	0.95
7	38	3.11	18	16	1.44	29	7	0.42
8	20	1.25	19	15	1.68	30	23	1.75
9	3	0.20	20	9	0.75	31	29	2.52
10	8	0.52	21	10	1.21	32	12	0.65
11	25	2.22	22	30	2.15	33	17	1.15

注:数据来源于某研究人员的"研究报告"。

若以年平均应收账款为自变量(x)、坏账损失为因变量(y)构建一元线性回归模型 $y=\beta_0+\beta_1 x+\varepsilon$ 且采用 Excel 软件测算模型相应的参数。软件的部分输出结果如下:

SUMMARY OUTPUT

回归统计	
Multiple R	(①)
R Square	(②)
Adjusted R Square	0.8277
标准误差	0.3459
观测值	(③)

方差分析

—	df	SS	MS	F	Significance F
回归分析	1	(④)	(⑤)	(⑥)	(⑦)
残差	(⑧)	(⑨)	(⑩)	—	—
总计	(⑪)	22.2253	—	—	—

—	Coefficients	标准误差	t Stat	P-value	Lower 95%	Upper 95%
Intercept	−0.1041	(⑰)	−0.8317	0.4119	−0.3595	(⑯)
X Variable	0.0841	(⑫)	(⑬)	(⑭)	(⑮)	0.0979

要求:

(1) 根据所给信息,分别求出软件部分输出结果括号"( )"内对应的数值;

(2) 写出回归方程并解释回归系数的意义;

(3) 写出可决系数并解释其意义;

(4) 写出相关系数并解释其意义;

(5) 若 2020 年有一家小型生产企业 A 产品的年平均应收账款为 21 万元,在置信水平为 0.95 时,则其坏账损失可能不会超过多少?($\bar{x}=16.2424$ 万元)

第 12 章 时间序列预测

要点提示

1. 时间序列影响因素

影响时间序列中各数值大小的因素,通常有长期趋势(T)、季节变动(S)、循环变动(C)和不规则变动(I)。但是,对于按年编制的时间序列,若时间序列项数较少,可以认为季节变动对其影响较小,通常可以忽略季节变动因素的影响;对于非年度时间序列,若时间序列项数较少,可以认为循环变动对其影响较小,通常可以忽略循环变动因素的影响。其中,季节变动,不仅包括春、夏、秋、冬自然现象的交替变动也包括人们有规律的行为习惯的交替变动,它是一种周期性变动且周期不会超过一年。循环变动,可以按经济周期去理解,通常顺序经历"……→繁荣期→衰退期→萧条期→复苏期→繁荣期→……"四个阶段,也是一个周期性变动,但不同阶段经历的时间长度不等,同一现象不同周期的时长也不同。不规则变动,指在影响时间序列变动所有可能因素中剔除长期趋势、季节变动和循环变动后各因素的总称,多为随机、偶然等不可控因素。

2. 时间序列构成模式

(1)加法模式:若影响时间序列的各因素相互独立,则时间序列中各数值的大小可考虑采用加法模式拟合:$y_i = T_i + S_i + C_i + I_i, i = 1, 2, \cdots, y_i$ 为时间序列第 i 期数值。

(2)乘法模式:若影响时间序列的各因素不相互独立,则时间序列中各数值的大小可考虑采用乘法模式拟合:$y_i = T_i \cdot S_i \cdot C_i \cdot I_i, i = 1, 2, \cdots, y_i$ 为时间序列第 i 期数值。

但是,对于年度时间序列主要表现为 $y_i = T_i + C_i + I_i$ 或 $y_i = T_i \cdot C_i \cdot I_i$;对于非年度时间序列主要表现为 $y_i = T_i + S_i + I_i$ 或 $y_i = T_i \cdot S_i \cdot I_i$。

3. 移动平均法

移动平均法作为求解时间序列长期趋势的一种方法,尽管有一定的缺陷,但是由于其较为简单且思路清晰,也经常被使用。其中,确定合适的"平均的项数"是关键:对于年度时间序列,通常以其循环变动的周期或周期的整倍数作为"平均的项数";对于非年度时间序列,通常以其季节变动的周期或周期的整倍数作为"平均的项数"。

对于年度时间序列,采用适当的"平均的项数"进行移动平均,主要可以消除或部分消除循环变动和不规则变动对现象在相应时期(点)上数值表现的影响。

对于非年度时间序列,采用适当的"平均的项数"进行移动平均,主要可以消除或部分消除季节变动和不规则变动对现象在相应时期(点)上数值表现的影响。

4. 季节指数（变差）求解方法

（1）直接按月（季）平均法。当一个时间序列的长期趋势不具有明显上升或下降的态势，仅表现为基本维持不变的态势时，可考虑采用直接按月（季）平均法。

首先，将时间序列中不同年份、相同月份（或季度）的数值相加并求平均——目的在于消除或部分消除不规则变动的影响；其次，求时间序列中所有数据的平均——目的在于得到一个既不包含季节变动又不包含不规则变动的一个总平均值；最后，若采用加法模式，则用不同月份（或季度）的平均值分别减去这个总平均值，可以得到不同月份（或季度）的季节变差，但是，有时也需要进行调整，以保证12个月或4个季度的季节变差之和为零；若采用乘法模式，则用不同月份（或季度）的平均值分别除以这个总平均值，可以得到不同月份（或季度）的季节指数，但是，有时也需要进行调整，以保证12个月或4个季度的季节指数之和为1 200%或400%。

对于一个按季度编制的某产品销售量构成的时间序列，若某季度的季节指数大于100%或季节变差大于零，则可以认为该季度是该产品的销售旺季，反之，则可以认为是该产品的销售淡季。

（2）长期趋势剔除法。当一个时间序列的长期趋势具有明显上升或下降的态势时，应考虑采用长期趋势剔除法。

首先，采用移动平均法消除或部分消除时间序列中部分数值受长期趋势的影响；然后，再利用"直接按月（季）平均法"的方法求出季节指数或季节变差。

5. 时间序列分解预测法

根据非年度时间序列 $y_1、y_2、\cdots、y_n$ 进行预测，即预测 $y_{n+1}、y_{n+2}、\cdots$。如采用乘法模式 $y_i = T_i \cdot S_i \cdot I_i$，其预测基本步骤如下：

（1）测定时间序列中部分数值的长期趋势值。一般采用移动平均法，消除或部分消除时间序列中季节变动与不规则变动，得到时间序列中部分数值的长期趋势值 $\hat{T}_i$。

注：若采用偶数 $2k$ 项平均，不仅需要两次移动平均而且无法得到时间序列首尾各 k 项的长期趋势值；若采用奇数 $2k+1$ 项平均，尽管只需要一次移动平均但也无法得到时间序列首尾各 k 项的长期趋势值。

（2）剔除原时间序列中的长期趋势，构建主要受季节变动和不规则变动影响的新时间序列。即用时间序列相应时期（点）上的实际值除以（1）所求长期趋势值 $\hat{T}_i$，$\dfrac{y_i}{\hat{T}_i} = S_i I_i = x_i$，得到一个长期趋势不明显且仅受季节变动和不规则变动影响的新时间序列，记为 $x_1、x_2、\cdots、x_m, m = n - 2k$。

（3）采用直接按月（季）平均法，求时间序列 $x_1、x_2、\cdots、x_m$ 中各月的季节指数 $\hat{S}_1、\hat{S}_2、\cdots、\hat{S}_{12}$ 或各季的季节指数 $\hat{S}_1、\hat{S}_2、\hat{S}_3、\hat{S}_4$。

（4）消除时间序列 $y_1、y_2、\cdots、y_n$ 所受季节变动的影响，得到仅有长期趋势和不规则变动影响的新时间序列 $\dfrac{y_i}{\hat{S}_i} = z_i$，记为 $z_1、z_2、\cdots、z_n$。

（5）构建长期趋势预测模型。以时间序列 $z_1、z_2、\cdots、z_n$ 各项作为因变量的取值，相应位置上的时间为自变量构建趋势模型。若时间序列 $z_1、z_2、\cdots、z_n$ 呈直线趋势，则可以选择

一元线性回归模型 $z=\beta_0+\beta_1 t+\varepsilon, t=1,2,3,\cdots,n$；并采用最小二乘法，求得一元线性回归方程 $\hat{z}=\hat{\beta}_0+\hat{\beta}_1 t, t=1,2,3,\cdots,n,n+1,n+2,\cdots$。

(6) 求出未来时间（月份或季度）现象的长期趋势值。如令 $t=n+1, n+2,\cdots$，可得到未来一期、二期的长期趋势值的预测值分别为 $\hat{\beta}_0+\hat{\beta}_1(n+1)$ 和 $\hat{\beta}_0+\hat{\beta}_1(n+2)$。

(7) 求预测值。若未来一期恰好为新一年的第一季度，则该时间序列未来一期的预测值为 $\hat{y}_{n+1}=\hat{T}_{n+1}\cdot\hat{S}_{n+1}=[\hat{\beta}_0+\hat{\beta}_1(n+1)]\hat{S}_1$；同理，可以求出以后各期的预测值。

(8) 估计平均预测误差。在线性回归方程 $\hat{z}=\hat{\beta}_0+\hat{\beta}_1 t$ 中，令 $t=1,2,\cdots,n$，可分别得到时间序列 $y_1、y_2、\cdots、y_n$ 各项长期趋势的估计值 $\hat{z}_1、\hat{z}_2、\cdots、\hat{z}_n$；再根据不同年份、相同月份或季度的季节指数相同，可得时间序列 $y_1、y_2、\cdots、y_n$ 各期的估计值 $\hat{y}_1、\hat{y}_2、\cdots、\hat{y}_n$，从而求得估计标准预测误差 $S_y=\sqrt{\dfrac{\sum\limits_{i=1}^{n}(y_i-\hat{y}_i)^2}{n-2}}$ 或者平均相对预测误差 $\overline{\Delta}=\dfrac{1}{n}\sum\limits_{i=1}^{n}\dfrac{|y_i-\hat{y}_i|}{y_i}\times 100\%$。

6. 一次指数平滑预测法

一次指数平滑预测仅适用于平稳时间序列或近似平稳时间序列的情形。若时间序列为 $y_1、y_2、\cdots、y_t$，则一次指数平滑预测模型为 $\hat{y}_{t+1}=\alpha y_t+(1-\alpha)\hat{y}_t, 0<\alpha<1$。

事实上，
$$\begin{aligned}\hat{y}_{t+1}&=\alpha y_t+(1-\alpha)\hat{y}_t=\alpha y_t+(1-\alpha)[\alpha y_{t-1}+(1-\alpha)\hat{y}_{t-1}]\\&=\alpha y_t+\alpha(1-\alpha)y_{t-1}+(1-\alpha)^2[\alpha y_{t-2}+(1-\alpha)\hat{y}_{t-2}]\\&=\alpha y_t+\alpha(1-\alpha)y_{t-1}+\alpha(1-\alpha)^2 y_{t-2}+(1-\alpha)^3\hat{y}_{t-2}\\&=\cdots\\&=\alpha\sum_{i=0}^{k}(1-\alpha)^i y_{t-i}+(1-\alpha)^{k+1}\hat{y}_{t-k}\end{aligned}$$

因为 $\lim\limits_{k\to\infty}(1-\alpha)^{k+1}\hat{y}_{t-k}=0$，所以，$\hat{y}_{t+1}=\alpha\sum\limits_{i=0}^{+\infty}(1-\alpha)^i y_{t-i}$ 且 $\alpha\sum\limits_{i=0}^{+\infty}(1-\alpha)^i=1$。

可见，一次指数平滑预测本质上是将时间序列各项的加权平均值，作为未来一期的预测值且对于时间序列中较为近期的数值赋予较大的权数、远期的数值赋予较小的权数，同时权数大小呈指数曲线趋势变动规律逐渐变小。因此，运用一次指数平滑预测法的关键在于"探寻"适当的平滑系数 α，即适当的权数 $\alpha、\alpha(1-\alpha)、\alpha(1-\alpha)^2、\alpha(1-\alpha)^3、\cdots$。

7. 线性二次指数平滑预测法

当一个时间序列具有明显的线性变动趋势特征且循环变动和季节变动均不太明显时，采用线性二次指数平滑预测法的预测效果相对较好。对于时间序列 $y_1、y_2、\cdots、y_t$，线性二次指数平滑预测模型为

$$\begin{cases}\hat{y}_{t+T}=\hat{a}_t+\hat{b}_t T & T=1,2,\cdots\\ \hat{a}_t=2S_t^{(1)}-S_t^{(2)}\\ \hat{b}_t=\dfrac{\alpha}{1-\alpha}(S_t^{(1)}-S_t^{(2)})\\ S_t^{(1)}=\alpha y_t+(1-\alpha)S_{t-1}^{(1)}\\ S_t^{(2)}=\alpha S_t^{(1)}+(1-\alpha)S_{t-1}^{(2)}\end{cases}$$

与一次指数平滑预测法相似，"探寻"适当的平滑系数 α，是运用线性二次指数平滑预测法的关键。

8. 二次曲线指数平滑预测法

当一个时间序列具有明显的二次曲线变动趋势特征时,采用二次曲线指数平滑预测法的预测效果会较好。对于时间序列 y_1、y_2、$\cdots$、y_t,二次曲线指数平滑预测模型为

$$\begin{cases} \hat{y}_{t+T} = \hat{a}_t + \hat{b}_t T + \hat{c}_t T^2 \quad T = 1,2,\cdots \\ \hat{a}_t = 3S_t^{(1)} - 3S_t^{(2)} + S_t^{(3)} \\ \hat{b}_t = \dfrac{\alpha}{2(1-\alpha)^2}[(6-5\alpha)S_t^{(1)} - 2(5-4\alpha)S_t^{(2)} + (4-3\alpha)S_t^{(3)}] \\ \hat{c}_t = \dfrac{\alpha^2}{2(1-\alpha)^2}(S_t^{(1)} - 2S_t^{(2)} + S_t^{(3)}) \\ S_t^{(1)} = \alpha y_t + (1-\alpha)S_{t-1}^{(1)} \\ S_t^{(2)} = \alpha S_t^{(1)} + (1-\alpha)S_{t-1}^{(2)} \\ S_t^{(3)} = \alpha S_t^{(2)} + (1-\alpha)S_{t-1}^{(3)} \end{cases}$$

与一次指数平滑预测法和线性二次指数平滑预测法相似,"探寻"适当的平滑系数 α 是运用二次曲线指数平滑预测法的关键。

另外,这三种指数平滑预测法都有相应的软件作为预测工具。特别是,利用 Excel 软件,采用"试误法",不仅可以"探寻"到"最优"的平滑系数,而且可以观测到全部预测数据的测算过程。

练习题

(一) 判断题

1. 对于一个按日编制且有 400 项的时间序列,时间序列中各项数值的大小主要受长期趋势、季节变动和不规则变动因素的影响。

2. 对任意时间序列都可以采用一次指数平滑法对其进行预测。

3. 实际上,平均相对预测误差比估计标准预测误差更能准确地测定预测的平均误差,但是估计标准预测误差有更好的数学性质。

4. 时间序列分解预测法可用于短期、中期和长期预测,而一次指数平滑预测法、线性二次指数平滑预测法和二次曲线指数平滑预测法仅适用于短期预测。

5. 在实施一次指数平滑预测时,若所取平滑系数越大,则表明研究者认为现象的未来取值受现象近期变动的影响程度越大。

(二) 单项选择题

1. 关于时间序列中的长期趋势,下列说法正确的有
(1) 任意一个现象的时间序列都受长期趋势的影响
(2) 时间序列的长期趋势表现为现象在一个较长时间内持续增强或持续减弱
(3) 时间序列的长期趋势决定于现象受一些根本性、决定性、稳定性等因素的影响
A. 0 项　　　　　　B. 1 项　　　　　　C. 2 项　　　　　　D. 3 项

2. 关于时间序列中的季节变动,下列说法正确的有
(1) 季节变动是一种周期性变动
(2) 季节变动就是现象受春、夏、秋、冬交替影响的变动

(3) 现象在相对较短的时期内受季节变动影响的程度不会有太大的改变

A. 0 项　　　　　B. 1 项　　　　　C. 2 项　　　　　D. 3 项

3. 关于时间序列中的循环变动,下列说法正确有

(1) 循环变动是一种周期性变动

(2) 循环变动是一种有"涨"、有"落"的变动

(3) 对于按小时编制且有 200 项的一个时间序列,可以不考虑循环变动的影响

A. 0 项　　　　　B. 1 项　　　　　C. 2 项　　　　　D. 3 项

4. 关于时间序列中的不规则变动,下列说法正确的有

(1) 现象受不规则变动影响的程度是可以预测的

(2) 任意一个现象的时间序列都受不规则变动的影响

(3) 偶然、随机因素对现象的影响是一种不规则变动的影响

A. 0 项　　　　　B. 1 项　　　　　C. 2 项　　　　　D. 3 项

5. 关于时间序列指数平滑预测,下列说法正确的有

(1) 根据同一时间序列,采用不同的指数平滑预测法,预测结果通常会不同

(2) 对于指数平滑预测,当所取平滑系数满足预测目标要求时就是"最优"的平滑系数

(3) 根据同一时间序列,采用同一指数平滑预测法但选用不同的平滑系数,估计标准预测误差有可能大致相同

A. 0 项　　　　　B. 1 项　　　　　C. 2 项　　　　　D. 3 项

(三) 填空题

1. 对于一个按月编制的时间序列,若采用移动平均法求其长期趋势,则"平均的项数"至少应为_____。

2. 对于一个按季度编制的时间序列,若一季度、二季度和三季度的季节指数分别为 77%、102% 和 92%,则四季度的季节指数为_____。

3. 对于时间序列 y_1、y_2、$\cdots$、y_t,若平滑系数为 α,则 $S_5^{(1)}=$ _____。

4. 对于时间序列 y_1、y_2、$\cdots$、y_t,若采用二次曲线指数平滑法进行预测,则当平滑系数为 $\alpha=0.35$,$S_{10}^{(1)}=4.36$,$S_{10}^{(2)}=3.15$,$S_{10}^{(3)}=2.07$ 时,预测模型 $\hat{y}_{t+T}=\hat{a}_t+\hat{b}_t T+\hat{c}_t T^2$ 中 $\hat{b}_{10}=$ _____。

5. 若 $0<\alpha<1$,则 $\sum_{i=0}^{+\infty}(1-\alpha)^i=$ _____;$\sum_{i=0}^{+\infty}(1-\alpha)^i i=$ _____;$\sum_{i=0}^{+\infty}(1-\alpha)^i i^2=$ _____。

(四) 简答题

1. 简述时间序列分解预测法的基本思路。

2. 简述采用直接按月平均法求解季节指数的思路。

(五) 计算分析题

1. 已知2016年一季度至2021年一季度某网游平台网游收入的数据(见表12-1)。

表12-1 2016年一季度—2021年一季度某网游平台网游收入   单位:亿元

时期	收入	时期	收入	时期	收入
2016年一季度	171	2018年一季度	358	2020年一季度	373
二季度	171	二季度	252	二季度	383
三季度	182	三季度	319	三季度	414
四季度	185	四季度	242	四季度	391
2017年一季度	228	2019年一季度	350	2021年一季度	436
二季度	239	二季度	273	二季度	—
三季度	293	三季度	286	三季度	—
四季度	244	四季度	303	四季度	—

注:数据来源某网络公司网站。

要求:

(1) 采用时间序列分解加法模式预测法,预测2021年二季度、三季度和四季度该网游平台的网游收入,并求出相应的平均相对预测误差和估计标准预测误差;

(2) 采用时间序列分解乘法模式预测法,预测2021年二季度、三季度和四季度该网游平台的网游收入,并求出相应的平均相对预测误差和估计标准预测误差;

(3) 采用一次指数平滑法,在平滑系数取3位小数且使得平均相对预测误差最小时,求2021年二季度该网游平台网游收入的预测值,以及相应的平均相对预测误差和估计标准预测误差;

(4) 采用线性二次指数平滑法,在平滑系数取2位小数且使得平均相对预测误差最小时,求2021年二季度、三季度和四季度该网游平台的网游收入的预测值,以及相应的平均相对预测误差和估计标准预测误差。

2. 已知2001—2020年我国某省会城市汽车产量时间序列(见表12-2第2列)。为预测2021—2025年该省会城市汽车产量,某研究人员采用二次曲线指数平滑法进行预测,在平滑系数$\alpha = \alpha_0$时,部分测算数据见表12-2。

表 12-2 2021—2025年我国某省会城市汽车产量预测的部分测算数据

年份	汽车产量	一次平滑值	二次平滑值	三次平滑值	$\hat{a}_t$	$\hat{b}_t$	$\hat{c}_t$	预测值 $T=1$	相对误差	离差平方和
	万辆	万辆	万辆	万辆	—	—	—	万辆	%	—
2001	20.6	20.60	20.60	20.60	—	—	—	—	—	—
2002	26.44	23.33	21.88	21.20	25.55	2.95	0.30	—	—	—
2003	28.9	25.95	23.79	22.42	28.90	3.63	0.31	28.80	0.35	0.01
2004	30.3	27.99	25.77	23.99	30.65	2.92	0.17	32.84	8.38	6.45
2005	31.3	29.55	27.54	25.66	31.69	2.06	0.05	33.74	7.80	5.95
2006	38.4	33.71	30.44	27.91	37.72	4.50	0.29	33.80	11.98	21.16
2007	42.7	37.93	33.96	30.75	42.66	5.17	0.30	42.51	0.44	0.04
2008	41.84	39.75	36.68	33.54	42.75	2.57	−0.03	48.13	15.14	40.07
2009	45.3	42.36	39.35	36.27	45.30	2.52	−0.03	45.29	0.02	0.00
2010	55.7	48.63	43.71	39.77	54.53	6.49	0.39	47.79	14.20	62.57
2011	54.4	51.34	47.30	43.31	55.43	3.69	0.02	61.41	12.89	49.14
2012	68.6	59.45	53.01	47.87	67.19	8.53	0.51	59.14	13.79	89.49
2013	75.6	67.04	59.60	53.38	75.70	9.24	0.48	76.23	0.83	0.40
2014	73.5	70.08	64.53	58.62	75.27	4.14	−0.14	85.42	16.22	142.09
2015	78.6	74.08	69.02	63.51	78.69	3.51	−0.18	79.27	0.85	0.45
2016	85.4	79.40	73.90	68.39	84.89	⑤	0.00	82.02	3.96	11.42
2017	93.44	85.98	79.58	73.65	④	6.69	⑥	89.75	3.91	13.32
2018	124.7	104.18	91.14	③	120.99	19.73	1.48	⑦	20.03	624.00
2019	154.8	127.97	②	94.36e	152.92	29.08	2.14	142.20	⑧	158.76
2020	241.9	①	142.79	117.12	233.31	62.64	5.14	184.14	23.88	⑨

要求:

(1) 求表12-2中数据所用平滑系数 α_0(保留两位小数);

(2) 求出表12-2中空白①—⑨处对应的数值;

(3) 根据表12-2中数据,求出"十四五"时期该省会城市各年汽车产量的预测值;

(4) 在平滑系数为 α_0 时,求平均相对预测误差和估计标准预测误差。

附录一：练习题参考答案

第1章 导 论

（一）判断题

1—5：××√√×　　6—10：××√√×

11—15：√√×√√　　16—20：××√√×　　21—25：×√××√

（二）单项选择题

1—5：CCBAD　　6—10：CDDDA

（三）填空题

1.（1）2021年上半年我国所有新型显示产业产品生产企业

（2）企业所有制形式；企业主营产品种类

（3）企业规模；企业创新能力排名

（4）企业主营业务收入；销售利润；单位产品成本；贷款额；研发投入额

（5）抽取的35家新型显示产业产品生产企业、35、1

（6）2021年上半年我国新型显示产业的员工总数；增加值总额；资产总额；负债总额；资产负债率

（7）样本企业平均员工人数；样本平均企业增加值；样本平均企业资产额；样本平均资产负债率

2.（1）2021年6月该省会城市所有5G手机用户

（2）性别；籍贯

（3）文化程度；对5G网络服务的满意度（如非常满意、满意、不满意）

（4）年龄；心跳次数；5G手机的购置价格；手机通话时长；2021年6月手机消费支出

（5）抽取的630位5G手机用户；630；1

（6）2021年6月该省会城市5G手机用户人均消耗流量；人均观看视频时长；人均收听音频时长；人均使用导航次数；网上购物总支出

（7）样本人均观看视频时长；样本人均网上就医次数；样本人均网上购物支出；样本男性用户使用5G手机观看视频时长与女性用户使用5G手机观看视频时长之比

（8）想了解不同文化程度的5G手机用户使用手机的差异等

（四）简答题（略）

第2章　数据的搜集

（一）判断题

1—5：×××√√　　6—10：√√√√√　　11—15：×√√√√

16—20：×√×√√　　21—25：√√√××

（二）单项选择题

1—5：BDDBA   6—10：CAADB   11—15：BCBDC

（三）填空题

1. 全面；在该市的所有人员（包括外来流动人员）；该市的所有人员或其监护人；阳性、阴性；分类；呈阳性总人数、呈阴性总人数、阳性发生率；非抽样（或登记性）；系统性；抽样

2. 2021年8月全世界所有成年人；分层随机抽样；国籍；访谈法；性别；年龄；国籍；文化程度；抽样；非抽样（或登记性、系统性）

（四）简答题（略）

（五）实务题（略）

第3章 数据的整理与展示

（一）判断题

1—5：×√√√×   6—10：××√××   11—15：×√√√√

16—20：√××√√   21—25：×√√√×

（二）单项选择题

1—5：DBBCC   6—10：CDACC

（三）填空题

1. 绝对数少计量单位；无须使用图例；外边框多余

2. 左边坐标轴少计量单位（万人）；右坐标轴少计量单位（%）；图中数值标签"7.2"与虚线重叠；右坐标轴刻度数值的字号不同于左坐标轴和横坐标轴刻度数字的字号；左坐标轴与右坐标轴、水平坐标轴的线条粗细不同

3. 左右两边没有开口；不同年份对应的行之间不应有横线；第1列各年后无需跟"年"字；第4列各数值后无需跟"%"，应将"%"置于第1行第4列纵横标题后；第4列数据没有保留相同的小数位数；第2、3、4列数据没有居中

4. (1) 10

(2) 2020年我国全年猪牛羊禽肉产量7 639万吨，比上年下降0.1%。其中，猪肉产量4 113万吨，下降3.3%；牛肉产量672万吨，增长0.8%；羊肉产量492万吨，增长1.0%；禽肉产量2 361万吨，增长5.5%。禽蛋产量3 468万吨，比上年增长4.8%。牛奶产量3 440万吨，比上年增长7.5%。生猪出栏52 704万头，下降3.2%；年末生猪存栏40 650万头，比上年末增长31.0%

（四）简答题（略）

（五）实务题

1. (1)分组的结果及统计表

附表 1-1　2021 年上半年我国 60 家电子产品小微生产企业应收账款额分布情况

按应收账款额分组（万元）	企业数（家）	占比（%）
40 以下	6	10.0
40～50	8	13.3
50～60	11	18.3
60～70	23	38.3
70～80	8	13.3
80～90	4	6.7
合计	60	100.0

（2）由附表 1-1 可见，随机抽取的 2021 年上半年我国 60 家电子产品小微生产企业中，应收账款额在 40 万元以下的有 6 家、占随机抽取小微生产企业数的比重为 10.0%，40～50 万元的有 8 家、占比为 13.3%，50～60 万元的有 11 家、占比为 18.3%，60～70 万元的有 23 家、占比为 38.3%，70～80 万元的有 8 家、占比为 13.3%，80～90 万元的有 4 家、占比为 6.7%。

（3）根据附表 1-1 中数据的分布特征，可采用附图 1-1 展示。

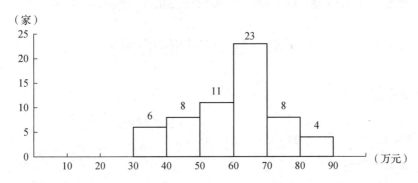

附图 1-1　2021 年上半年我国 60 家电子产品小微企业应收账款分布情况

2.（1）可用附表 1-2 展示 2020 年一季度—2021 年三季度我国国内生产总值及其增速。

附表 1-2　2020 年一季度—2021 年三季度我国国内生产总值及其增速

季度	2020		2021	
	GDP（亿元）	增速（%）	GDP（亿元）	增速（%）
一季度	205 727	-6.8	249 310	18.3
二季度	248 985	3.2	282 857	7.9
三季度	264 976	4.9	290 964	4.9
四季度	296 298	6.5	—	—
合计	1 015 986	—	823 131	—

(2) 根据附表1-2中数据特征,宜采用附图1-2双坐标轴图形展示。

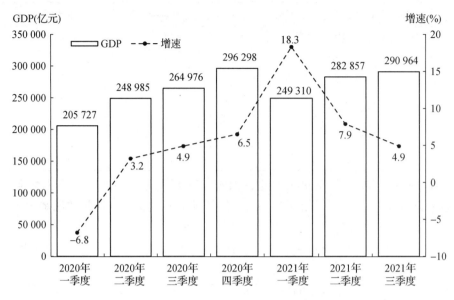

附图1-2　2020年一季度—2021年三季度我国国内生产总值(GDP)及其增速

第4章　数据特征值的测定

(一)判断题

1—5:××√×√　　6—10:×√××√　　11—15:√√√√×

16—20:×√×√×　　21—25:√√×√√

(二)单项选择题

1—5:BBCDA　　6—10:BBCCD　　11—15:CACCD

(三)填空题

1.

附表1-3　2013—2020年我国快递业务收入变动情况

年份	收入（亿元）	增量(亿元)		增速(％)		增长1％的绝对数（亿元）
		逐期	累积	环比	定基	
2013	1 442	—	—	—	—	—
2014	2 045	603	603	41.8	41.8	14.42
2015	2 770	725	1 328	35.5	92.1	20.45
2016	3 975	1 205	2 533	43.5	175.7	27.70
2017	4 958	983	3 516	24.7	243.8	39.75
2018	6 038	1 080	4 596	21.8	318.7	49.58
2019	7 498	1 460	6 056	24.2	420.0	60.38
2020	8 750	1 252	7 308	16.7	506.8	74.98

2. 1 044亿元　3. 29.4％　4. 快7.6　5. 降低5.15

(四)简答题(略)

（五）计算分析题

1. (1) 2 (2) "2.0～2.5"组 (3) 1 080；— (4) 直方图

(5) 众数＝2.29 小时；中位数＝2.38 小时；均值＝2.54 小时；标准差＝0.84 小时；偏态系数＝1.06；峰度系数＝1.67

2. (1) 3 996 亿元、20 583 亿元、40 846 亿元和 15 620 亿元

(2) 6.12％、6.43％、9.63％和 5.91％

(3) 83.07％、82.97％、82.53％、82.12％和 81.47％，82.38％

第5章　统计指数

（一）判断题

1—5：××√××　　6—10：×××√√

（二）单项选择题

1—5：CCBAC　　6—10：ADBBD　　11—15：BBADC　　16—20：CDBCA

21—25：CABBD

（三）填空题

1. (1) 11.49％ (2) 2.20％ (3) 8.08％ (4) 5.76％

(5) 6.23％；9.72％；8.21％；4.39％；0.48％

(6) 8.35％；11.47％；10.49％；7.31％；2.99％

2. 1.22％

3. 31.22％；385.5 万元；－40.5 万元

（四）简答题（略）

（五）计算分析题

1. (1) 以 2020 年 10 月为基期，

四种商品销售价格总指数 $= \dfrac{\sum p_1 q_1}{\sum p_0 q_1} \times 100\% = \dfrac{3\,770.0}{3\,214.5} \times 100\% = 117.28\%$，这表明

2021 年 10 月表中四种商品销售价格同比平均上涨了 17.28％，使得销售总额同比增加了 555.5 元。

(2) 以 2020 年 10 月为基期，

四种商品销售量总指数 $= \dfrac{\sum p_0 q_1}{\sum p_0 q_0} \times 100\% = \dfrac{3\,214.5}{2\,440.0} \times 100\% = 131.74\%$，这表明

2021 年 10 月表中四种商品销售量平均增长了 31.74％，使得销售总额同比增加了 774.5 元。

(3) 以 2021 年 8 月为基期，

四种商品销售量总指数 $= \dfrac{\sum p_0 q_1}{\sum p_0 q_0} \times 100\% = \dfrac{2\,937.6}{2\,373.0} \times 100\% = 123.79\%$，这表明

2021 年 9 月表中四种商品销售量环比平均增长了 23.79％，使得销售总额环比增加了

564.6 元。

(4) 以 2021 年 8 月为基期,

四种商品销售价格总指数 $= \dfrac{\sum p_1 q_1}{\sum p_0 q_1} \times 100\% = \dfrac{3\ 202.0}{2\ 937.6} \times 100\% = 109.00\%$,这表明 2021 年 9 月表中四种商品销售价格环比平均上涨了 9.00%,使得销售总额环比增加了 264.4 元。

(5) 以 2021 年 9 月为基期,

价格指数:$\dfrac{\sum p_1 q_1}{\sum p_0 q_1} \times 100\% = \dfrac{3\ 770.0}{3\ 694.6} \times 100\% = 102.0\%$,

销售量指数:$\dfrac{\sum p_0 q_1}{\sum p_0 q_0} \times 100\% = \dfrac{3\ 694.6}{3\ 202} \times 100\% = 115.4\%$,

销售额指数:$\dfrac{\sum p_1 q_1}{\sum p_0 q_0} \times 100\% = \dfrac{3\ 770}{3\ 202} \times 100\% = 117.7\%$,

可见,$\dfrac{\sum p_1 q_1}{\sum p_0 q_1} \times \dfrac{\sum p_0 q_1}{\sum p_0 q_0} = \dfrac{\sum p_1 q_1}{\sum p_0 q_0}$,即 $102.0\% \times 115.4\% = 117.7\%$;

$(\sum p_1 q_1 - \sum p_0 q_1) + (\sum p_0 q_1 - \sum p_0 q_0) = \sum p_1 q_1 - \sum p_0 q_0$,即 $(3\ 770.0 - 3\ 694.6) + (3\ 694.6 - 3\ 202.0) = 3\ 770.0 - 32 02.0$,因此,上述三个指数可以构成一个指数体系。

第 6 章 推断统计的理论基础

(一) 判断题

1—5:√××√√

(二) 单项选择题

1—5:DDCDD

(三) 填空题

1. {(有问题、有问题、有问题),(有问题、有问题、没问题),(有问题、没问题、有问题),(没问题、有问题、有问题),(没问题、没问题、有问题),(没问题、有问题、没问题),(有问题、没问题、没问题),(没问题、没问题、没问题)};0.384;0.488;2.4;0.48;6.24;0.48

2. $\overline{X} = \dfrac{1}{16} \sum\limits_{i=1}^{16} X_i$;$S^2 = \dfrac{1}{15} \sum\limits_{i=1}^{16} (X_i - \overline{X})^2$;$\dfrac{1}{4}(X_1^2 + X_2^2 + X_3^2 + X_4^2)$;$\chi^2(16)$;$\chi^2(1)$;$\chi^2(15)$;$t(15)$;$F(1,15)$

(四) 简答题(略)

(五) 计算题

1. (1) 0.450 0   (2) 0.791 0   (3) 0.780 0   (4) 0.443 7

(5) 设 X 为抽出的男性人数,则 $P\{X=4\}=C_{10}^4 \times 0.55^4 \times 0.45^6 = 0.1596$

(6) 设 Y 为抽出已完成两剂新冠疫苗接种的人数,则

$P\{Y=5\}=C_{10}^5 \times 0.791^5 \times 0.209^5 = 0.0311$

(7) $P\{X=0\}=C_5^0 \times 0.55^0 \times 0.45^5 = 0.0185$

$P\{X=1\}=C_5^1 \times 0.55^1 \times 0.45^4 = 0.1128$

$P\{X=2\}=C_5^2 \times 0.55^2 \times 0.45^3 = 0.2757$

$P\{X=3\}=C_5^3 \times 0.55^3 \times 0.45^2 = 0.3369$

$P\{X=4\}=C_5^4 \times 0.55^4 \times 0.45^1 = 0.2059$

$P\{X=5\}=C_5^5 \times 0.55^5 \times 0.45^0 = 0.0503$

因此, $EX = 0 \times 0.0185 + 1 \times 0.1128 + 2 \times 0.2757 + 3 \times 0.3369 + 4 \times 0.2059 + 5 \times 0.0503 = 2.7500$

$EX^2 = 0^2 \times 0.0185 + 1^2 \times 0.1128 + 2^2 \times 0.2757 + 3^2 \times 0.3369 + 4^2 \times 0.2059 + 5^2 \times 0.0503 = 8.7996$

则 $DX = EX^2 - (EX)^2 = 1.2371$

(8) $P\{Y=0\}=C_5^0 \times 0.791^0 \times 0.209^5 = 0.0004$

$P\{Y=1\}=C_5^1 \times 0.791^1 \times 0.209^4 = 0.0075$

$P\{Y=2\}=C_5^2 \times 0.791^2 \times 0.209^3 = 0.0571$

$P\{Y=3\}=C_5^3 \times 0.791^3 \times 0.209^2 = 0.2162$

$P\{Y=4\}=C_5^4 \times 0.791^4 \times 0.209^1 = 0.4091$

$P\{Y=5\}=C_5^5 \times 0.791^5 \times 0.209^0 = 0.3097$

因此, $EY = 0 \times 0.0004 + 1 \times 0.0075 + 2 \times 0.0571 + 3 \times 0.2162 + 4 \times 0.4091 + 5 \times 0.3097 = 3.9552$

$EY^2 = 0^2 \times 0.0004 + 1^2 \times 0.0075 + 2^2 \times 0.0571 + 3^2 \times 0.2162 + 4^2 \times 0.4091 + 5^2 \times 0.3097 = 16.4698$

则 $DY = EY^2 - (EY)^2 = 0.8262$

第7章 区间估计

(一) 判断题

1—5: ×√√√√   6—10: √×√√×   11—15: √×√√×

16—20: ×√√×√

(二) 单项选择题

1—5: ADBCC   6—10: ABDBA

(三) 填空题

1. (1) 充分大 (2) $z_{\frac{\alpha}{2}} \frac{S}{\sqrt{n}}$ (3) 扩大一些 (4) 降低一些 (5) $(1-\alpha)^2$

2. 204.5260; 430948; 13.0948; 21810

(四) 简答题(略)

(五) 计算分析题

1. (1) (11.57,15.15);17 355 万元

(2) (4.17%,27.08%);62 个

(3) 简单随机重复抽样需要 68 个,简单随机不重复需要 65 个

2. (1) 468.0 毫克

(2) 3.87%

3. (1) 介于 2.50 小时至 2.58 小时之间

(2) 介于 18.15% 至 21.84% 之间

第 8 章 假设检验

(一) 判断题

1—5：√×√√×　　6—10：√√√×√　　11—15：××××√

(二) 单项选择题

1—5：BBDDC　　6—10：CBBBC　　11—15：CCDCD

(三) 填空题

1. 小概率事件原理；小概率事件在一次试验中几乎不可能发生；第一类；被保护；最大概率；直接；样本容量；抽样方法

2. 原假设原本正确,却作出拒绝原假设（即认为原假设不正确）的判断时所犯的错误；原假设原本不正确,却没有作出拒绝原假设的判断时所犯的错误

3. 小概率事件在一次试验中几乎不可能发生

4. 选取样本的随机性

5. $\int_{z_0}^{+\infty} \frac{1}{\sqrt{2\pi}} e^{-\frac{x^2}{2}} dx$；$p \leqslant \alpha$；$p \leqslant \frac{\alpha}{2}$

(四) 简答题（略）

(五) 计算分析题

1. (1) 根据题意,本题应检验 $H_0: \mu \leqslant \mu_0 = 10; H_1: \mu > \mu_0 = 10$

选取统计量 $Z = \dfrac{\overline{X} - \mu_0}{\frac{S}{\sqrt{n}}} \overset{H_0 \text{为真}}{\sim} N(0,1)$

因此,在显著性水平为 0.01 时,可得拒绝域为 (2.33, +∞)。

根据第 7 章"计算分析题"第 1 题所给数据,可得 $\bar{x} = 13.36$ 万元, $s = 7.46$ 万元, $n = 64$,因此可得统计量的值 $z_0 = \dfrac{13.36 - 10}{\sqrt{\dfrac{7.46^2}{64}\left(1 - \dfrac{64}{1\ 500}\right)}} = 3.683$

可见,统计量的值落入拒绝域 (2.33, +∞),应拒绝原假设 $H_0: \mu \leqslant \mu_0 = 10$,即在显著性水平为 0.01 时,可以认为 2021 年上半年该地乡镇财政项目资金实际支出与其预算支出的平均差额会超过 10 万元。

(2) 原假设为 $H_0: \pi \leqslant \pi_0 = 10\%; H_1: \pi > \pi_0 = 10\%$

选取统计量 $Z = \dfrac{p - \pi_0}{\sqrt{\dfrac{\pi_0(1-\pi_0)}{n}\left(1-\dfrac{n}{N}\right)}} \overset{H_0\text{为真}}{\sim} N(0,1)$

因此,在显著性水平 $\alpha = 0.05$ 时,可得拒绝域 $(1.64, +\infty)$。

又统计量的值 $z_0 = \dfrac{15.625\% - 10\%}{\sqrt{\dfrac{10\% \times (1-10\%)}{64}\left(1-\dfrac{64}{1\,500}\right)}} = 1.53$,故不应拒绝原假设,

即在显著性水平为 0.05 时,可以认为 2021 年上半年该地乡镇财政资金项目实际支出与预算支出相差 20 万元以上的乡镇占比不会超过 10%。

2. (1) 原假设为 $H_0: \mu = \mu_0 = 450$;备择假设为 $H_1: \mu \neq \mu_0 = 450$

选取统计量 $Z = \dfrac{\overline{X} - \mu_0}{\dfrac{S}{\sqrt{n}}} \overset{H_0\text{为真}}{\sim} N(0,1)$

因此,在显著性水平 $\alpha = 0.01$ 时,可得拒绝域 $(-\infty, -2.58) \cup (2.58, +\infty)$。

又统计量的值为 $z_0 = \dfrac{460 - 450}{\dfrac{50}{\sqrt{150}}} = 2.45$,不应拒绝原假设,即在显著性水平为 0.01

时,可以认为来自 A 国的这批小包装零食的平均每包钠元素含量与其所标明的一致。

(2) 原假设为 $H_0: \pi \leqslant \pi_0 = 5\%$;$H_1: \pi > \pi_0 = 5\%$

选取统计量 $Z = \dfrac{p - \pi_0}{\sqrt{\dfrac{\pi_0(1-\pi_0)}{n}}} \overset{H_0\text{为真}}{\sim} N(0,1)$

因此,在显著性水平 $\alpha = 0.05$ 时,可得拒绝域 $(1.64, +\infty)$。

又统计量的值 $z_0 = \dfrac{2\% - 5\%}{\sqrt{\dfrac{5\% \times (1-5\%)}{150}}} = -1.69$,故不应拒绝原假设,即在显著性水平

为 0.05 时,可以认为来自 A 国的这批小包装零食重量的合格率与其标明的一致。

3. (1) 右侧检验,统计量的值为 2.00,大于临界值 1.64,拒绝原假设,即在显著性水平为 0.05 时,可以认为该地高校学生日阅读手机平均时长会超过 2.5 小时。

(2) 右侧检验,统计量的值为 1.41,小于临界值 1.64,不拒绝原假设,即在显著性水平为 0.05 时,可以认为该地高校学生日阅读手机时长超过 3.5 小时的人数占比不会超过 10%。

第9章 定性数据分析

(一) 判断题

1—5:×√√√√

(二) 单项选择题

1—5:BDACC

(三) 计算分析题

1. (1) 统计量的值=103.41,有显著差异

(2) c 相关系数＝0.306；V 相关系数＝0.186；c 与 V 相关系数都较小表明：大学生的"年级"与其"满意度"之间仅有低度相关关系。

2. 统计量的值为 1.776，没有显著不同

第10章　方差分析

（一）判断题

1—5：×√×√√

（二）单项选择题

1—5：ACCDB

（三）填空题

1. 290　2. 809.6　3. 同方差的正态分布　4. 12；卡方　5. 零

（四）计算分析题

1. （1）$SSE=2\,269.0$，$SSA=64.1$，$F=0.339$，没有显著差异

(2) $\hat{\sigma}=\sqrt{MSE}=7.939$，$t_{0.025}(36)=2.028$

东部地区（8.352,17.648）

中部地区（9.308,20.692）

西部地区（11.975,20.025）

东北地区（7.450,23.550）

(3) $F_{0.01}(3,36)=4.377\,1$

因为 $|\bar{x}_东-\bar{x}_中|=2.0<d_{东中}=4.66$，$|\bar{x}_东-\bar{x}_西|=3.0<d_{东西}=3.90$，$|\bar{x}_东-\bar{x}_{东北}|=2.6<d_{东东北}=5.90$，$|\bar{x}_中-\bar{x}_西|=1.0<d_{中西}=4.42$，$|\bar{x}_中-\bar{x}_{东北}|=0.5<d_{中东北}=6.25$，$|\bar{x}_西-\bar{x}_{东北}|=0.5<d_{西东北}=5.71$，故在显著性水平为 0.01 时，我国上述任意两个地区 2021 年上半年乡镇财政项目资金实际与预算支出的平均差额没有显著差异

2. $SSA=2.67$，$SSB=4.67$，$SSE=11.33$，$SS(A\times B)=15.33$；$F_A=2.13$，$F_B=3.71$，$F_{A\times B}=6.08$

附表 1-4　方差分析

差异源	SS	df	MS	F	p-value	临界值
A 水平间	2.67	2	1.34	2.13	0.147 8	3.554 6
B 水平间	4.67	2	2.34	3.71	0.044 8	3.554 6
A×B 交互	15.33	4	3.83	6.08	0.002 8	2.927 7
组内	11.33	18	0.63	—	—	—
合计	34.00	26	—	—	—	—

注：显著性水平 $\alpha=0.05$。

由附表 1-4 可知，不同捻度下纱捻对毛织物强力无显著影响，不同线捻对毛织物强力有显著影响；不同捻度下纱捻与线捻的交互作用对毛织物强力有高度显著影响

3. (1) ①108.22　②2　③54.11　④0.234　⑤0.793　⑥5.390　⑦6 926.00　⑧30　⑨230.87　⑩7 034.22

(2) 因为 p-value＝0.793 远大于显著性水平 0.05,故不应拒绝原假设,即这三个专业学生考试平均成绩无显著差异

第11章　回归分析

(一) 判断题

1—5：√×√×√

(二) 单项选择题

2—5：DCBBA

(三) 填空题

1. 存货周转天数、应收账款、资产负债率；利润额

2. ±1　3. 0　4. $\dfrac{MSR}{MSE}=\left[\dfrac{\hat{\beta}_1}{\dfrac{S_y}{\sqrt{L_{xx}}}}\right]^2=\left[\dfrac{r\sqrt{n-2}}{\sqrt{1-r^2}}\right]^2$　5. 高

(四) 简答题(略)

(五) 计算分析题

1. (1) 略

(2) $\hat{\beta}_0=-3\,046.066\,2,\hat{\beta}_1=59.075\,1;\hat{y}=-3\,046.066\,2+59.075\,1x$

(3) 2000—2019 年江苏省第三产业用电量每增加 1 亿千瓦时,其第三产业增加值平均增加 59.075 1 亿元

(4) $L_{xx}=1\,344\,947.98,SSR=4\,693\,690\,163.91,SSE=41\,657\,994.34,S_y=1\,521.29$

(5) 估计标准误差 $S_y=1\,521.29$ 亿元,表明根据一元线性回归方程 $\hat{y}=-3\,046.066\,2+59.075\,1x$ 所求 2000—2019 年江苏省第三产业增加值的回归值与其实际值之平均相差 1 521.29 亿元

(6) F 检验统计量的值 $F_0=2\,028.10$,t 检验统计量的值 $t_0=45.03$

(7) $R^2=0.991\,2$,表明 2000—2019 年江苏省第三产业用电量变动对其增加值变动的解释程度可达 99.12%

(8) $r=0.995\,6$,表明 2000—2019 年江苏省第三产业用电量与其增加值之间具有高度线性相关关系

(9) 有 95% 的把握可以认为回归系数 β_1 的值介于 56.319 2 至 61.831 0 之间

(10) 有 95% 的把握可以认为回归常数 β_0 的值介于 -4 336.392 7 至 -1 755.739 7 之间

(11) 在 $x_0=1\,000$ 时的点预测值为 $\hat{y}_0=56\,029.03$ 亿元;有 95% 的把握至少达到 52 347.54 亿元

2. (1) ①0.912 8(或 0.912 9)　②0.833 2(或 0.833 3)　③33　④18.517 7　⑤18.517 7　⑥154.8 303　⑦1.363E－13　⑧31　⑨3.707 6　⑩0.119 6　⑪32　⑫0.006 8　⑬12.443 1(或 12.367 6)　⑭1.363E－13(或 1.597E－13)　⑮0.070 2　⑯0.151 2　⑰0.125 2

(2) $\hat{y}=-0.104\,1+0.084\,1x$,回归系数 0.084 1 表明 2020 年 A 产品小型生产企业的销售平均应收账款每增加 10 000 元,其坏账损失平均增加 841 元

(3) 可决系数为 0.833 2,表明 2020 年 A 产品小型生产企业的销售平均应收账款对其坏账损失变动的解释程度可达 83.32%

(4) 相关系数为 0.912 8,表明 A 产品小型生产企业的销售平均应收账款与其坏账损失之间具有高度线性相关关系

(5) 当平均应收账款为 $x_0=21$ 万元时,坏账损失的点预测值为 $\hat{y}_0=1.662$ 万元;有 95% 的把握可知其坏账损失至多达到

2.381 1 万元 $\left(1.662+2.039\,5\times0.345\,9\times\sqrt{1+\dfrac{1}{33}+\dfrac{(21-16.242\,4)^2}{2\,587.517\,5}}\right)$

第 12 章 时间序列预测

(一) 判断题

1—5:√×√×√

(二) 单项选择题

1—5:CCDCD

(三) 填空题

1. 12   2. 129%   3. $\alpha y_5+(1-\alpha)S_4^{(1)}$ 4. 0.810 4

5. $\dfrac{1}{\alpha}$;$\dfrac{1-\alpha}{\alpha^2}$;$\dfrac{(1-\alpha)(2-\alpha)}{\alpha^3}$

(四) 简答题(略)

(五) 计算分析题

1. (1) 2021 年二季度至四季度,该网游平台的网游收入的预测值分别为 403.39 亿元、440.70 亿元和 411.54 亿元;预测平均相对预测误差为 9.13%;估计标准预测误差为 30.41 亿元

(2) 2021 年二季度至四季度,该网游平台的网游收入预测值分别为 395.91 亿元、444.40 亿元和 392.69 亿元;预测平均相对预测误差为 8.44%;估计标准预测误差为 30.81 亿元

(3) 在平滑系数为 0.001 时,最小平均相对预测误差为 15.24%、最小估计标准预测误差为 61.84 亿元,且 2021 年二季度该网游平台的网游收入预测值为 450.23 亿元

(4) 在平滑系数为 0.18 时,最小平均相对预测误差为 13.36%,且 2021 年二季度、三季度和四季度该网游平台的网游收入的预测值分别为 425.42 亿元、437.48 亿元和 449.54 亿元,估计标准预测误差为 50.93 亿元

2. (1) 0.47

(2) ①181.52 ②108.45 ③81.87 ④92.85 ⑤4.86 ⑥0.18 ⑦99.72 ⑧8.14 ⑨3 336.22

(3) 301.09 万辆、379.15 万辆、467.49 万辆、566.11 万辆、675.01 万辆

(4) 9.05%,16.88 万辆

附录二:往年试题及参考答案

试题一

一、填空题(每题 2 分,共 10 分)

1. 对于原始数据应主要从_____和准确性两方面进行审核。

2. 已知 2011 年一季度—2017 年三季度某企业产品产量时间序列数据及其二、三、四季度的季节指数分别为 96%、106%和 112%,则该企业一季度产品产量的季节指数是_____。

3. 2017 年 9 月我国居民消费品和服务价格总水平同比上涨 1.6%,表明 2017 年 9 月我国居民消费品和服务价格总水平比_____我国居民消费品和服务价格总水平上涨了 1.6 个百分点。

4. 某居民小区准备引进一种新的车位管理措施,小区管理者准备采用简单随机重复抽样组织方式选取业主并调查其是否赞成,调查前管理者估计赞成引进新的车位管理措施的业主可以达到 90%。若在置信水平为 0.95 且最大允许误差不超过 3.0%的要求下,小区管理者至少应抽取_____位业主进行调查。

5. 根据组距分配数列计算算术平均数或标准差时,通常应假定_____。

二、单项选择题(每题 2 分,共 10 分)

1. 要了解某市共享单车的有关情况时,下列说法正确的有
   (1) 某市所有共享单车构成总体
   (2) 某市所有共享单车使用者构成总体
   (3) 某市共享单车的颜色、重量、单价、投放时间、已使用时长等可作为变量
   A. 0 项　　　　B. 1 项　　　　C. 2 项　　　　D. 3 项

2. 下列关于统计表说法正确的有
   (1) 统计表的两边通常不封口
   (2) 所有统计表都应该有标题
   (3) 统计表中所有数据的计量单位都应置于表的右上角
   A. 0 项　　　　B. 1 项　　　　C. 2 项　　　　D. 3 项

3. 已知 2011—2016 年某金融理财产品的年收益率分别为 1.8%、4.3%、5.8%、3.5%、5.1%和 7.2%,则 2011—2016 年该金融理财产品的年平均收益率是
   A. 4.24%　　　B. 4.60%　　　C. 4.62%　　　D. 4.71%

4. 若将 2015 年 1 月—2017 年 10 月到某植物园游览的游客数按月编制时间序列,则下列对该时间序列数据变动影响最小的因素是
   A. 长期趋势　　B. 季节变动　　C. 循环变动　　D. 不规则变动

5. 下列说法正确的有
   (1) 假设检验中,若拒绝原假设则有可能犯第一类错误
   (2) 假设检验中,显著性水平设置得越小表明研究者越不想拒绝原假设
   (3) 在其他条件不变的情况下,若在 0.01 的显著性水平下拒绝了原假设,那么在

0.05 的显著性水平下也一定拒绝原假设

  A. 0 项   B. 1 项   C. 2 项   D. 3 项

三、判断题(每题 2 分,共 10 分)

  1. 统计学是一门关于如何收集、整理、展示和分析数据的科学,目的在于探索事物内在质的规律性。

  2. 为研究某高校学生的学习情况,该高校所有学生、教师、教室、图书、书院、学院、专业等可构成研究总体。

  3. 小概率事件原理是指小概率事件在一次试验中不可能发生。

  4. 在估计总体均值且其他条件相同的情况下,采用简单随机重复抽样所得估计标准误差理论上应大于采用简单随机不重复抽样所得估计标准误差。

  5. 编制质量指标综合指数通常应以报告期的数量指标作为同度量因素。

四、简答题(每题 5 分,共 10 分)

  1. 简述影响总体均值置信区间长短的主要因素及其影响情况。

  2. 已知股票 A 未来 10 年的现金净流量和股票 B 未来 8 年的现金净流量数据,简述比较这两只股票未来现金收益风险大小的基本步骤。

五、综合分析题(第 1 题 25 分,第 2 题 10 分,第 3 题 15 分,共 50 分)

  1. (本题满分 25 分)2017 年 10 月,研究人员采用简单随机重复抽样组织方式,从某高校随机抽取 700 名大学生调查其 9 月份手机上网使用流量情况(见附表 2-1)。

附表 2-1   2017 年 9 月某高校学生手机上网使用流量

手机上网流量(MB)	人数(人)	比重
500 以下	35	5%
500~600	70	10%
600~700	105	15%
700~800	161	23%
800~900	224	32%
900~1 000	70	10%
1 000 以上	35	5%
合 计	700	100%

要求：(计算保留整数)

(1) 作为一张统计表,附表 2-1 中最不规范之处是_____；(2 分)

(2) 计算附表 2-1 中学生手机上网使用流量的均值、标准差和中位数；(9 分)

(3) 附表 2-1 中学生手机上网使用流量可能呈左偏分布还是右偏分布？为什么？(2 分)

(4) 求 2017 年 9 月该校学生手机上网平均使用流量 95% 的置信区间；(6 分)

(5) 已知 2016 年 9 月该校学生手机上网平均使用流量是 760 MB,在显著性水平为 0.05 时,能认为 2017 年 9 月该校学生手机上网平均使用流量同比增加了吗？(6 分)

2. (本题满分 10 分)2017 年 10 月,某地物价管理部门在对其管辖区域内一购物中心商品价格调查时,不仅掌握了部分商品销售价格数据而且获得了部分商品的销售量数据。其中三种商品的销售数据见附表 2-2。

附表 2-2　某购物中心三种商品销售数据

商品名称	计量单位	销售价格(元)		销售量	
		2016 年 10 月	2017 年 10 月	2016 年 10 月	2017 年 10 月
A 种降压药	盒	7	8	300	280
B 品牌牛奶	箱	65	68	200	300
C 品牌手机	部	1 200	850	50	95

要求：(保留 1 位小数)

(1) 2017 年 10 月,该购物中心这三种商品销售额比上年同期平均增长了多少？(2 分)

(2) 2017 年 10 月,该购物中心这三种商品的销售量比上年同期平均增长了多少？销售量的变动对销售额的影响是多少？(4 分)

(3) 2017 年 10 月,该购物中心这三种商品的销售价格比上年同期平均上涨了多少？销售价格的变动对销售额的影响是多少？(4 分)

3. (本题满分 15 分)为研究经济发展与环境污染的相关问题,2017 年某研究者收集了 1999—2015 年江苏省工业废气排放量与人均 GDP 时间序列数据(附表 2-3);为估计模型参数,该研究者先对 1999—2015 年江苏省工业废气排放量与人均 GDP 数据进行对数转化处理(见附表 2-3);然后,在对数处理后的数据中一个选作自变量 x、一个选作因变量 y,并选择一元线性回归模型 $y=\alpha+\beta x+\varepsilon$,$\varepsilon$ 为随机扰动项;最后,选用 Excel 作为工具得出模型参数等相关数据(见 Excel 软件部分输出结果)。

附表 2-3 1999—2015 年江苏省工业废气排放量与人均地区生产总值

年份	人均 GDP (元)	废气排放量 (亿标立方米)	人均 GDP 的自然对数	废气排放量的自然对数	年份	人均 GDP (元)	废气排放量 (亿标立方米)	人均 GDP 的自然对数	废气排放量的自然对数
1999	10 695	8 355	9.28	9.03	2008	39 622	26 726	10.59	10.19
2000	11 765	9 078	9.37	9.11	2009	44 253	27 432	10.70	10.22
2001	12 882	13 344	9.46	9.50	2010	52 840	31 213	10.88	10.35
2002	14 396	14 287	9.57	9.57	2011	62 290	48 182	11.04	10.78
2003	16 830	14 618	9.73	9.59	2012	68 347	48 623	11.13	10.79
2004	20 223	17 818	9.91	9.79	2013	75 354	49 797	11.23	10.82
2005	24 560	20 197	10.11	9.91	2014	81 874	59 652	11.31	11.00
2006	28 814	24 881	10.27	10.12	2015	87 995	57 882	11.39	10.97
2007	33 928	23 607	10.43	10.07	—	—	—	—	—

Excel 软件部分输出结果:

SUMMARY OUTPUT

回归统计	
Multiple R	①
R Square	②
Adjusted R Square	0.965 0
标准误差	③
观测值	17

方差分析

—	df	SS	MS	F	Significance F
回归分析	1	6.045 3	6.045 3	④	1.523 E−12
残差	15	0.205 1	0.013 7	—	—
总计	16	6.250 4	—	—	—

—	Coefficients	标准误差	t Stat	P-value	Lower 95%	Upper 95%
Intercept	1.323	0.418 6	3.159 6	0.006 5	0.430	2.215
X Variable	0.846	⑤	21.029 3	1.523 E−12	0.761	0.932

要求:根据题意及软件输出结果解答下列问题:

(1) 该研究者建立的线性回归模型中的自变量 x 应是_____,因变量 y 应是_____;(2 分)

(2) 在 Excel 软件部分输出结果的①、②、③、④、⑤处,填上对应的数值;(5 分)

(3) 可决(判定)系数 =_____,表明_____;(3 分)

(4) 变量 y 依变量 x 的线性回归方程为_____;(3分)

(5) 在显著水平 0.000 1 时,变量 x 与 y 之间具有线性相关关系吗?为什么?(2分)

六、案例题(每题2分,共10分)

2017年前三季度,我国货物进出口总额202 929亿元,同比增长16.6%。其中,出口111 630亿元,增长12.4%;进口91 299亿元,增长22.3%。进出口相抵,贸易顺差20 331亿元。一般贸易进出口增长18.1%,占进出口总额的56.6%,同比提高0.7个百分点。2017年9月,我国货物进出口总额24 589亿元,同比增长13.6%。其中,出口13 260亿元,增长9.0%;进口11 330亿元,增长19.5%。2012—2016年我国货物进出口情况见附图2-1。

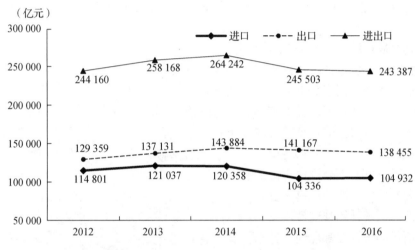

附图2-1 2012—2016年我国货物进出口情况

根据上述资料,解答下列问题:

1. 2017年9月我国货物进出口额同比增加了
   A. 1 849亿元　　B. 2 444亿元　　C. 2 944亿元　　D. 3 132亿元

2. 2013—2016年我国货物出口额年平均增加量是
   A. 331亿元　　B. 441亿元　　C. 1819亿元　　D. 2274亿元

3. 若2013—2016年我国货物出口、货物进口、货物进出口的年平均增速分别用 $V_{出}$、$V_{进}$、$V_{进出}$ 表示,则下列表示正确的是
   A. $V_{出} \leqslant V_{进} \leqslant V_{进出}$　　　　B. $V_{进} \leqslant V_{出} \leqslant V_{进出}$
   C. $V_{出} \leqslant V_{进出} \leqslant V_{进}$　　　　D. $V_{进} \leqslant V_{进出} \leqslant V_{出}$

4. 2017年9月我国贸易顺差占2017年前三季度贸易顺差的比重是
   A. 8.2%　　B. 9.5%　　C. 10.7%　　D. 11.1%

5. 下列说法不正确的有
   (1) 2013—2016年我国货物贸易顺差逐年增大
   (2) 2017年9月我国进口额占前三季度进口额的比重超过12%
   (3) 2017年前三季度我国出口额占进出口总额的比重同比有所下降
   A. 0项　　B. 1项　　C. 2项　　D. 3项

试题二

一、填空题(每空2分,共10分)

1. 若要研究2019年下半年我国小微企业的生产经营情况,则调查总体应为_____,可能的数量调查变量有_____(写1个即可)。

2. 编制数量指标综合指数通常选择_____作为同度量因素。

3. 2020年11月1日零时是我国第七次人口普查的标准时点。规定普查标准时点的主要目的是_____。

4. 对于由2016年一季度—2019年四季度到某旅游景点游览人数构成的时间序列,若采用移动平均法预测2020年一季度到该旅游景点的游览人数,则移动平均的项数至少应为_____。

二、单项选择题(每题2分,共10分)

1. 关于统计表,下列说法正确有
   (1) 统计表中不同组数据之间应用线隔开
   (2) 统计表中的数据应保留相同的小数位数
   (3) 统计表中数据的计量单位应置于表的右上角
   A. 0项　　　　B. 1项　　　　C. 2项　　　　D. 3项

2. 关于统计图,下列说法正确的有
   (1) 所有的统计图都应有标题
   (2) 所有的统计图都应使用图标(例)
   (3) 所有的统计图都应使用数据标签
   A. 0项　　　　B. 1项　　　　C. 2项　　　　D. 3项

3. 关于统计调查,下列说法不正确的有
   (1) 任何一次统计调查都会产生抽样误差
   (2) 任何一次统计调查都需要确定调查总体
   (3) 任何一次统计调查都需要获取调查变量在相应调查单位上的数值表现
   A. 0项　　　　B. 1项　　　　C. 2项　　　　D. 3项

4. 要对2019年某销售企业甲商品的10 000张销售原始票据的真实性、合法性、合规性进行审计(核),下列最适宜采用的抽样组织方式是
   A. 简单随机抽样　　　　　　B. 分层随机抽样
   C. 整群随机抽样　　　　　　D. 系统(等距)随机抽样

5. 在单因素方差分析中,因素A有A_1、A_2、A_3三个水平,且在这三个水平下分别进行了10次、11次、12次试验。对试验所得33个数据的计算表明:水平(组)间的数据误差是30,总误差是150,则检验统计量F的值是
   A. 2.50　　　　B. 3.25　　　　C. 3.75　　　　D. 4.20

三、判断题(每题2分,共10分)

1. 对间接数据应主要从适用性和时效性两方面进行审核。

2. 2019年10月我国猪肉价格同比上涨了101.3%,表明2019年10月我国所有省

(自治区、直辖市)的猪肉价格均同比上涨了 101.3%。

3. 根据时间序列计算的环比增长速度的连乘积一定等于相应的定基增长速度。

4. 建立回归模型时,作为自变量的必须是随机变量而作为因变量的必须不是随机变量。

5. 假设检验中,在取较大的显著性水平时拒绝了原假设且在其他条件保持不变的情况下,若将显著性水平变小一些,则可能拒绝也可能不拒绝原假设。

四、简答题(每题 5 分,共 10 分)

1. 在估计总体均值的置信区间时,需要求出作为估计量的样本均值的标准差(即估计标准误差,也称抽样平均误差)。简述影响估计标准误差大小的主要因素及其影响情况。

2. 2019 年 11 月某研究人员设法收集了 S 高校 500 名大三学生,2019 年 10 月在校生活费支出及其该月手机使用流量这两组截面数据。简述比较这两组截面数据差异程度大小的基本步骤。

五、综合分析题(本题有 3 小题,第 1 题 30 分、第 2 题 8 分、第 3 题 12 分,共 50 分)

1. 2019 年 12 月,某市场研究人员采用简单随机重复抽样方式,从甲地网购消费者中抽选出 2 000 名消费者并调查其性别、文化程度、职业和 2019 年"双 11"期间网购支出等数据。其中被调查网购消费者网购支出分布情况见附表 2-4。

附表 2-4 2019 年"双 11"期间甲地被调查网购消费者网购支出分布情况

按网购支出分组(元)	比重(%)	比重向上累积(%)
900 以上	3.0	*
800~900	26.2	*
700~800	31.6	*
600~700	22.2	( )
500~600	10.4	*
500 以下	6.6	*
合计	100.0	—

注:(1) 表中数据来源于某研究人员的调查报告;(2)"*"表示因命题的需要而有意隐去的数值。

要求:(计算保留1位小数)

(1) 在该次调查中,如果有一位消费者的网购支出恰为700元,那么该消费者应被分在哪一组比较合适?(2分)

(2) 在该次调查中,研究人员调查网购消费者"性别"的主要目的是_____;(2分)

(3) 附表2-4的主要不规范是_____;(2分)

(4) 附表2-4第3列括号处应填写的数值是_____;(2分)

(5) 若用图形展示附表2-4中消费者网购支出的分布情况,最适宜的统计图是_____;(2分)

(6) 根据附表2-4,分别计算样本众数、样本均值和样本标准差;(9分)

(7) 求2019年"双11"期间甲地网购消费者平均网购支出95%的置信区间;(5分)

(8) 在显著性水平为0.01时,2019年"双11"期间甲地网购消费者网购支出高于800元的人数占比会超过25%吗?(6分)　　　　　　　　　　(本题共30分)

2. 2018年11月与2019年10—11月,某地农贸市场三种水果的销售情况见附表2-5。

附表2-5 某地农贸市场三种水果销售情况

水果名称	2018年11月		2019年10月		2019年11月	
	价格(元/斤)	销售量(斤)	价格(元/斤)	销售量(斤)	价格(元/斤)	销售量(斤)
大枣	6.2	5 450	6.5	5 630	6.8	5 770
石榴	3.1	4 520	3.3	4 610	3.6	4 820
苹果	8.0	6 990	8.2	6 780	8.8	7 220

要求:(1) 2019年11月,该农贸市场这三种水果的价格环比平均上涨了多少?这三种水果价格的变动使其销售总额环比增加了多少?(4分)

(2) 2019年11月,该农贸市场这三种水果的销售量同比平均增长了多少?这三种水果销售量的变动使其销售额同比增加了多少?(4分)

(本题共8分)

3. 2019年9月某研究人员采用简单随机不重复抽样组织方式，从2019年上半年参加S高校某门基础课期中、期末考试的1 885名学生中，随机抽选出500名，并获得了他们的期中、期末考试成绩且假定该门课程学生的期中与期末成绩之间具有线性相关关系而构建线性回归模型。模型部分参数的Excel软件处理的结果如下：

SUMMARY OUTPUT

回归统计	
Multiple R	0.626 0
R Square	0.391 9
Adjusted R Square	0.390 7
标准误差	①
观测值	500

方差分析

项目	df	SS	MS	F	Significance F
回归分析	1	30 957.45	30 957.45	②	9.33E−56
残差	498	48 041.31	③	—	—
总计	499	78 998.76	—	—	—

项目	Coefficients	标准误差	t Stat	P-value
Intercept	39.330 8	1.793 3	21.932	4.10E−75
X Variable	0.502 5	0.028 1	④	9.33E−56

要求：

(1) 在该研究人员构建线性回归模型时，应以＿＿＿＿作为因变量；(2分)

(2) 在上述Excel软件输出结果的划线处填上相应的数值；(4分)

(3) 回归系数＝＿＿＿＿，表明＿＿＿＿＿＿＿＿＿＿＿＿＿＿＿＿＿＿＿＿；(2分)

(4) 若自变量与因变量分别用 x、y 表示，则相应的线性回归方程为＿＿＿＿；(2分)

(5) 在显著性水平为0.001时，该高校这门基础课学生的期中成绩与期末成绩之间具有线性相关关系吗？为什么？(2分)

(本题共12分)

六、案例分析题(每题2分,共10分)

根据以下资料回答问题：

2019年前三季度,我国货物进出口总额229 145亿元,同比增长2.8%。其中,出口124 803亿元,增长5.2%;进口104 342亿元,下降0.1%。进出口相抵,顺差20 461亿元,同比扩大44.2%。贸易结构进一步优化,一般贸易进出口增长4.8%,占进出口总额的比重为59.5%,同比提高1.1个百分点;机电产品出口增长4.7%,占出口总额的比重为58.1%。民营企业进出口增长10.4%,占进出口总额的比重为42.3%。

附表2-6 2014—2018年我国货物进出口情况

指标	2014	2015	2016	2017	2018
货物进出口总额	264 335	245 740	243 387	277 923	305 051
货物出口额	143 912	141 255	138 455	153 321	164 177
其中:一般贸易	73 944	75 456	74 601	83 325	92 405
加工贸易	54 320	49 553	47 237	51 381	52 676
其中:机电产品	80 527	81 421	79 820	89 465	96 457
高新技术产品	40 570	40 737	39 876	45 150	49 374
货物进口额	120 423	104 485	104 932	124 602	140 874
其中:一般贸易	68 162	57 323	59 398	73 299	83 947
加工贸易	32 211	27 772	26 223	29 180	31 097
其中:机电产品	52 509	50 111	50 985	57 785	63 727
高新技术产品	33 876	34 073	34 618	39 501	44 340
货物进出口顺差	23 489	36 770	33 523	28 719	23 303

1. 2019年前三季度,我国货物进出口顺差同比增加了

A. 6 272亿元　　B. 7 955亿元　　C. 8 243亿元　　D. 9 044亿元

2. 2019年前三季度,我国机电产品出口占出口总额的比重同比提高了

A. −0.6个百分点　B. −0.3个百分点　C. 0.2个百分点　D. 0.4个百分点

3. 2015—2018年我国一般贸易出口额年平均增加了

A. 3 692亿元　　B. 4 237亿元　　C. 4 615亿元　　D. 6 154亿元

4. 2015—2018年我国一般贸易和机电产品出口额或进口额年平均增速最快的是

A. 一般贸易出口额　　　　　　B. 一般贸易进口额

C. 机电产品出口额　　　　　　D. 机电产品进口额

5. 下列判断正确的有

(1) 2014—2018年我国高新技术产品进出口顺差均超过5 000亿元

(2) 2015—2018年我国货物出口额与货物进口额具有相同的变动走势

(3) 2019年前三季度,我国民营企业货物进出口总额占进出口总额的比重同比有所下降

A. 0项　　　　B. 1项　　　　C. 2项　　　　D. 3项

试题三

一、填空题(每空2分,共10分)

1. 2020年我国第七次人口普查的标准时点是2020年11月1日零时,普查的主要项目包括姓名、居民身份证号码、性别、年龄、民族、受教育程度、行业、职业等,其中用于搜集分类数据的有_____个。

2. 编制数量指标平均指数通常选择_____为权数。

3. 已知2020年9月1日至2021年6月30日到某地国家森林公园游览人数按日编制的时间序列。若准备采用"移动平均"法消除或部分消除季节因素和随机(偶然)因素的影响,通常这个"移动平均"的"平均"项数(步长)至少应为_____。

4. 已知投资方案A未来8年的现金净流量(单位:万元)分别为$x_1、x_2、\cdots、x_8$,投资方案B未来10年的现金净流量(单位:亿元)分别为$y_1、y_2、\cdots、y_{10}$。若比较这两个投资方案财务风险的大小,通常应采用比较_____的大小作出判断。

5. 已知影响某现象变动的因素A有5个水平$A_1、A_2、A_3、A_4、A_5$。在因素A的这5个水平下,某研究人员分别进行了6次、7次、8次、9次和10次观测试验。试验结果显示:在上述5个水平下的试验数据方差分别是7、8、9、10和11,均值分别是12、14、15、10和18。在单因素方差分析中其水平(组)间误差是_____。

二、单项选择题(每题2分,共10分)

1. 关于统计表、统计图和一段统计文字,下列说法正确有
   (1) 统计表都必须有标题
   (2) 统计图都必须使用图例(标)
   (3) 统计图都必须使用数据标签
   (4) 统计表中的数据都必须具有相同的计量单位
   (5) 一段统计文字中的数据都必须保留相同的小数位数
   A. 0项　　B. 1项　　C. 2项　　D. 3项　　E. 4项　　F. 5项

2. 若$X_1、X_2、\cdots、X_n$为采用简单随机重复抽样组织方式从均值为μ、方差为σ^2的总体中选出的一个样本,则下列表述正确的有
   (1) $X_1、X_2、\cdots、X_n$一定相互独立　　(2) $Z = (\overline{X}-\mu)/\dfrac{\sigma}{n}$一定是统计量
   (3) 样本均值$\overline{X} = \dfrac{1}{n}\sum_{i=1}^{n}X_i$一定服从均值是$\mu$、方差是$\dfrac{\sigma^2}{n}$的正态分布
   A. 0项　　　　B. 1项　　　　C. 2项　　　　D. 3项

3. 若需要展示截至2021年6月30日,我国30岁以下、30~50岁、50~65岁和65岁以上四个年龄段已接种新冠疫苗的人数及其占我国已接种新冠疫苗总人数的比重,下列最适宜的图形是
   A. 折线图　　　　B. 箱线图　　　　C. 圆饼图　　　　D. 条(柱)图

4. 关于一个总体均值或比率的检验,下列说法正确的有
   (1) 显著性水平设置得越小,表明一旦拒绝原假设可能承受的风险越大
   (2) 显著性水平设置得越小,表明与检验统计量的值对应的p值也越小

(3) 取较小显著性水平拒绝原假设时,在其他条件保持不变的情况下,若将显著性水平调大一些,则也一定拒绝原假设

A. 0 项   B. 1 项   C. 2 项   D. 3 项

5. 关于构建多元回归模型,下列说法正确的有

(1) 回归模型中自变量之间应具有线性相关关系

(2) 利用随机抽取的 2020 年我国 60 个地级市的第一产业增加值、第二产业增加值、第三产业增加值及其地区生产总值数据,可以构建一个三元回归模型

(3) 利用随机抽取获得的 2020 年某商品在我国 60 个地级市的销售量、销售价格和相应的广告费投入数据,可以构建一个二元回归模型

A. 0 项   B. 1 项   C. 2 项   D. 3 项

三、判断题(每题 2 分,共 10 分)

1. 变量能刻画总体单位的属性或数量特征且都是针对特定总体而言的变量,没有脱离总体的变量。

2. 展示"十三五"时期各年某省地区生产总值及其增长速度的变动情况,通常应采用直方图。

3. 若采用最小二乘法求得一元线性回归模型 $y_i = \beta_0 + \beta_1 x_i + \varepsilon_i, i=1,2,\cdots,n$ 中参数 β_0、β_1 的估计值为 $\hat{\beta}_0$、$\hat{\beta}_1$,则可得一元线性回归方程 $\hat{y}_i = \hat{\beta}_0 + \hat{\beta}_1 x_i$ 且 $\sum_{i=1}^{n}(\hat{y}_i - \bar{y})^2$ 最大。

4. 2021 年"五一"假期某电商平台电子产品类商品的销售额同比平均增长了 20.5%,销售价格同比平均下跌了 2.3%,表明 2021 年"五一"假期该电商平台电子产品类商品的销售量同比平均增长了 22.8%。

5. 假定在不同水平间进行的试验相互独立,是进行一个(单)因素方差分析的必要条件之一。

四、简答题(每题 5 分,共 10 分)

1. 简述制作一张规范的统计表应满足哪些基本要求。

2. 在估计总体参数(如均值、比率等)的置信区间时,需要首先确定样本容量。简述在确定样本容量时,主要应考虑哪些因素及其对样本容量大小的影响情况。

五、综合分析题(本题有 3 小题,第 1 题 30 分,第 2 题 8 分,第 3 题 12 分,共 50 分)

1. 为掌握 2020 年一季度我国抗疫财政专项资金的使用情况,审计部门从我国 2 846 个县(市辖区、县级市、自治县)中,采用简单随机不重复抽样组织方式选出 150 个县(市辖区、县级市、自治县),对其抗疫财政专项资金支出及其使用的真实性、合规性等情况进行专项审计。其中抗疫财政专项资金支出情况见附表 2-7。

附表 2-7 2020 年一季度我国部分县(市辖区、县级市、自治县)抗疫财政专项资金使用情况

按财政专项资金支出分组(亿元)	县(市辖区、县级市、自治县)数(个)	占比(%)	向上累计	
			县(市辖区、县级市、自治县)数(个)	占比(%)
0.3 以下	15	10%	*	*
0.3~0.5	27	18%	*	*
0.5~1.0	75	50%	*	*
1.0~1.5	15	10%	( )	*
1.5~2.0	12	8%	*	*
2.0 以上	6	4%	*	*
合计	150	100%	*	( )

注:(1)表中数据来自某研究报告;(2)表中第 4、5 列中的"*"为有意隐去的数据。

要求:(计算结果保留 3 位小数)

(1) 附表 2-7 作为一张统计表,主要不规范有_____处(须填写数字!);(2 分)

(2) 若 2020 年一季度某县(市辖区、县级市、自治县)抗疫财政专项资金支出为 1.0 亿元,那么该县(市辖区、县级市、自治县)应归入_____组(须填写组的名称!);(2 分)

(3) 附表 2-7 中第 4、5 列括号"( )"处应分别填写_____和_____;(4 分)

(4) 若用统计图展示附表 2-7 中 150 个县(市辖区、县级市、自治县)抗疫财政专项资金支出的分布情况,则比较适合的统计图是_____;(2 分)

(5) 计算附表 2-7 分组中 150 个县(市辖区、县级市、自治县)抗疫财政专项资金支出的众数、均值和标准差;(9 分)

(6) 求 2020 年一季度我国抗疫财政专项资金总支出 99% 的置信区间;(5 分)

(7) 在显著性水平为 0.05 时,2020 年一季度我国抗疫财政专项资金支出超过 1 亿元的县(市辖区、县级市、自治县)数所占比重会超过 20% 吗?(6 分)   (本题共 30 分)

2. 2020年3—4月和2021年2—4月，我国某地超市四种商品的销售情况见附表2-8。

附表2-8 2020年3月至2021年4月部分月份某地超市四种商品销售情况

商品名称	计量单位	2020年3月 销量	2020年3月 销售额（元）	2020年4月 销量	2020年4月 销售额（元）	2021年2月 销量	2021年2月 销售额（元）	2021年3月 销量	2021年3月 销售额（元）	2021年4月 销量	2021年4月 销售额（元）
猪肉	斤	11 500	322 000	11 800	306 800	10 000	250 000	15 240	304 800	16 930	304 740
啤酒	罐	5 500	12 650	6 000	14 400	4 800	10 560	5 400	12 420	6 500	16 250
草鱼	斤	3 700	53 650	4 000	54 000	3 200	46 400	3 500	50 750	3 600	55 800
牛奶	盒	2 300	4 830	2 400	5 280	2 150	3 440	2 300	3 910	2 500	4 500

注：绝对数计算保留整数，百分数计算保留2位小数，如1.25%。

要求：

(1) 2021年4月，附表2-8中四种商品的销售价格环比平均上涨了多少？这四种商品销售价格的变动使其销售总额环比增加了多少？（4分）

(2) 2021年3月，附表2-8中四种商品的销售量同比平均增长了多少？这四种商品销售量的变动使其销售总额同比增加了多少？（4分）

（本题共8分）

3. 随着改革开放的不断深入,我国社会主义现代化建设不断取得新成就,城乡居民收入、消费支出水平以及城镇化率和人均寿命等不断提高。研究发现,我国城镇化率与人均寿命之间可能具有线性相关关系。为此,某研究人员准备以城镇化率(单位:%)为自变量(x)、人均寿命(单位:岁)为因变量(y)构建一元线性回归模型 $y = \beta_0 + \beta_1 x + \varepsilon$,并收集 2020 年我国 31 个省(直辖市、自治区)城镇化率与其人均寿命数据,对模型参数进行估计和检验。部分数据测算如下:$\sum_{i=1}^{31} x_i = 1\,886.45, \sum_{i=1}^{31} y_i = 2\,322.09, \sum_{i=1}^{31} x_i^2 = 118\,818.44,$ $\sum_{i=1}^{31} y_i^2 = 174\,165.25, \sum_{i=1}^{31} x_i y_i = 142\,147.39$。

要求:(保留 4 位小数)

(1) 求出一元线性回归方程;(4 分)

(2) 求出可决系数并解释其意义;(3 分)

(3) 在显著性水平为 0.05 时,能认为 2020 年我国 31 个省(直辖市、自治区)城镇化率与其人均寿命之间具有线性相关关系吗?(5 分)

(注:$t_{0.05}(29) = 2.045, t_{0.025}(29) = 2.364; F_{0.05}(1,29) = 4.183, F_{0.025}(1,29) = 5.588$) (本题满分 12 分)

六、案例题(每题 2 分,共 10 分)

2021 年一季度我国全社会用电量 19 219 亿千瓦时,同比增长 21.2%。其中,第一产业用电量 191 亿千瓦时,增长 26.4%;第二产业用电量 12 623 亿千瓦时,增长 24.1%,其中工业用电量 12 390 亿千瓦时,增长 23.9%;第三产业用电量 3 331 亿千瓦时,增长 28.1%。2020 年 10 月—2021 年 3 月我国第一产业、第二产业和第三产业用电量情况见附表 2-9。

附表 2-9 2020 年 10 月—2021 年 3 月我国三次产业用电量情况 单位:亿千瓦时

产业	2020 年			2021 年		
	10 月	11 月	12 月	1 月	2 月	3 月
第一产业	73	68	81	58	65	68
第二产业	4 315	4 679	6 182	4 794	3 214	4 615
#工业	4 239	4 596	6 082	4 686	3 157	4 547
第三产业	984	974	1 160	1 309	1 004	1 018
合计	5 372	5 721	7 423	6 161	4 283	5 701

数据来源:国家能源局网站:http://www.nea.gov.cn/,2020 年 10 月至 2021 年 3 月《全国电力工业统计公报》。

根据上述资料,回到下列问题:

1. 2021年一季度我国第一产业月平均用电量环比增加了

A. －31.0亿千瓦时　　　　　　　B. －15.15亿千瓦时

C. －10.3亿千瓦时　　　　　　　D. －5.05亿千瓦时

2. 2021年一季度我国工业用电量占全社会用电量的比重同比提高了

A. 1.2个百分点　　　　　　　　B. 1.4个百分点

C. 1.6个百分点　　　　　　　　D. 1.8个百分点

3. 2020年11月—2021年3月,我国第三产业用电量月平均增量是

A. 5.6亿千瓦时　　　　　　　　B. 6.8亿千瓦时

C. 8.8亿千瓦时　　　　　　　　D. 11.0亿千瓦时

4. 2020年11月—2021年3月,我国第一产业、第二产业、第三产业以及工业用电量月平均增速最快的是

A. 第一产业　　B. 第二产业　　C. 工业　　　　D. 第三产业

5. 关于我国三次产业用电量,下列说法正确的有

(1) 2021年一季度我国三次产业用电量环比有所减少

(2) 2020年10月—2021年3月我国工业用电量占第二产业用电量的比重均超过98%

(3) 2020年12月—2021年3月我国第一产业用电增量呈"增加→减少→增加→增加"的走势

A. 0项　　　　B. 1项　　　　C. 2项　　　　D. 3项

参考答案——试题一

一、填空题(每题2分,共10分)
   1. 完整性   2. 86%   3. 上年同期(或 2016 年 9 月)   4. 385
   5. 变量在每一组内服从均匀分布或关于组中值对称分布

二、单项选择题(每题2分,共10分)
   1. C   2. C   3. B   4. C   5. D

三、判断题(每题2分,共10分)
   1. ×   2. ×   3. ×   4. √   5. √

四、简答题(每题5分,共10分)
   1. 影响总体均值置信区间长短的主要因素及其影响有:(1 个小点 1 分)
   (1) 样本(容)量:在其他条件相同的情况下,样本容量越大,置信区间越短。
   (2) 置信水平:在其他条件相同的情况下,置信水平越高,置信区间越长。
   (3) 总体变异程度:在其他条件相同的情况下,总体变异程度越大,置信区间越长。
   (4) 抽样方法:在其他条件相同的情况下,用重复抽样获得样本去估计,所得置信区间可能长于不重复抽样所得置信区间。
   (5) 抽样组织方式:在其他条件相同的情况下,如采用分层抽样所得样本去估计,所得置信区间可能短于其他几种常用抽样组织方式。

   2. (前3点每一个1分,最后1点2分)
   (1) 分别计算这两只股票现金净流量的平均数;
   (2) 分别计算这两只股票现金净流量的标准差;
   (3) 分别计算这两只股票现金净流量的标准差系数;
   (4) 比较标准差系数,标准差系数小的股票其未来现金净流量的收益风险较小。

五、综合分析题(第1题25分,第2题10分,第3题15分,共50分)
   1. 解:(1) 第 3 列数据后面不应有"%",应将"%"放到列标题"比重"的后面;   2 分
   (2) 学生手机上网使用流量的均值、标准差和中位数分别是

均值 $\bar{x} = \dfrac{\sum xf}{\sum f}$ 1分

$= \dfrac{450\times 35+550\times 70+650\times 105+750\times 161+850\times 224+950\times 70+1\,050\times 35}{700}$ 1分

$= 767(\text{MB})$ 1分

标准差 $s = \sqrt{\dfrac{\sum x^2 f}{\sum f} - (\bar{x})^2}$ 1分

$= \sqrt{\dfrac{426\,790\,000}{700} - 767^2}$ 1分

$= 146(\text{MB})$ 1分

中位数 $M_e = L + \dfrac{\dfrac{1+\sum f}{2} - S_{m-1}}{f_m} \times I$ 1分

$$=700+\frac{\frac{1+700}{2}-210}{161}\times(800-700)$$ 1分

$$=787(\text{MB})$$ 1分

(3) 可能呈左偏分布,因为算术平均数小于中位数时通常可能服从左偏分布。 2分

(4) 根据题意可知,所求置信区间为 $\left[\bar{x}-z_{\frac{\alpha}{2}}\frac{s}{\sqrt{n}}, \bar{x}+z_{\frac{\alpha}{2}}\frac{s}{\sqrt{n}}\right]$ 2分

其中,$\bar{x}=767, s=146, n=700, z_{\frac{\alpha}{2}}=z_{0.025}=1.96$ 1分

所以,所求区间下限为 $767-1.96\times\frac{146}{\sqrt{700}}=756(\text{MB})$ 1分

所求区间上限为 $767+1.96\times\frac{146}{\sqrt{700}}=778(\text{MB})$ 1分

故,有95%的把握可以认为2017年9月该校学生手机上网平均使用流量介于756 MB至778 MB之间。 1分

(5) 据题意,本题要检验 $H_0:\mu\leq\mu_0=760; H_1:\mu>\mu_0=760$ 1分

选取统计量 $Z=\frac{\bar{X}-\mu_0}{\frac{S}{\sqrt{n}}}\overset{H_0\text{为真}}{\sim}N(0,1)$ 1分

因此,在显著性水平为0.05时,可得临界值 $z_{0.05}=1.64$ 1分

由样本可知,$\bar{x}=767, s=146, n=700$

所以统计量的值 $z_0=\frac{\bar{x}-\mu_0}{\frac{s}{\sqrt{n}}}=\frac{767-760}{\frac{146}{\sqrt{700}}}=1.27$ 1分

因为 $z_0=1.27\leq 1.64=z_{0.05}$,所以不拒绝原假设 1分

即在显著性水平为0.05时,不能认为2017年9月该校学生手机上网平均使用流量同比有显著提高。 1分

2. 解: 以2016年10月为基期

(1) 因为这三种商品销售额指数 $=\frac{\sum p_1q_1}{\sum p_0q_0}\times 100\%=\frac{103\,390}{75\,100}\times 100\%=137.7\%$

1分

所以,2017年10月该购物中心这三种商品销售额比上年同期平均增长了37.7%,绝对增加了 $103\,390-75\,100=28\,290$(元); 1分

(2) 因这三种商品的销售量总指数 $=\frac{\sum p_0q_1}{\sum p_0q_0}\times 100\%=\frac{135\,460}{75\,100}\times 100\%=180.4\%$

2分

所以,2017年10月该购物中心这三种商品销售量比上年同期平均增长了80.4%,使得销售额绝对增加了 $135\,460-75\,100=60\,360$ 元; 2分

(3) 因这三种商品的销售价格总指数 $=\frac{\sum p_1q_1}{\sum p_0q_1}\times 100\%=\frac{103\,390}{135\,460}\times 100\%=$

76.3% 2分

所以,2017年10月该购物中心这三种商品销售价格比上年同期平均下跌了23.7%,使得销售额绝对减少了 135 460－103 390＝32 070(元)。　　　　　　2分

3. (1) 人均GDP的自然对数;废气排放量的自然对数　　　　　　　　　　2分

(2) ①—⑤分别是 0.983 5,0.967 2,0.117 0,441.262 8 和 0.040 2　　　　5分

(3) 可决系数为 0.967 2,表明 1999—2015 年江苏省人均GDP的变动对其工业废气排放量变动的解释程度可达 96.72%　　　　　　　　　　　　　　　　3分

(4) $\hat{y}=1.323+0.846x$ (若写成 $y=1.323+0.846x$ 至少扣1分)　　　3分

(5) 在显著水平 0.000 1 时,变量 x 与变量 y 之间具有线性相关关系;　　1分

这是因为自变量对应的 $p=1.523\times 10^{-12}$ 远远小于显著性水平 0.000 1　　1分

六、案例题(每题2分,共10分)
CDDBB

参考答案——试题二

一、填空题(每空2分,共10分)

1. 2019 年下半年我国所有小微企业;企业的资产总额(员工数、年收入等)

2. 基期质量指标

3. 为了避免数据的重复与遗漏(或提高调查数据的质量或减少数据误差)

4. 4

二、单项选择题(每题2分,共10分)
ABBDC

三、判断题(每题2分,共10分)
√×××√

四、简答题(每题5分,共10分)

1. 影响估计标准误差的因素及其影响情况:

(1) 样本容量:在其他条件相同时,样本容量越大,估计标准误差越小。

(2) 总体变异程度:在其他条件相同时,总体变异程度越大,估计标准误差越大。

(3) 抽样方法:在其他条件相同时,重复抽样确定的估计标准误差大于不重复抽样。

(4) 抽样组织方式:在其他条件相同时,如分层随机抽样确定的估计标准误差小于整群抽样等。(少1条扣1分!)

2. 比较的基本步骤为:

(1) 分别测算这两组数据的算术平均数;

(2) 分别测算这两组数据的标准差;

(3) 分别测算这两组数据的标准差系数;

(4) 比较这两组数据的标准差系数的大小,并作出判断。(少1条扣1分!)

五、综合分析题(本题有3小题,第1题30分、第2题8分、第3题12分,共50分)

1. 解:(1) 放在"700～800"组　　　　　　　　　　　　　　　　　　　　2分

(2) 网购支出在不同性别人群中的差异情况　　　　　　　　　　　　2分

(3) 上下两条线没有加粗(黑)　　　　　　　　　　　　　　　　　　2分

(4) 39.2　　　　　　　　　　　　　　　　　　　　　　　　　　　　2分

(5) 直方图   2分

(6) 样本众数 $= L + \dfrac{f_m - f_{m-1}}{(f_m - f_{m-1}) + (f_m - f_{m+1})} \cdot I$ 1分

$\qquad = 700 + \dfrac{31.6 - 22.2}{(31.6 - 22.2) + (31.6 - 26.2)} \times 100 = 763.5(元)$ 2分

样本均值 $\bar{x} = \sum x \dfrac{f}{\sum f} = 719.4(元)$ 3分

样本标准差 $s = \sqrt{\sum x^2 \dfrac{f}{\sum f} - (\bar{x})^2} = \sqrt{532\,740 - 719.4^2} = 123.3(元)$ 3分

(7) 据题意可知,所求置信区间为 $\left[\bar{x} - z_{\frac{\alpha}{2}} \dfrac{s}{\sqrt{n}}, \bar{x} + z_{\frac{\alpha}{2}} \dfrac{s}{\sqrt{n}}\right]$ 1分

其中,$\bar{x} = 719.4, z_{\frac{\alpha}{2}} = z_{0.025} = 1.96, n = 2\,000, s = 123.3$ 1分

所以,所求区间下限为 $\bar{x} - z_{\frac{\alpha}{2}} \dfrac{s}{\sqrt{n}} = 719.4 - 1.96 \times \dfrac{123.3}{\sqrt{2\,000}} = 714.0(元)$ 1分

所求区间上限为 $\bar{x} + z_{\frac{\alpha}{2}} \dfrac{s}{\sqrt{n}} = 719.4 + 1.96 \times \dfrac{123.3}{\sqrt{2\,000}} = 724.8(元)$ 1分

即有95%的把握可以认为2019年"双11"期间甲地网购消费者平均网购支出在714.0元至724.8元之间。   1分

(8) 据题意,本题要检验:$H_0: \pi \leq \pi_0 = 25\%; H_1: \pi > \pi_0 = 25\%$;   1分

为此,选取统计量 $Z = \dfrac{p - \pi_0}{\sqrt{\dfrac{\pi_0(1-\pi_0)}{n}}} \overset{H_0 \text{为真}}{\sim} N(0,1)$ 1分

因此,在显著性水平为0.01时,拒绝域为 $(2.33, +\infty)$ 1分

又因为在该给定样本下,$p = 29.2\%, n = 2\,000$ 1分

所以统计量的值 $z_0 = \dfrac{29.2\% - 25\%}{\sqrt{\dfrac{25\% \times (1-25\%)}{2\,000}}} = 4.34$ 1分

显然,该统计量的值落入上述拒绝域,故应拒绝原假设,即在显著性水平为0.01时,可以认为2019年"双11"期间甲地网购消费者网购支出高于800元的人数占比会超过25%。   1分

2. 解:(1) 以2019年10月为基期,

三种水果销售价格总指数 $= \dfrac{\sum p_1 q_1}{\sum p_0 q_1} \times 100\%$ 1分

$\qquad = \dfrac{120\,124}{112\,615} \times 100\% = 106.67\%$ 2分

由此可见,2019年11月表中三种水果的销售价格环比平均上涨了6.67%,并使得其销售总额环比增加了7 509元。   1分

(2) 以2018年11月为基期,

三种水果销售量总指数 $= \dfrac{\sum p_0 q_1}{\sum p_0 q_0} \times 100\%$

$$= \frac{108\ 476}{103\ 722} \times 100\% = 104.58\%$$ 3分

由此可见,2019年11月表中三种水果的销售量同比平均增长了4.58%,并使得其销售总额同比增加了 4 754 元。 1分

   3. 解:(1) 期末成绩 2分

     (2) ①9.821 9   ②320.902 或 319.802   ③96.47   ④17.883 或 17.914 4分

     (3) 0.502 5;该课程期中成绩每提高1分,其期末成绩平均可以提高 0.502 5分 1分

     (4) $\hat{y} = 39.330\ 8 + 0.502\ 5x$ 2分(注:少尖号扣1分!!!)

     (5) 有,因为显著性水平 0.001 远远大于 p 值 9.33×10^{-56} 2分

六、案例分析题(每题2分,共10分)

   ABCAB

参考答案——试题三

一、填空题(每空2分,共10分)

   1. 6   2. 基期价(总)值指标 p_0q_0 3. 7   4. 标准差系数或 $\frac{s}{\bar{x}} \times 100\%$ 5. 336

二、单项选择题(每题2分,共10分)

   BBCCB

三、判断题(每题2分,共10分)

   √×√×√

四、简答题(每题5分,共10分)

   1. 制作一张规范的统计表应满足的要求:

   (1) 统计表都应有标题;(2) 应采用开口式;(3) 上下两条线略粗于其他线条;(4) 表中不同组数据间通常不需要用横线隔开;(5) 表中同类数据应保留相同的小数位数;(6) 表中数据通常应居中且右对齐;(7) 表中不能出现空格;(8) 表中数据的计量单位应置于适当的位置,特别是当表中数据计量单位完全相同时,应将其置于表的右上角;(9) 表中无需填写或不存在数值的地方应用"—"标出;(10) 必要时应注明数据来源等。

   (注:写出5条及以上,给5分;5条以下,少1条扣1分!)

   2. 样本容量大小影响因素:

   (1) 允许误差:在其他条件相同时,允许误差越小,所需样本容量越大。

   (2) 总体变异程度:在其他条件相同时,总体变异程度越大,所需样本容量越大。

   (3) 抽样方法:在其他条件相同时,重复抽样所需样本容量大于不重复抽样。

   (4) 抽样组织方式:在其他条件相同时,如分层随机抽样所需样本容量常小于整群抽样等。

   (5) 置信水平:在其他条件相同时,置信水平越高,所需样本容量越大。(少1条扣1分!)

五、综合分析题(本题有3小题,第1题30分、第2题8分、第3题12分,共50分)

   1. (本题30分)解:(1) 3(①"%"不能置于数值后面;②第2列数据个位数未对齐;

③第3列百分号前数值个位数未对齐) 2分
 (2) "1.0~1.5" 2分
 (3) 132,— 4分
 (4) 直方图 2分
 (5) 样本众数 $= L + \dfrac{f_m - f_{m-1}}{(f_m - f_{m-1}) + (f_m - f_{m+1})} \cdot I$ 1分

$$= 0.5 + \dfrac{75-27}{(75-27)+(75-15)} \times 0.5 = 0.722(亿元)$$ 2分

样本均值 $\bar{x} = \dfrac{\sum xf}{\sum f} = \dfrac{123.3}{150} = 0.822(亿元)$ 3分

样本标准差 $s = \sqrt{\dfrac{\sum x^2 f}{\sum f} - (\bar{x})^2} = \sqrt{\dfrac{137.67}{150} - 0.822^2} = 0.492(亿元)$ 3分

 (6) 据题意可知,所求置信区间为 $\left[\left(\bar{x} - z_{\frac{\alpha}{2}} \dfrac{s}{\sqrt{n}}\right)N, \left(\bar{x} + z_{\frac{\alpha}{2}} \dfrac{s}{\sqrt{n}}\right)N\right]$ 1分

其中,$\bar{x} = 0.822, z_{\frac{\alpha}{2}} = z_{0.005} = 2.58, n = 150, N = 2\,846$ 1分

故所求区间下限为 $\left(0.822 - 2.58 \times \sqrt{\dfrac{0.492^2}{150}\left(1 - \dfrac{150}{2\,846}\right)}\right) \times 2\,846 = 2\,052.323(亿元)$

所求区间上限为 $\left(0.822 + 2.58 \times \sqrt{\dfrac{0.492^2}{150}\left(1 - \dfrac{150}{2\,846}\right)}\right) \times 2\,846 = 2\,626.501(亿元)$

即有99%的把握可以认为2020年一季度我国抗疫财政专项资金总支出介于 $2\,052.323$ 亿元至 $2\,626.501$ 亿元之间。 3分

 (7) 据题意,本题要检验:$H_0 : \pi \leq \pi_0 = 20\%$;$H_1 : \pi > \pi_0 = 20\%$; 1分

为此,选取统计量 $Z = \dfrac{p - \pi_0}{\sqrt{\dfrac{\pi_0(1-\pi_0)}{n} \cdot \dfrac{N-n}{N-1}}} \stackrel{H_0 为真}{\sim} N(0,1)$ 1分

且在显著性水平为0.05时,拒绝域为 $(1.64, +\infty)$ 1分

又因为在给定样本下,$p = 22\%, n = 150, N = 2\,846$ 1分

所以统计量的值 $z_0 = \dfrac{22\% - 20\%}{\sqrt{\dfrac{20\%(1-20\%)}{150} \times \dfrac{2\,846-150}{2\,846-1}}} = 0.629$ 1分

显然,该统计量的值没有落入上述拒绝域,故不应拒绝原假设,即在显著性水平为0.05时,可以认为2020年一季度我国抗疫财政专项资金支出超过1亿元的县(市辖区、县级市、自治县)数所占比重不会超过20%。 1分

2. (本题8分) 解:(1) 以2021年3月为基期

四种商品销售价格总指数 $= \dfrac{\sum p_1 q_1}{\sum p_0 q_1} \times 100\%$ 1分

$$= \dfrac{381\,290}{410\,000} \times 100\% = 93.00\%$$ 2分

由此可见,2021年4月表中四种商品销售价格环比平均下跌了7.00%,并使得其销售总额环比减少了28\,710元。 1分

(2) 以 2020 年 3 月为基期

四种商品销售量总指数 $= \dfrac{\sum p_0 q_1}{\sum p_0 q_0} \times 100\%$ 1 分

$\qquad = \dfrac{494\ 720}{393\ 130} \times 100\% = 125.84\%$ 2 分

由此可见,2021 年 3 月表中四种商品销售量同比平均增长了 25.84%,并使得其销售总额同比增加了 101 590 元。   1 分

(注:采用平均指数公式进行计算,公式、结果正确,给满分!)

3. (本题 12 分) 解: (1) 求回归方程 $\hat{y} = \hat{\beta}_0 + \hat{\beta}_1 x$

其中,$\hat{\beta}_1 = \dfrac{n\sum xy - (\sum x)(\sum y)}{n\sum x^2 - (\sum x)^2}$

$\qquad = \dfrac{31 \times 142\ 147.39 - 1\ 886.45 \times 2\ 322.09}{31 \times 118\ 818.44 - 1\ 886.45^2}$

$\qquad = \dfrac{26\ 062.409\ 5}{124\ 678.037\ 5} = 0.209\ 0$ 2 分

$\hat{\beta}_0 = \dfrac{1}{n}\sum y - \hat{\beta}_1 \dfrac{1}{n}\sum x$

$\qquad = \dfrac{1}{31} \times 2\ 322.09 - 0.209\ 0 \times \dfrac{1\ 886.45}{31} = 62.187\ 8$ 1 分

故所求线性回归方程为 $\hat{y} = 62.187\ 8 + 0.209\ 0x$ 1 分

(2) 可决系数 $R^2 = \dfrac{SSR}{SST}$

其中,$SSR = (\hat{\beta}_1)^2 \left(\sum x^2 - \dfrac{1}{n}(\sum x)^2\right)$

$\qquad = 0.209\ 0^2 \times \left(118\ 818.44 - \dfrac{1\ 886.45^2}{31}\right)$

$\qquad = 0.209\ 0^2 \times 4\ 021.872\ 2 = 175.679\ 4$ 1 分

$SST = \sum y^2 - \dfrac{1}{n}(\sum y)^2$

$\qquad = 174\ 165.25 - \dfrac{2\ 322.09^2}{31} = 226.476\ 8$ 1 分

故可决系数 $R^2 = \dfrac{175.679\ 4}{226.476\ 8} = 0.775\ 7$,它表明 2020 年我国 31 个省(直辖市、自治区)城镇化率对其人均寿命变动的解释程度可达 77.57%。   1 分

(3) 本题要检验 $H_0: \beta_1 = 0; H_1: \beta_1 \neq 0$ 1 分

选取统计量 $t = \dfrac{\hat{\beta}_1}{\dfrac{S_y}{\sqrt{L_{xx}}}} \overset{H_0 \text{为真}}{\sim} t(n-2)$ 1 分

因此,在显著性水平 $\alpha = 0.05$ 时,可得 $t_{\frac{\alpha}{2}}(n-2) = t_{0.025}(31-2) = 2.364$,即拒绝域为 $(2.364, +\infty)$。   1 分

又因为 $\hat{\beta}_1 = 0.209\ 0, L_{xx} = \sum x^2 - \dfrac{1}{n}(\sum x)^2 = 4\ 021.872\ 2$

$$S_y = \sqrt{\frac{SSE}{n-2}} = \sqrt{\frac{SST-SSR}{n-2}} = \sqrt{\frac{226.476\,8 - 175.679\,4}{31-2}} = 1.323\,5$$

因此，统计量的值 $t_0 = \dfrac{0.209\,0}{\dfrac{1.323\,5}{\sqrt{4\,021.872\,2}}} = 10.014\,67$ 1 分

或选取统计量 $F = \dfrac{MSR}{MSE} \overset{H_0 \text{为真}}{\sim} F(1, n-2)$

因此，在 $n = 31$，显著性水平为 0.05 时，可得拒绝域 $(4.183, +\infty)$。

又 $MSR = \dfrac{SSR}{1} = SSR = 175.679\,4$

$MSE = \dfrac{SSE}{n-2} = \dfrac{50.797\,4}{31-2} = 1.751\,6$

故统计量的值 $F_0 = \dfrac{175.679\,4}{1.751\,6} = 100.294\,6$

由此可见，统计量的值落入拒绝域，这表明应拒绝原假设，即在显著性水平为 0.05 时可以认为我国 31 个省（直辖市、自治区）城镇化率与其人均寿命之间具有线性相关关系。   1 分

六、案例题（每题 2 分，共 10 分）

CBBCB

附录三：综合案例及参考答案

综合案例（一）

为了解 2021 年我国手机专卖店经营情况，某研究人员采用简单随机重复抽样组织方式，从我国东、中、西和东北地区分别抽取 45 家手机专卖店、40 家、55 家和 35 家进行调查。

其中，东部地区 45 家手机专卖店手机销售和服务业务收入（单位：万元）分别为：92、121、118、83、88、109、78、142、110、114、86、74、70、100、132、120、101、94、92、108、82、122、133、98、76、86、90、84、108、112、81、88、128、80、138、64、77、76、102、80、96、87、120、122、89；

中部地区 40 家分别为：64、102、116、108、87、84、63、102、66、68、112、84、86、98、108、104、78、77、72、81、87、90、102、108、87、82、81、88、91、92、59、56、66、78、108、114、108、90、92、92；

西部地区 55 家为：110、86、78、80、112、56、67、66、112、48、88、90、76、74、92、100、82、48、54、65、76、84、88、90、66、87、74、90、78、104、108、97、55、63、86、93、105、50、52、47、91、102、58、68、114、66、69、72、73、80、82、94、85、48、60；

东北地区 35 家为：76、78、74、90、86、88、90、54、58、62、88、74、76、90、92、85、104、112、84、55、58、52、48、50、60、78、73、87、83、94、96、46、45、78、67。

要求：

(1) 按这 175 家手机专卖店 2021 年手机销售和服务业务收入，对其进行适当分组并以统计表展示分组结果；

(2) 用适当的图形展示(1)的分组结果及各组专卖店数所占的比重；

(3) 利用(1)分组的结果，测定这 175 家手机专卖店 2021 年手机销售和服务业务收入的一般水平、离散程度和分布形态，并对其作简要说明；

(4) 在置信水平为 0.95 时，分别求出 2021 年我国东、中、西和东北地区手机专卖店手机销售和服务业务平均收入的置信区间，以及 2021 年我国手机专卖店手机销售和服务业务平均收入的置信区间；

(5) 在显著性水平为 0.05 下，能否认为 2021 年我国手机专卖店手机销售和服务业务平均收入会超过 80 万元？

(6) 在显著性水平为 0.05 下，能否认为 2021 年我国手机销售和服务业务收入低于 80 万元的手机专卖店数占全部专卖店数的比重会超过 30%？

(7) 在显著性水平为 0.01 下，能否认为 2021 年我国东、中、西和东北地区手机专卖店手机销售和服务业务平均收入有显著差异？

综合案例(二)

附表 3-1 1999—2020 年某省地区生产总值、能源消耗、人口等数据

年份	地区生产总值（亿元）	一次能源消耗（万吨标准煤）	年末常住人口数（万人）	年末就业人口数（万人）	年份	地区生产总值（亿元）	一次能源消耗（万吨标准煤）	年末常住人口数（万人）	年末就业人口数（万人）
1999	8 464	6 847	7 270	3 796	2010	45 945	21 942	10 441	6 051
2000	10 810	7 983	7 707	3 989	2011	53 073	23 318	10 505	6 087
2001	12 127	8 170	7 783	4 059	2012	57 008	23 787	10 594	6 171
2002	13 602	9 036	7 859	4 143	2013	62 503	24 931	10 644	6 273
2003	15 980	10 462	7 954	4 396	2014	68 173	25 636	10 724	6 428
2004	18 658	12 013	9 113	4 682	2015	74 732	27 000	10 849	6 566
2005	21 963	13 087	9 194	5 023	2016	82 163	28 179	10 999	6 703
2006	25 961	15 281	9 304	5 177	2017	91 649	29 254	11 169	6 858
2007	31 743	17 344	9 449	5 342	2018	99 945	30 155	12 348	6 960
2008	36 704	17 679	9 544	5 472	2019	107 987	31 123	12 489	6 995
2009	39 465	19 236	9 638	5 689	2020	110 761	32 818	12 624	7 039

注：地区生产总值按当年价计算。

要求：

1. 分别计算分析"十五"时期至"十三五"时期和 2001—2020 年该省地区生产总值变动情况；

2. 分别计算分析"十五"时期至"十三五"时期和 2001—2020 年该省一次能源消费变动情况；

3. 分别计算分析"十五"时期至"十三五"时期和 2001—2020 年该省万元地区生产总值能源消耗变动情况；

4. 分别计算分析"十五"时期至"十三五"时期和 2001—2020 年该省全员劳动生产率变动情况；

5. 分别计算分析"十五"时期至"十三五"时期和 2001—2020 年该省人均地区生产总值变动情况；

6. 建立一元线性回归预测模型，在置信水平为 0.05 下，预测"十四五"时期该省地区生产总值。

参考答案——综合案例(一)

解:(1)分组结果见附表 3-2。

附表 3-2 2021 年我国 175 家手机专卖店手机销售与服务业务收入及有关计算

按收入分组(万元)	专卖店数(家) f	占比(%) $\dfrac{f}{\sum f}$	组中值 x	xf	$x^2 f$	$(x-\bar{x})^3 f$	$(x-\bar{x})^4 f$	店数占比向上累计(%)
50 以下	7	4.0	45	315	14 175	−471 447	19 181 299	4.0
50~60	14	8.0	55	770	42 350	−404 528	12 413 355	12.0
60~70	18	10.3	65	1 170	76 050	−159 332	3 295 935	22.3
70~80	26	14.9	75	1 950	146 250	−31 726	339 027	37.2
80~90	41	23.4	85	3 485	296 225	−13	9	60.6
90~100	27	15.4	95	2 565	243 675	21 816	203 193	76.0
100~110	21	12.0	105	2 205	231 525	151 299	2 922 188	88.0
110~120	12	6.9	115	1 380	158 700	302 278	8 860 976	94.9
120~130	6	3.4	125	750	93 750	364 580	14 333 102	98.3
130 以上	3	1.7	135	405	54 675	359 776	17 741 984	100.0
合计	175	100.0	—	14 995	1 357 375	132 703	79 291 068	—

(2)根据附表 3-2 中数据特征,采用直方图与折线图展示比较合适。

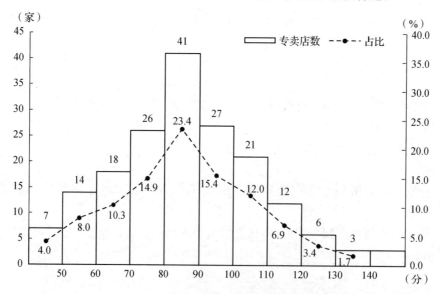

附图 3-1 2021 年我国 175 家手机专卖店手机销售与服务业务收入分布图

(3)由附图 3-1 可见,数据分布相对较为集中,没有太大值也没有太小值,因此可以选用算术平均数、标准差反映这 175 家专卖店手机销售与服务业务收入的一般水平和离散程度。

根据附表 3-2 中数据,可得

收入的算术平均数 $\bar{x} = \dfrac{\sum xf}{\sum f} = \dfrac{14\,995}{175} = 85.686(万元)$

收入的标准差 $s = \sqrt{\dfrac{\sum x^2 f}{\sum f} - (\bar{x})^2} = \sqrt{\dfrac{1\,357\,375}{175} - 85.686^2} = 20.355(万元)$

可见，2021年这175家手机专卖店手机销售和服务业务平均收入为85.686万元，其手机销售和服务业务收入与平均收入85.686万元平均相差20.355万元。

另外，偏态系数 $SK = \dfrac{\dfrac{\sum(x-\bar{x})^3 f}{\sum f}}{s^3} = \dfrac{\dfrac{132\,703}{175}}{20.355^3} = 0.089\,9$

峰度系数 $K = \dfrac{\dfrac{\sum(x-\bar{x})^4 f}{\sum f}}{s^4} - 3 = \dfrac{\dfrac{79\,291\,068}{175}}{20.355^4} - 3 = -0.360\,6$

可见，2021年这175家手机专卖店手机销售和服务业务收入分布与标准正态分布相比，略呈右偏、平顶分布。

(4) 由东部地区45家手机专卖店2021年手机销售和服务收入，可得其

算术平均数 $\bar{x}_1 = \dfrac{1}{n_1}\sum\limits_{i=1}^{n_1} x_i = \dfrac{1}{45} \times 4\,392 = 97.60(万元)$

标准差 $s_1 = \sqrt{\dfrac{1}{n_1-1}\sum\limits_{i=1}^{n_1}(x_i - \bar{x}_1)^2} = \sqrt{\dfrac{15\,956.8}{45-1}} = 19.04(万元)$

又在置信水平 $1-\alpha = 0.95$ 时，$z_{\frac{\alpha}{2}} = z_{0.025} = 1.96$

因此，根据题意可得其95%的置信区间：

下限为 $97.60 - 1.96 \times \dfrac{19.04}{\sqrt{45}} = 92.04(万元)$

上限为 $97.60 + 1.96 \times \dfrac{19.04}{\sqrt{45}} = 103.16(万元)$

即有95%把握可以认为，2021年我国东部地区手机专卖店手机销售和服务业务平均收入介于92.04万元至103.16万元之间。

同理，有95%的把握可以认为，2021年我国中部、西部和东北地区手机专卖店手机销售和服务业务的平均收入，分别介于83.26万元至93.30万元、73.96万元至83.82万元和69.39万元至80.95万元之间。

注：本题也可以按不分组数据直接计算，其结果与按分组数据计算略有不同。

另外，由题意可知，由175家手机专卖店构成的样本是按分层随机抽样组织方式抽选出来的，因此，由东、中、西和东北地区的样本均值和样本方差，可得总样本均值和样本标准差，即由 $\bar{x}_1 = 97.60$、$\bar{x}_2 = 88.28$、$\bar{x}_3 = 78.89$、$\bar{x}_4 = 75.17$，以及 $n_1 = 45$、$n_2 = 40$、$n_3 = 55$、$n_4 = 35$，可得总样本均值

$$\bar{x} = \dfrac{n_1\bar{x}_1 + n_2\bar{x}_2 + n_3\bar{x}_3 + n_4\bar{x}_4}{n_1 + n_2 + n_3 + n_4} = 85.10(万元)$$

由 $s_1 = 19.04$、$s_2 = 16.19$、$s_3 = 18.65$、$s_4 = 17.45$，可得总样本方差

$$s^2 = \frac{(n_1-1)s_1^2 + (n_2-1)s_2^2 + (n_3-1)s_3^2 + (n_4-1)s_4^2}{n_1+n_2+n_3+n_4}$$

$$= \frac{(45-1)\times 19.04^2 + (40-1)\times 16.19^2 + (55-1)\times 18.65^2 + (35-1)\times 17.45^2}{45+40+55+35}$$

$$= 316.05$$

因此，根据题意可得，2021年我国手机专卖店手机销售和服务业务平均收入95%的置信区间：

下限为 $85.10 - 1.96 \times \dfrac{\sqrt{316.05}}{\sqrt{175}} = 82.47$（万元）

上限为 $85.10 + 1.96 \times \dfrac{\sqrt{316.05}}{\sqrt{175}} = 87.73$（万元）

即有95%把握可以认为，2021年我国手机专卖店手机销售和服务业务平均收入介于82.47万元至87.73万元之间。

注：本题也可以按不分组数据直接计算，其结果与按分组数据计算略有不同。

(5) 据题意，本题要检验 $H_0: \mu \leqslant \mu_0 = 80; H_1: \mu > \mu_0 = 80$

选取统计量 $Z = \dfrac{\overline{X} - \mu_0}{\dfrac{S}{\sqrt{n}}} \overset{H_0 \text{为真,近似}}{\sim} N(0,1)$

因此，在显著性水平 $\alpha = 0.05$ 时，可得拒绝域为 $(1.64, +\infty)$

由(4)知，$\bar{x} = 85.10, s = \sqrt{316.05}, n = 175$

所以统计量的值 $z_0 = \dfrac{85.10 - 80}{\sqrt{\dfrac{316.05}{175}}} = 3.79$

可见，检验统计量的值落入拒绝域，应拒绝原假设，即在显著性水平为0.05时可以认为，2021年我国手机专卖店手机销售和服务业务的平均收入会超过80万元。

(6) 据题意可知，本题要检验 $H_0: \pi \leqslant \pi_0 = 0.30; H_1: \pi > \pi_0 = 0.30$

选取统计量 $Z = \dfrac{p - \pi_0}{\sqrt{\dfrac{\pi_0(1-\pi_0)}{n}}} \overset{H_0 \text{为真,近似}}{\sim} N(0,1)$

因此，在显著性水平 $\alpha = 0.05$ 时，可得拒绝域为 $(1.64, +\infty)$

由附表3-2可知，$p = 0.372, n = 175$

所以统计量的值 $z_0 = \dfrac{0.372 - 0.30}{\sqrt{\dfrac{0.30 \times (1-0.30)}{175}}} = 2.08$

可见，检验统计量的值落入拒绝域，应拒绝原假设，即在显著性水平为0.05时可以认为，2021年我国手机专卖店手机销售和服务业务收入低于80万元的手机专卖店数占全部专卖店数的比重会超过30%。

(7) 据题意可知，这是一个单因素方差分析问题。

设我国东、中、西和东北地区手机专卖店2021年手机销售和服务业务的平均收入分别为 μ_1、μ_2、μ_3、μ_4，则本题要检验

$H_0: \mu_1 = \mu_2 = \mu_3 = \mu_4 = \mu$

$H_1: \mu_1 、 \mu_2 、 \mu_3 、 \mu_4$ 不全相等

选取统计量 $F = \dfrac{MSA}{MSE} \overset{H_0 为真}{\sim} F(k-1, n-k)$

其中，$k=4, n=175$，故在显著性水平 $\alpha=0.01$ 时，可得临界值 $F_{0.01}(3,171)=3.90$。

又 $SSA = (97.60-85.10)^2 \times 45 + (88.28-85.10)^2 \times 40$
$\qquad + (78.89-85.10)^2 \times 55 + (75.17-85.10)^2 \times 35$
$\qquad = 13\,007.9$

$SSE = 19.04^2 \times (45-1) + 16.19^2 \times (40-1) + 18.65^2 \times (55-1) + 17.45^2 \times (35-1)$
$\qquad = 55\,309.0$

因此，检验统计量的值 $F_0 = \dfrac{\dfrac{13\,007.9}{4-1}}{\dfrac{55\,309.0}{175-4}} = 13.41$

可见检验统计量的值 13.41 大于临界值 3.90，应拒绝原假设，即在显著性水平为 0.01 时，可以认为，2021 年我国东、中、西和东北地区手机专卖店手机销售和服务业务的平均收入水平有高度显著差异。

参考答案——综合案例(二)

1. 解:分析该省2001—2020年及四个五年规划期间地区生产总值的变动,可从年平均水平、年均增量、增速和年均增速等方面进行。

(1) "十五"时期,即2001—2005年该省地区生产总值总量为

12 127+13 602+15 980+18 658+21 963=82 330(亿元)

因此,2001—2005年该省年平均地区生产总值为 $\dfrac{82\ 330}{5}$=16 466.0(亿元)

又2000年该省地区生产总值为10 810亿元,因此,2001—2005年该省地区生产总值年平均增加量 $\bar{\Delta}=\dfrac{21\ 963-10\ 810}{5}$=2 230.6(亿元),年平均增速 $\bar{v}=\sqrt[5]{\dfrac{21\ 963}{10\ 810}}-1$=0.152=15.2%。

即"十五"时期,该省地区生产总值总量达82 330亿元,年平均创造16 466.0亿元,年平均增加2 230.6亿元,年平均增长15.2%。

(2) 同理,"十一五"时期,该省地区生产总值总量达179 818亿元,年平均创造35 963.6亿元,年平均增加4 796.4亿元,年平均增长15.9%。

(3) 同理,"十二五"时期,该省地区生产总值总量达315 489亿元,年平均创造63 097.8亿元,年平均增加5 757.4亿元,年平均增长10.2%。

(4) 同理,"十三五"时期,该省地区生产总值总量达492 505亿元,年平均创造98 501.0亿元,年平均增加7 205.8亿元,年平均增长8.2%。

(5) 2001—2020年,该省地区生产总值总量达到

82 330+179 818+315 489+492 505=1 070 142(亿元),年平均创造53 507.1亿元,年平均增加 $\bar{\Delta}=\dfrac{110\ 761-10\ 810}{20}$=4 997.6(亿元)

年平均增长率 $\bar{v}=\sqrt[20]{\dfrac{110\ 761}{10\ 810}}-1$=0.123=12.3%

上述测算结果,可用表附表3-3更直观地展示。

附表3-3 2001—2020年及相应五年规划期该省地区生产总值变动情况

时期	地区生产总值(亿元)	年平均地区生产总值(亿元)	年平均增加(亿元)	年平均增长(%)
"十五"	82 330	16 466.0	2 230.6	15.2
"十一五"	179 818	35 963.6	4 796.4	15.9
"十二五"	315 489	63 097.8	5 757.4	10.2
"十三五"	492 505	98 501.0	7 205.8	8.2
2001—2020	1 070 142	53 507.1	4 997.6	12.3

由附表3-3可见,"十一五"时期,该省地区生产总值总量是"十五"时期的2.18倍,年平均增量比"十五"时期多2 565.8亿元,年均增速比"十五"时期快0.7个百分点。

"十二五"时期,该省地区生产总值总量是"十一五"时期的1.75倍,年平均增量比"十一五"时期多961.0亿元,年均增速比"十一五"时期慢5.7个百分点。

"十三五"时期,该省地区生产总值总量是"十二五"时期的1.56倍,年平均增量比

"十二五"时期多 1 448.4 亿元,年均增速比"十二五"时期慢 152.0 个百分点。

2. 解:由于"能源消耗"与"地区生产总值"一样,都是时期数,因此,可采用与"地区生产总值"相同的方法进行分析。

(1) 对于"十三五"时期该省一次能源消耗,首先,加总其一次能源消耗量,可得"十三五"时期该省一次能源消耗总量为:

$$28\ 179+29\ 254+30\ 155+31\ 123+32\ 818=151\ 529(万吨标准煤)$$

年平均消费量为 $\frac{1}{5} \times 151\ 529 = 30\ 305.8$(万吨标准煤)

年平均消费增量为 $\bar{\Delta} = \frac{1}{5} \times (32\ 818 - 27\ 000) = 1\ 163.6$(万吨标准煤)

年平均增速为 $\bar{v} = \sqrt[5]{\frac{32\ 818}{27\ 000}} - 1 = 0.039\ 8 = 3.98\%$

同理,可求得"十五"时期、"十一五"时期和"十二五"时期,以及 2001—2020 年该省一次能源消耗的变动情况(见附表 3-4)。

附表 3-4 2001—2020 年及相应五年规划期该省一次能源消耗变动情况

时期	一次能源消耗量（万吨标准煤）	年平均一次能源消耗量（万吨标准煤）	年平均增加（万吨标准煤）	年平均增长（%）
"十五"	52 768	10 553.6	1 020.8	10.4
"十一五"	91 482	18 296.4	1 771.0	10.9
"十二五"	124 672	24 934.4	1 011.6	4.2
"十三五"	151 529	30 305.8	1 163.6	4.0
2001—2020	420 451	21 022.6	1 241.8	7.3

由附表 3-4 可见,"十一五"时期,该省一次能源消耗总量是"十五"时期的 1.73 倍,年平均增量比"十五"时期多 750.2 万吨标准煤,年均增速比"十五"时期快 0.5 个百分点。

"十二五"时期,该省一次能源消耗总量是"十一五"时期的 1.36 倍,年平均增量比"十一五"时期少 759.4 万吨标准煤,年均增速比"十一五"时期下降 6.7 个百分点。

"十三五"时期,该省一次能源消耗总量是"十二五"时期的 1.22 倍,年平均增量比"十二五"时期多 152.0 万吨标准煤,年均增速比"十二五"时期下降 0.2 百分点。

3. 解:从万元地区生产总值能源消耗这个相对数,即反映该省地区生产总值与能源消耗的关系看,"十三五"时期该省万元地区生产总值年均能源消耗为 $\frac{151\ 529/5}{492\ 505/5} = 0.307\ 7$(吨标准煤);万元地区生产总值年能源消耗,从 2016 年的 0.343 0 吨标准煤降至 2020 年的 0.296 3 吨标准煤;万元地区生产总值年能源消耗提高 $\frac{32\ 818}{110\ 761} - \frac{27\ 000}{74\ 732} = 0.296\ 3 - 0.361\ 3 = -0.065$(吨标准煤),万元地区生产总值能源消耗年平均提高 $\frac{1}{5} \times (0.296\ 3 - 0.361\ 3) = -0.013$(吨标准煤)。

同理,2001—2020 年该省万元地区生产总值年平均能源消耗 $\frac{420\ 451/20}{1\ 070\ 142/20} = 0.392\ 9$(吨标准煤);万元地区生产总值能源消耗,从 2001 年的 0.673 7 吨标准煤降至 2020 年的 0.296 3 吨标准煤;万元地区生产总值年能源消耗提高 $0.296\ 3 - 0.738\ 5 = -0.442\ 2$(吨标准煤);万元地区生产总值能源消耗年平均提高 $\frac{1}{20} \times (0.296\ 3 - 0.738\ 5) = -0.022$(吨

标准煤)。

该省在其他五年规划期万元地区生产总值能源情况,见附表3-5。

附表3-5 2001—2020年及相应五年规划期该省万元地区生产总值能源消耗情况

单位:吨标准煤/万元

时期	年平均能源消耗	年能源消耗增量	年能源消耗年均增量
"十五"	0.640 9	−0.142 6	−0.028 5
"十一五"	0.508 7	−0.118 3	−0.023 7
"十二五"	0.395 2	−0.116 3	−0.023 3
"十三五"	0.307 7	−0.065 0	0.013 0
2001—2020	0.392 9	−0.442 2	−0.022 1

从附表3-5可见,2001—2020年该省万元地区生产总值年平均能源消耗,"十一五"时期比"十五"时期下降0.640 9−0.508 7=0.132 2(吨标准煤),"十二五"时期比"十一五"时期下降0.508 7−0.395 2=0.113 5(吨标准煤),"十三五"时期比"十二五"时期下降0.395 2−0.307 7=0.087 5(吨标准煤);万元地区生产总值年能源消耗增量,"十一五"时期比"十五"时期少0.024 3(吨标准煤),"十二五"时期比"十一五"时期少0.002 0吨标准煤,"十三五"时期比"十二五"时期多0.051 3吨标准煤;万元地区生产总值年能源消耗年均增量,"十一五"时期比"十五"时期下降0.004 8吨标准煤,"十二五"时期比"十一五"时期下降0.000 4吨标准煤;"十三五"时期比"十二五"时期提高0.010 3吨标准煤。

4. 解:全员劳动生产率是用来反映就业人口创造增加值效率高低的一个强度相对指标。因为附表3-1给出的该省年末就业人口数是时点数,因此,"十三五"时期该省年平均就业人口数为$\frac{1}{5}\times\left(\frac{6\,566}{2}+6\,703+6\,858+6\,960+6\,995+\frac{7\,039}{2}\right)=6\,863.7$(万人)

又"十三五"时期该省年平均地区生产总值为$\frac{1}{5}\times 492\,505=98\,501$(亿元)

故"十三五"时期该省年平均全员劳动生产率为

$$\frac{98\,501}{6\,863.7}=14.351\,01(亿元/万人)=143\,510.1\,元/人$$

同理,可求出"十五"时期、"十一五"时期、"十二五"时期以及2001—2020年,该省年平均就业人口分别为4 357.2万人、5 443.4万人、6 253.5万人和5 729.5万人,因此,"十五"时期至"十二五"时期以及2001—2020年,该省年平均全员劳动生产率分别为

"十五"时期:$\dfrac{\frac{82\,330}{5}}{4\,357.2}=3.779\,03$(亿元/万人)=37 790.3 元/人;

"十一五"时期:$\dfrac{\frac{179\,818}{5}}{5\,443.4}=6.606\,83$(亿元/万人)=66 068.3 元/人;

"十二五"时期:$\dfrac{\frac{315\,489}{5}}{6\,253.5}=10.090\,00$(亿元/万人)=100 900.0 元/人;

2001—2020年:$\dfrac{\frac{1\,070\,142}{20}}{5\,729.5}=9.338\,88$(亿元/万人)=93 388.8 元/人。

由此可见,2001—2020年该省年平均全员劳动生产率为93 388.8元/人,但是,"十

五"时期和"十一五"时期分别只有 37 790.3 元/人和 66 068.3 元/人,而"十二五"和"十三五"分别达到 100 900.0 元/人和 143 510.1 元/人,分别比 2001—2020 年该省年平均全员劳动生产率高出 7 511.2 元/人和 50 121.3 元/人。

5. 解:人均地区生产总值是用来反映常住人口拥有社会财富多少的一个强度相对指标。因为附表 3-1 给出的该省年末常住人口数,是时点数据,因此,"十三五"时期该省年平均常住人口为

$$\frac{1}{5} \times \left(\frac{10\ 849}{2} + 10\ 999 + 11\ 169 + 12\ 348 + 12\ 489 + \frac{12\ 624}{2}\right) = 11\ 748.3(万人)$$

又"十三五"时期该省年平均地区生产总值为 $\frac{1}{5} \times 492\ 505 = 98\ 501$(亿元)

故"十三五"时期该省年人均地区生产总值为

$$\frac{98\ 501}{11\ 748.3} = 8.384\ 28(亿元/万人) = 83\ 842.8\ 元/人$$

同理,可求出"十五"时期、"十一五"时期、"十二五"时期以及 2001—2020 年,该省年平均常住人口分别为 8 231.9 万人、9 550.5 万人、10 622.4 万人和 10 038.3 万人,因此,该省年人均地区生产总值分别为

"十五"时期:$\dfrac{\frac{82\ 330}{5}}{8\ 231.9} = 2.000\ 27(亿元/万人) = 20\ 002.7\ 元/人$;

"十一五"时期:$\dfrac{\frac{179\ 818}{5}}{9\ 550.5} = 3.765\ 62(亿元/万人) = 37\ 656.2\ 元/人$;

"十二五"时期:$\dfrac{\frac{315\ 489}{5}}{10\ 622.4} = 5.940\ 07(亿元/万人) = 59\ 400.7\ 元/人$;

2001—2020 年:$\dfrac{\frac{1\ 070\ 142}{20}}{10\ 038.3} = 5.330\ 29(亿元/万人) = 53\ 302.9\ 元/人$。

由此可见,2001—2020 年该省年平均人均地区生产总值为 53 302.9 元,但是"十五"和"十一五"时期,分别只有 20 002.7 元和 37 656.2 元,而"十二五"和"十三五"分别达到 59 400.7 元和 83 842.8 元,比 2001—2020 年该省年平均人均地区生产总值分别高出 6 097.8 元和 30 539.9 元。

附表 3-6 2001—2020 年某省全员劳动生产率与人均地区生产总值及其变动情况

时期	全员劳动生产率			人均地区生产总值		
	年平均(元)	年平均提高(元)	年增速(%)	年平均(元)	年平均提高(元)	年增速(%)
"十五"	37 790.3	3 498.0	10.26	20 002.7	1 911.7	10.70
"十一五"	66 068.3	6 601.9	11.58	37 656.2	4 354.0	13.78
"十二五"	100 900.0	7 350.9	8.00	59 400.7	4 703.7	8.65
"十三五"	143 510.1	8 564.3	6.53	83 842.8	3 785.4	4.95
2001—2020	93 388.8	6 503.8	9.08	53 302.9	3 688.7	9.47

6. 解:首先,建立预测模型。以该省地区生产总值为因变量(y),以一次能源消耗量

为自变量(x)构建一元回归模型。作 2001—2020 年该省一次能源消耗量与地区生产总值的散点图(见附图 3-2)。

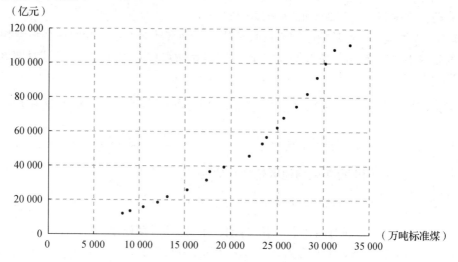

附图 3-2 2001—2020 年某省一次能源消耗与其地区生产总值散点图

由附图 3-2 可见,2001—2020 年该省一次能源消耗量与地区生产总值之间可能具有线性相关关系,为此选取一元线性回归模型 $y = \beta_0 + \beta_1 x + \varepsilon$,并以 2001—2020 年该省一次能源消耗量与地区生产总值为样本数据,可得:$n = 20$,$\sum x = 420\,451$,$\sum y = 1\,070\,142$,$\sum x^2 = 9\,993\,927\,361$,$\sum y^2 = 77\,389\,339\,942$,$\sum xy = 27\,187\,522\,164$。

采用最小二乘法可得模型参数 β_0、β_1 的点估计值,

$$\hat{\beta}_1 = \frac{n\sum xy - (\sum x)(\sum y)}{n\sum x^2 - (\sum x)^2}$$

$$= \frac{20 \times 27\,187\,522\,164 - 420\,451 \times 1\,070\,142}{20 \times 9\,993\,927\,361 - 420\,451^2} = 4.061\,0$$

$$\hat{\beta}_0 = \frac{1}{n}\sum y - \hat{\beta}_1 \frac{1}{n}\sum x$$

$$= \frac{1}{20} \times 1\,070\,142 - 4.061\,0 \times \frac{1}{20} \times 420\,451 = -31\,865.475\,6$$

从而得一元线性回归方程:$\hat{y} = -31\,865.475\,6 + 4.061\,0x$

其中,样本回归系数 4.061 0 表明,2001—2020 年该省一次能源消耗每增加 1 万吨标准煤,有可能使其地区生产总值平均增加 4.061 0 亿元。

为检验该省一次能源消耗量与地区生产总值是否具有线性相关关系,

需检验 $H_0:\beta_1 = 0$;$H_1:\beta_1 \neq 0$

选取统计量 $F = \dfrac{MSR}{MSE} \overset{H_0 \text{为真}}{\sim} F(1, n-2)$

因此,在显著性水平 $\alpha = 0.01$ 时,可得拒绝域 $(8.29, +\infty)$;

又 $SSR = (\hat{\beta}_1)^2 \sum(x - \bar{x})^2 = (\hat{\beta}_1)^2 \left[\sum x^2 - \dfrac{1}{n}(\sum x)^2\right]$

$= 4.061\,0^2 \times \left(9\,993\,927\,361 - \dfrac{1}{20} \times 420\,451^2\right)$

$$= 19\ 047\ 528\ 611$$

$$SSE = \sum y^2 - \frac{1}{n}\left(\sum y\right)^2 - SSR$$

$$= 77\ 389\ 339\ 942 - \frac{1}{20} \times 1\ 070\ 142^2 - 19\ 047\ 528\ 611$$

$$= 1\ 081\ 616\ 323$$

所以,统计量的值 $F_0 = \dfrac{\dfrac{SSR}{1}}{\dfrac{SSE}{n-2}} = \dfrac{19\ 047\ 528\ 611}{\dfrac{1\ 081\ 616\ 323}{20-2}} = 316.98$

显然,统计量的值落入拒绝域,应拒绝原假设,即在显著性水平为 0.01 时,可以认为该省地区生产总值与其一次能源消耗之间具有线性相关关系。

故在不考虑计量经济学等有关检验的情况下,可以利用一元线性回归方程 $\hat{y} = -31\ 865.475\ 6 + 4.061\ 0x$,在给定自变量 $x = x_0$(如 2021—2025 年该省一次能源消耗量)时,可以求得点预测值为 $\hat{y}_0 = -31\ 865.475\ 6 + 4.061\ 0x_0$,以及在置信水平为 $1-\alpha$ 时,求得预测区间为

$$\left[\hat{y}_0 - t_{\frac{\alpha}{2}}(n-2)S_y\sqrt{1+\frac{1}{n}+\frac{(x_0-\bar{x})^2}{L_{xx}}},\ \hat{y}_0 + t_{\frac{\alpha}{2}}(n-2)S_y\sqrt{1+\frac{1}{n}+\frac{(x_0-\bar{x})^2}{L_{xx}}}\right]$$

其中,当 $1-\alpha = 0.95$ 时,$t_{\frac{\alpha}{2}}(n-2) = t_{0.025}(18) = 2.100\ 9$

$$S_y = \sqrt{\frac{SSE}{n-2}} = \sqrt{\frac{1\ 081\ 616\ 323}{20-2}} = 7\ 751.760\ 8$$

$$L_{xx} = \sum x^2 - \frac{1}{n}\left(\sum x\right)^2 = 9\ 993\ 927\ 361 - \frac{1}{20} \times 420\ 451^2 = 1\ 154\ 975\ 191$$

$$\bar{x} = \frac{1}{n}\sum x = \frac{1}{20} \times 420\ 451 = 21\ 022.55$$

其次,采用趋势预测法,预测 2021—2025 年该省一次能源消耗量。

作 2001—2020 年该省一次能源消耗量关于时间的散点图(见附图 3-3)。由附图 3-3 可见,2001—2020 年该省一次能源消耗量随时间具有直线变动趋势,故建立以一次能源消耗量

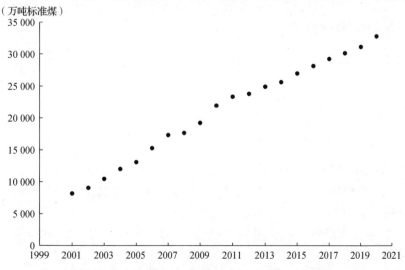

附图 3-3　2001—2020 年某省一次能源消耗散点图

与时间 t 的一元线性回归趋势模型 $x=a+bt+\mu$，并令 $t_1=$"2 001"$=1$、$t_2=$"2 002"$=2$、$\cdots$、$t_{20}=$"2 020"$=20$。

可得 $\sum t = 210$，$\sum x = 420\ 451$，$\sum t^2 = 2\ 870$，$\sum x^2 = 9\ 993\ 927\ 361$，$\sum tx = 5\ 286\ 803$。采用最小二乘法，可得，

$$\hat{b} = \frac{n\sum tx - (\sum t)(\sum x)}{n\sum t^2 - (\sum t)^2}$$

$$= \frac{20 \times 5\ 286\ 803 - 210 \times 420\ 451}{20 \times 2\ 870 - 210^2} = 1\ 311.379\ 7$$

$$\hat{a} = \frac{1}{n}\sum x - \hat{b}\frac{1}{n}\sum t$$

$$= \frac{1}{20} \times 420\ 451 - 1\ 311.379\ 7 \times \frac{1}{20} \times 210 = 7\ 253.063\ 2$$

故该省一次能源消耗量关于时间的一元回归方程为：

$\hat{x} = 7\ 253.063\ 2 + 1\ 311.379\ 7t$

令时间 t 分别为 21、22、23、24、25，可得 2021—2025 年该省一次能源消耗量趋势预测值分别为 $\hat{x}_{2021} = 7\ 253.063\ 2 + 1\ 311.379\ 7 \times 21 = 34\ 792.036\ 9$（万吨标准煤）

$\hat{x}_{2022} = 7\ 253.063\ 2 + 1\ 311.379\ 7 \times 22 = 36\ 103.416\ 6$（万吨标准煤）

$\hat{x}_{2023} = 7\ 253.063\ 2 + 1\ 311.379\ 7 \times 23 = 37\ 414.796\ 3$（万吨标准煤）

$\hat{x}_{2024} = 7\ 253.063\ 2 + 1\ 311.379\ 7 \times 24 = 38\ 726.176\ 0$（万吨标准煤）

$\hat{x}_{2025} = 7\ 253.063\ 2 + 1\ 311.379\ 7 \times 25 = 40\ 037.555\ 7$（万吨标准煤）

最后，将 2021—2025 年该省一次能源消耗量趋势预测值，分别代入地区生产总值点预测方程 $\hat{y}_0 = -31\ 865.475\ 6 + 4.061\ 0 x_0$ 和预测区间

$$\left[\hat{y}_0 - t_{\frac{\alpha}{2}}(n-2)S_y\sqrt{1+\frac{1}{n}+\frac{(x_0-\overline{x})^2}{L_{xx}}},\ \hat{y}_0 + t_{\frac{\alpha}{2}}(n-2)S_y\sqrt{1+\frac{1}{n}+\frac{(x_0-\overline{x})^2}{L_{xx}}}\right]$$

如对于 2021 年而言，有

$\hat{y}_0 = \hat{y}_{2021} = -31\ 865.475\ 6 + 4.061\ 0 \times 34\ 792.036\ 9 = 109\ 424.99$（亿元）

故，95% 的置信区间下限为

$109\ 424.99 - 2.100\ 9 \times 7\ 751.760\ 8 \times \sqrt{1 + \frac{1}{20} + \frac{(34\ 792.036\ 9 - 21\ 022.55)^2}{1\ 154\ 975\ 191}}$

$= 91\ 479.99$（亿元）

置信区间上限为

$109\ 424.99 + 2.100\ 9 \times 7\ 751.760\ 8 \times \sqrt{1 + \frac{1}{20} + \frac{(34\ 792.036\ 9 - 21\ 022.55)^2}{1\ 154\ 975\ 191}}$

$= 127\ 369.99$（亿元）

即有 95% 的把握可以预测 2021 年该省地区生产总值介于 91 479.99 亿元至 127 369.99 亿元之间。

同理，有 95% 的把握可以预测 2022 年该省地区生产总值介于 96 565.04 亿元至 132 935.96 亿元之间；

有 95% 的把握可以预测 2023 年该省地区生产总值介于 101 631.81 亿元至 138 520.21 亿元之间；

有95%的把握可以预测2024年该省地区生产总值介于106 681.05亿元至144 122.01亿元之间；

有95%的把握可以预测2025年该省地区生产总值介于111 713.53亿元至149 740.55亿元之间。

附表3-7 2021—2025年某省地区生产总值预测情况

年份	一次能源消耗点预测值（万吨标准煤）	地区生产总值（亿元）		
		点预测值	下限	上限
2021	34 792.036 9	109 424.99	91 479.99	127 369.99
2022	36 103.416 6	114 750.50	96 565.04	132 935.96
2023	37 414.796 3	120 076.01	101 631.81	138 520.21
2024	38 726.176 0	125 401.53	106 681.05	144 122.01
2025	40 037.555 7	130 727.04	111 713.53	149 740.55

注：(1) 一次能源消耗点预测值的预测估计标准误差为794.55万吨标准煤；(2) 地区生产总值预测估计标准误差为7 751.760 8亿元；(3) 预测置信水平为0.95；(4) 假定"十四五"时期该省整体经济发展状况与以前相比没有重大变化。

另外，本问题也可以考虑以该省年就业人口数为自变量（x）、地区生产总值为因变量（y）构建一元线性回归模型。

其中，2001—2020年该省年平均就业人口数见附表3-8。

附表3-8 2001—2020年某省年平均就业人口数　　　　　单位：万人

年份	人口数	年份	人口数	年份	人口数
2001	4 024.0	2008	5 407.0	2 015	6 497.0
2002	4 101.0	2009	5 580.5	2016	6 634.5
2003	4 269.5	2010	5 870.0	2017	6 780.5
2004	4 539.0	2011	6 069.0	2018	6 909.0
2005	4 852.5	2012	6 129.0	2019	6 977.5
2006	5 100.0	2013	6 222.0	2020	7 017.0
2007	5 259.5	2014	6 350.5	—	—

从而可得：$\sum x = 114\,589.0$，$\sum y = 1\,070\,142.0$，$\sum x^2 = 675\,195\,946.0$，$\sum y^2 = 77\,389\,339\,942.0$，$\sum xy = 6\,718\,422\,976.5$，$L_{xx} = 18\,663\,999.95$

采用最小二乘法可得，一元回归方程 $\hat{y} = -126\,719.625\,1 + 31.456\,2x$；

回归误差 $SSR = 18\,467\,888\,314.69$，剩余误差（残差）$SSE = 1\,661\,256\,619.11$；

可决系数 $R^2 = 0.917\,5$，估计标准误差 $S_y = 9\,606.874\,3$，

F 检验统计量的值 $F_0 = 200.102\,7$；

根据2001—2020年该省就业人口数与时间建立的一元线性回归趋势方程为：
$\hat{x}_t = 3\,990.784\,4 + 165.587\,2t, t = 1,2,3,\cdots,20,\cdots$

令 $t = 21,22,23,24,25$，可得2021—2025年该省就业人口数（见附表3-9）

附表 3-9　2021—2025 年某省地区生产总值预测情况

年份	就业人口点预测值（万人）	地区生产总值（亿元）		
		点预测值	下限	上限
2021	7 468.115 6	108 198.91	85 979.48	130 418.34
2022	7 633.702 8	113 407.66	90 893.91	135 921.41
2023	7 799.290 0	118 616.40	95 785.90	141 446.90
2024	7 964.877 2	123 825.15	100 656.40	146 993.90
2025	8 130.464 4	129 033.89	105 506.30	152 561.48

注：(1) 就业人口数的预测估计标准误差为 154.611 万人；(2) 地区生产总值预测估计标准误差为 9 606.874 3 亿元；(3) 预测的置信水平为 0.95；(4) 假定"十四五"时期该省整体经济发展状况与以前相似没有重大变化。

显然，本问题要预测 2021—2025 年该省地区生产总值，根据所给数据可构建以一次能源消耗量为自变量的一元线性回归预测方程，也可以建立以就业人口为自变量的一元线性回归预测方程。通过比较发现，采用一次能源消耗为自变量的预测方程进行预测，预测误差小于采用就业人口为自变量的预测结果，不仅体现在预测估计标准误差上，也表现在最后预测区间的长短上。

另外，本题也可以考虑构建以一次能源消耗和就业人口为自变量的二元线性回归模型进行预测，感兴趣的读者不妨试试，再与前面的结果进行比较。

附录四：教材习题参考答案

第1章 导 论

三、实务题

1. (1) 该市居民家庭饲养的所有宠物犬构成总体，其中每一条宠物犬都是一个总体单位；该总体是一个有限总体；共同的属性：该市居民家庭饲养的；不同的属性：犬的性别、毛色、品种等。

(2) 该市所有3周岁以下的婴幼儿构成总体，其中每一名3周岁以下的婴幼儿都是一个总体单位；该总体是一个有限总体；共同属性：该市年龄在3周岁以下的；不同属性：婴幼儿的性别、血型、肤色等。

(3) 某地所有农村居民构成总体，其中该地每一位农村居民都是一个总体单位；该总体是一个有限总体；共同属性：某地农村的；不同属性：居民的性别、受教育程度、最早持卡时间、所持信用卡的签发银行等。

(4) 2019年上半年某销售公司销售产品所有赊销原始凭证构成总体，其中该公司2019年上半年每一张赊销原始凭证都是一个总体单位；该总体是一个有限总体；共同属性：该公司2019年销售产品赊销的；不同属性：原始凭证记录的赊销时间、偿付时间、赊销地点、经办人、赊销合规与否、赊销合法与否等。

(5) 2019年下半年某高校所有学生构成总体，其中该公司该高校每一位学生都是一个总体单位；该总体是一个有限总体；共同属性：2019年下半年该高校的；不同属性：学生的年级，学生使用智能手机的品牌、颜色、套餐种类等。

(6) 某高校所有学生构成总体，其中该高校每一位学生都是一个总体单位；该总体是一个有限总体；共同属性：该高校的；不同属性：学生的性别、年级、专业、学习培训的层次、学习培训的类型等。

(7) 某公司的所有员工构成总体，其中该公司每一名员工都是一个总体单位；该总体是一个有限总体；共同属性：该公司的；不同属性：员工的姓名、受教育程度、性别、与公司劳动关系的类型等。

(8) 2019年下半年中国所有钢材企业构成总体，其中2019年下半年中国每一家钢材企业都是一个总体单位；该总体是一个有限总体；共同属性：2019年下半年中国的；不同属性：企业的规模、所有制形式、创建时间、所在地区等。

(9) 中国所有农村单位（如村）构成总体，其中中国每一个农村单位（村）都是一个总体单位；该总体是一个有限总体；共同属性：中国的；不同属性：农村单位所在地区、规模、村民性别比、村民平均受教育程度等。

(10) 2020年中国所有的村构成总体，其中2020年中国每一个村都是一个总体单位；该总体是一个有限总体；共同属性：2020年中国的；不同属性：村所在地区、村民性别比、村民平均受教育程度、是否有村民确诊新冠病毒肺炎等。

2. (1) 指标可以是：家庭饲养犬的种类数、总数、平均年龄、雌性犬所占比重、年平均饲养费支出。其中，家庭饲养犬的种类数、总数是总量指标；平均年龄、年平均饲养费支出是平均指标;雌性犬所占比重是相对指标。

变量可以是:犬的性别、品种、毛色、性情、年龄、体重、长度、高度、食量大小、出生时间等。其中,性别、品种、毛色、性情为分类变量;年龄、体重、长度、高度为数量变量;食量大小、出生时间为顺序变量。

可能的研究指标:家庭饲养犬总数、家庭饲养犬的平均年龄、家庭饲养犬的性别比等。

可能的研究变量:家庭饲养犬的性别、年龄、品种等。

(2) **指标可以是**:男婴总数、男婴占比、平均身长、平均体重、男女性别比等。其中,男婴总数是总量指标;男婴占比、男女性别比是相对指标;平均身长、平均体重是平均指标。

变量可以是:性别、出生日期、体重、身长、日睡眠时长、属相、年龄、健康与否、主要被喂养方式、肤色等。其中,性别、属相、健康与否、主要被喂养方式和肤色为分类变量;出生日期是顺序变量;体重、身长、日睡眠时长、年龄为数量变量。

可能的研究指标:平均体重、平均身长、性别比等。

可能的研究变量:性别、体重、身长、年龄等。

(3) **指标可以是**:人口数、年龄在60岁以上人口占比、拥有信用卡人口占比、信用卡使用总次数、信用卡人均拥有量。其中,人口数、信用卡使用总次数为总量指标;信用卡人均拥有量是平均指标;年龄在60岁以上人口占比、拥有信用卡人口占比为相对指标。

变量可以是:性别、年龄、受教育程度、年收入、民族、持有信用卡数、消费支出、信用卡消费支出、最早持卡时间、未按时还款次数等。其中,性别、民族为分类变量;持卡人的受教育程度、最早持卡时间是顺序变量;年龄、年收入、持有信用卡数、消费支出、信用卡消费支出、未按时还款次数为数量变量。

可能的研究指标:信用卡人均拥有量、信用卡消费支出占生活消费总支出的比重、拥有信用卡人口占比等。

可能的研究变量:性别、持有信用卡数、信用卡消费支出、生活消费支出等。

(4) **指标可以是**:凭证总数、应收账款总额、平均赊销额、折扣率、平均赊销期等。其中,凭证总数、应收账款总额为总量指标;平均赊销额、平均赊销期为平均指标;折扣率为相对指标。

变量可以是:赊销日期、赊销期、赊销额、折扣额、销售量、凭证编号、赊销价格、凭证书写方式(机打、手写)、凭证信息修改次数、购货方性质(个人、单位)。其中,赊销日期、凭证编号为顺序变量;凭证书写方式、购货方性质是分类变量;凭证的赊销期、赊销额、折扣额、销售量、赊销价格、凭证信息修改次数为数量变量。

可能的研究指标:应收账款总额、平均赊销期限、合规赊销率等。

可能的研究变量:赊销额、赊销期、折扣额、购货方性质等。

(5) **指标可以是**:学生总数、性别比、月平均消耗流量、平均消费支出、月消耗流量超过2 GB的人数占比等。其中,学生总数是总量指标;月消耗流量、平均消费支出为平均指标;性别比、月消耗流量超过2 GB的人数占比是相对指标。

变量可以是:性别、年龄、年级、专业、手机品牌、月消耗流量、收(发)微信条数、观看手机视频时长、阅读手机时长、查阅资料次数等。其中,性别、专业、手机品牌是分类变量;年级是顺序变量;年龄、月消耗流量、收(发)微信条数、观看手机视频时长、阅读手机时长、查阅资料次数是数量变量。

可能的研究指标：月平均消耗流量、平均阅读手机时长、平均查阅资料次数等。

可能的研究变量：月消耗流量、阅读手机时长、收（发）微信条数、性别、年级等。

（6）**指标可以是**：学生总数、性别比、平均学习费用支出、学费占学习费用的比重、平均参培次数等。其中，学生总数是总量指标；性别比、学费占学习费用的比重是相对指标；平均学习费用支出、平均参培次数是平均指标。

变量可以是：性别、民族、籍贯、年级、专业、学习费用支出、学费、参培次数、参培时长（小时）、对学校整体学习环境的满意程度等。其中，性别、民族、籍贯、专业是分类变量；年级、对学校整体学习环境的满意程度是顺序变量；学习费用支出、学费、参培次数、参培时长是数量变量。

可能的研究指标：平均学习费用支出、课外学习参培人数占比、学习费用占生活总费用的比重等。

可能的研究变量：性别、年级、参培次数、学习费用支出等。

（7）**指标可以是**：公司员工总数、男性员工占比、平均收入、加班收入占总收入的比重、平均劳动时长等。其中，公司员工总数是总量指标；男性员工占比、加班收入占总收入的比重是相对指标；平均收入、平均劳动时长是平均指标。

变量可以是：性别、年龄、受教育程度、民族、籍贯、政治面貌、收入、劳动时长、加班时长、加班收入等。其中，性别、民族、籍贯、政治面貌是分类变量；受教育程度是顺序变量；年龄、收入、劳动时长、加班时长、加班收入是数量变量。

可能的研究指标：月平均收入、男性员工的平均工资、生产一线员工的平均工资等。

可能的研究变量：性别、岗位、年龄、受教育程度、收入等。

（8）**指标可以是**：总产量、总收入、销售总量、员工总数、女性员工占比、平均工资、平均受教育年限等。其中，总产量、总收入、销售总量、员工总数是总量指标；女性员工占比是相对指标；平均工资、平均受教育年限是平均指标。

变量可以是：钢材产量、销售量、员工数、企业所有制形式、所在地区、成立时间、企业规模、负债额、资产额、占地面积等。其中，钢材产量、销售量、员工数、负债额、资产额、占地面积是数量变量；企业所有制形式、所在地区是分类变量；成立时间、企业规模是顺序变量。

可能的研究指标：钢材总产量、销售总收入、总资产等。

可能的研究变量：钢材产量、销售收入、资产额、企业所有制形式、企业规模等。

（9）**指标可以是**：可耕地总面积、人口总数、人口密度、人均住房面积、平均家庭住房面积、平均受教育程度等。其中，可耕地总面积、人口总数是总量指标；人口密度、人均住房面积是相对指标；平均家庭住房面积、平均受教育程度是平均指标。

变量可以是：村人口数、党员人数、土地面积、村资产额、村企业数、粮食产量、油料产量、土地等级、土地可机耕面积、硬化道路长度等。其中，村人口数、党员人数、土地面积、村资产额、村企业数、粮食产量、油料产量、土地可机耕面积、硬化道路长度是数量变量；土地等级是顺序变量。

可能的研究指标：人均硬化道路长度、人均可支配收入、人均住房面积、平均受教育程度等。

可能的研究变量：村人口数、粮食产量、外出务工人数、小学（初中、高中、大专及以上）毕业人数等。

(10) **指标可以是**：人口总数、人均可耕地面积、外出人口数占比、新冠病毒肺炎确诊人数、平均受教育程度等。其中，人口总数、新冠病毒肺炎确诊人数是总量指标；人均可耕地面积、外出人口数占比是相对指标；平均受教育程度是平均指标。

变量可以是：村人口数、党员数、可耕地面积、粮食产量、患高血压病人数、享受生活低保人数、村民对村自然环境治理的看法、新冠病毒肺炎防控措施种类、村民生活主要消耗能源类型、90岁以上老人数等。其中，村人口数、党员数、可耕地面积、粮食产量、患高血压病人数、享受生活低保人数、90岁以上老人数是数量变量；村民对村自然环境治理的看法是顺序变量；新冠病毒肺炎防控措施种类、村民生活主要消耗能源类型是分类变量。

可能的研究指标：新冠病毒肺炎确诊率、防控费用总支出、新冠疫苗接种率等。

可能的研究变量：村人口数、新冠病毒肺炎确诊人数、新冠肺炎防控费用、新冠疫苗接种人数等。

3. ①针对第1题中的问题(1)—(7)和(10)，应选用随机样本，并根据总体的特征和主要研究变量的特征，选用不同的随机抽样组织方式和抽样方法获取随机样本(可参看第2章有关内容)。

②对于第1题中的问题(8)，应采用非随机样本，并采用重点调查获取非随机样本(可参看第2章有关内容)。

③对于第1题中的问题(9)，应采用非随机样本，并采用典型调查获取非随机样本(可参看第2章有关内容)。

第 2 章 数据的搜集

三、实务题

关于(2)当代大学生学习动机调查的参考调查问卷,其余略去。

大学生学习动机调查

尊敬的同学,您好!

  为了解当代大学生学习动机现状,研究大学生学习动机差异产生的原因及其对我国高等教育教学的影响,"当代大学生学习动机研究课题组"组织了这次抽样调查,并得到×××相关部门的大力支持。您的参与对本课题的研究非常重要,需要您在下列每个问题中选出最适合自己的一个选项。

  感谢您的参与和支持!

1. 您的性别

  A. 男   B. 女

2. 您的年级

  A. 大一   B. 大二   C. 大三   D. 大四   E. 研究生

3. 最能促使您努力学习的动力(机)来自

  A. 为报答关心培养自己的人   B. 为顺利通过考试

  C. 为更好地服务社会(国家)   D. 为谋求一份好工作

  E. 为获取更多知识   F. 为获得荣誉(奖励)

  G. 其他

4. 您的家庭成员主要居住在

  A. 乡(村)镇   B. 城市

5. 您对学校安排的课程

  A. 从不旷课   B. 偶尔旷课   C. 经常旷课

6. 您的月生活消费支出在

  A. 1 000 元以下   B. 1 000～1 500 元

  C. 1 500～2 000 元   D. 2 000～3 000 元

  E. 3 000 元以上

7. 您对学校举办的各类学术讲座

  A. 从不参加   B. 偶尔参加   C. 经常参加   D. 只要有可能都要参加

8. 您认为大学期间最重要的应是

  A. 做好职业生涯规划   B. 培养交际能力   C. 掌握知识

  D. 掌握技能   E. 谈恋爱   F. 其他

9. 您就读的高校属于

  A. 理工类   B. 师范类   C. 财经类

  D. 医药类   E. 综合(性)类   F. 其他

占用了您宝贵的时间,再次表示感谢!

第3章 数据的整理与展示

三、实务题

1. (1) 茎叶图(表)。

附表 4-1　某高校某门公共基础课 130 名学生考试分数茎叶图(表)

树茎	树叶	叶片数(片)
2	3	1
3	1678889999	10
4	001123444555666788999	21
5	01222333333444455556677999	26
6	0000111233445566667777888999	28
7	01233444455566667888999	23
8	000001112234468899	18
9	033	3

注：茎叶图有时也被称作茎叶表。

(2)(3) 见下表。

附表 4-2　某高校某门公共基础课 130 名学生考试分数分布表

按分数分组(分)	人数(人)	比重(%)
40 以下	11	8.46
40～50	21	16.15
50～60	26	20.00
60～70	28	21.54
70～80	23	17.69
80～90	18	13.85
90 以上	3	2.31
合计	130	100.00

(4)

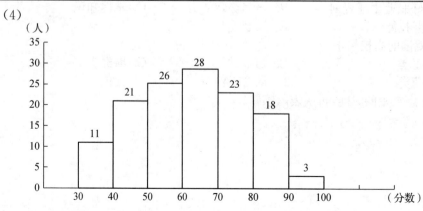

图 4-1　某高校某门公共基础课 130 名学生按考试分数分布

(5) 由茎叶图知,该高校 130 名学生参加某门公共基础课考试,从低分看,分别有 1 人 23 分,1 人 31 分,1 人 36 分,1 人 37 分,3 人 38 分和 4 人 39 分;从高分看,有 1 人 90 分和 2 人 93 分。

从(3)附表 4-2 和(4)附图 4-1 可知:有 58 人分数低于 60 分不及格,占 44.61%。其中,40 分以下有 11 人,占 8.46%;40~50 分有 21 人,占 16.15%;50~60 分有 26 人,占 20.00%。60~70 分有 28 人,占 21.54%;70~80 分有 23 人,占 17.69%;80~90 分有 18 人,占 13.85%;90 分以上有 3 人,占 2.31%。

2. 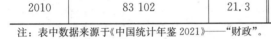附表 4-3　2001—2020 年我国一般公共预算收入及其增速

年份	一般公共预算收入(亿元)	增速(%)	年份	一般公共预算收入(亿元)	增速(%)
2001	16 386	22.3	2011	103 874	25.0
2002	18 904	15.5	2012	117 254	12.9
2003	21 715	14.9	2013	129 210	10.2
2004	26 396	21.6	2014	140 370	8.6
2005	31 649	19.9	2015	152 269	8.5
2006	38 760	22.5	2016	159 605	4.8
2007	51 322	32.4	2017	172 593	8.1
2008	61 330	19.5	2018	183 360	6.2
2009	68 518	11.7	2019	190 390	3.8
2010	83 102	21.3	2020	182 914	-3.9

注:表中数据来源于《中国统计年鉴 2021》——"财政"。

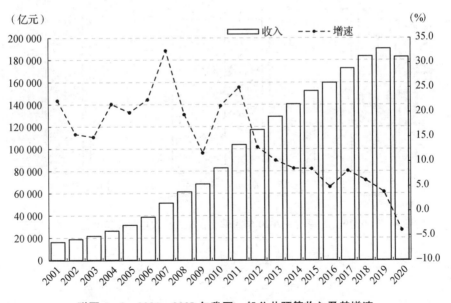

附图 4-2　2001—2020 年我国一般公共预算收入及其增速

附表 4-4　2015 年一季度—2020 年四季度我国工业发电量及其增速

时期	发电量（亿千瓦时）	环比增长（%）	同比增长（%）	时期	发电量（亿千瓦时）	环比增长（%）	同比增长（%）
2015 年一季度	13 103	−5.6	3.0	2018 年一季度	15 763	−0.7	8.1
二季度	13 988	6.8	4.0	二季度	16 182	2.7	7.8
三季度	14 899	6.5	2.1	三季度	18 417	13.8	6.5
四季度	14 194	−4.7	2.2	四季度	17 552	−4.7	10.6
2016 年一季度	13 551	−4.5	3.4	2019 年一季度	16 747	−4.6	6.2
二季度	14 044	3.6	0.4	二季度	16 926	1.1	4.6
三季度	16 137	14.9	8.3	三季度	19 294	14.0	4.8
四季度	15 379	−4.7	8.3	四季度	18 453	−4.4	5.1
2017 年一季度	14 587	−5.1	7.6	2020 年一季度	15 822	−14.3	−5.5
二季度	15 011	2.9	6.9	二季度	17 823	12.6	5.3
三季度	17 293	15.2	7.2	三季度	20 441	14.7	5.9
四季度	15 867	−8.2	3.2	四季度	20 084	−1.7	8.8

注：表中"发电量"来源于《中国统计》(2014 年第 2 期—2021 年第 1 期)——"全国主要经济统计指标"；"环比增长"与"同比增长"数据根据季度发电量数据计算。

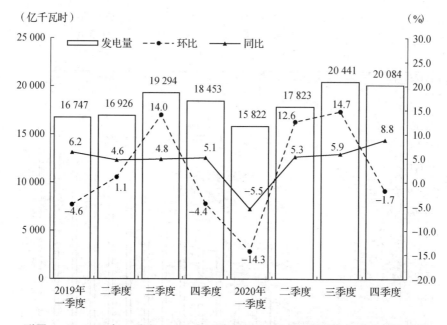

附图 4-3　2019 年一季度—2020 年四季度我国工业发电量及其环比和同比增速

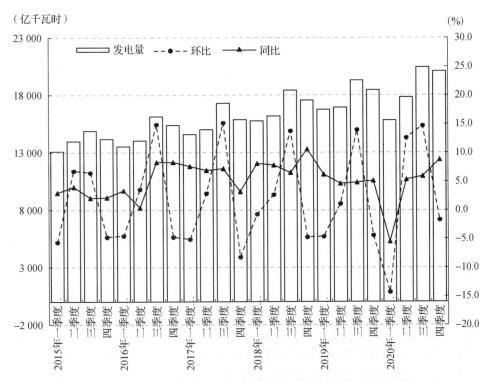

附图 4－4　2015 年一季度—2020 年四季度我国工业发电量及其环比和同比增速

附表 4－5　2020 年我国部分能源企业主要经营业绩及员工数

企业名称	营业收入（亿元）	利润总额（亿元）	员工人数（万人）	全员劳动生产率（万元/人）
大唐集团	1 927	138.7	9.56	*
华电集团	2 376	189.8	9.33	*
华能集团	3 142	224.0	12.46	90.3
电建集团	5 416	178.0	18.06	*
国家电投	2 767	207.0	8.55	*

注：(1) 数据来源：大唐集团公司—2020 年社会责任报告、华电集团公司—2020 年可持续发展报告、华能集团公司—2020 年可持续发展报告、电建集团公司—2020 年社会责任报告，以及国家电投集团公司网站—"社会责任"、员工人数见 http://sp.spic.com—关爱员工—"SPIC—社区"群，直接联系员工 50 338 人占集团公司总人数的 59% 测算；(2) 表中"*"表示暂未得到。

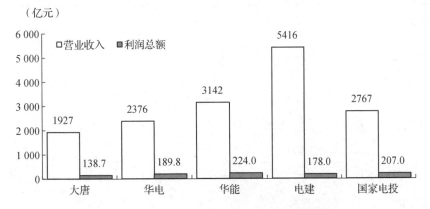

附图 4－5　2020 年我国部分能源企业主要经营业绩

第4章 数据特征值的测定

三、计算分析题

1.（1）操作：在 Excel 工作表中，将130名学生的考试分数在同一列录入；点击"数据"菜单并在弹出的对话框找到"数据分析"；然后，点击"数据分析"选项中的"描述统计"；最后，在"描述统计"弹出的对话框，按要求将数据放入"数据区域"，并指定"输出区域"后，选择"汇总统计"等，即可求得附表4-6中有关数据。

（2）表格展示：

附表4-6 某高校130名学生某课程考试分数部分描述性统计指标数值

指标名称	指标值（分）	指标名称	指标值（分）	指标名称	指标值
总分	8 066	平均数	62.0	方差	242.6
最高分	93	中位数	61.5	偏态系数	−0.04
最低分	23	众数	53.0	峰度系数	−0.86
全距	70	标准差	15.6	总人数（人）	130

（3）描述：由附表4-6可见，该高校共有130名学生参加某课程考试，从成绩的平均水平看，其卷面平均62.0分，中位数为61.5分，众数为53.0分；从成绩的差异程度看，最低23分，最高93分，因此成绩的全距为70分，标准差为15.6分；从成绩的分布形态看，这130名学生的考试成绩略呈左偏、平顶分布。

2. 根据附表4-2，可得表4-7如下：

附表4-7 某高校某门公共基础课130名学生按考试分数分组测算表

按分数（分）分组	组中值（分）x	人数（人）f	xf	$x^2 f$	$(x-\bar{x})^3 f$	$(x-\bar{x})^4 f$	人数向上累计（人）
40 以下	35	11	385	13 475	−228 765.6	6 291 054.7	11
40～50	45	21	945	42 525	−112 546.9	1 969 570.3	32
50～60	55	26	1 430	78 650	−10 968.8	822 65.6	58
60～70	65	28	1 820	118 330	437.5	1 093.8	86
70～80	75	23	1 725	129 375	44 921.9	561 523.4	109
80～90	85	18	1 530	130 050	205 031.3	4 613 203.1	127
90 以上	95	3	285	27 075	102 984.4	3 346 992.2	130
合计	—	130	8 120	539 450	1 093.8	16 865 703.1	—

由附表4-7可得，

平均分 $\bar{x} = \dfrac{\sum xf}{\sum f} = \dfrac{8\ 120}{130} = 62.5$（分）

中位数 $M_e = L + \dfrac{\dfrac{1+\sum f}{2} - s_{m-1}}{f_m} \times I$

$= L + \dfrac{\dfrac{1+130}{2} - 58}{28} \times 10 = 62.8$（分）

众数 $M_0 = L + \dfrac{f_m - f_{m-1}}{(f_m - f_{m-1}) + (f_m - f_{m+1})} \times I$

$$= 60 + \frac{28-26}{(28-26)+(28-23)} \times 10 = 62.9(\text{分})$$

标准差 $SD = \sqrt{\frac{\sum x^2 f}{\sum f} - (\bar{x})^2}$

$$= \sqrt{\frac{539\,450}{130} - 62.5^2} = 15.6(\text{分})$$

标准差系数 $V_\sigma = \frac{SD}{\bar{x}} \times 100\% = \frac{15.6}{62.5} \times 100\% = 24.96\%$

偏态系数 $SK = \dfrac{\dfrac{\sum(x-\bar{x})^3 f}{\sum f}}{SD^3} = \dfrac{\dfrac{1\,093.8}{130}}{15.6^3} = 0.002\,2$

峰度系数 $K = \dfrac{\dfrac{\sum(x-\bar{x})^4 f}{\sum f}}{SD^4} - 3 = \dfrac{\dfrac{16\,865\,703.1}{130}}{15.6^4} - 3 = -0.809\,4$

由此可见,按分组后的数据进行测算,反映这130名学生该门课程考试成绩一般水平的算术平均数为62.5分,中位数为62.8分,众数为62.9分;反映考试成绩差异程度的标准差为15.6分,标准差系数为24.96%;反映考试成绩分布形态的偏态系数为0.002 2,峰度系数为-0.809 4,即这130名学生考试成绩略呈右偏、平峰(顶)分布。

显然,与(1)根据原始数据计算的结果相比,上述各个指标数据均有所不同。这表明:根据同一组数据的不同分组结果,所测算的反映现象一般水平的指标值、分散程度指标值和分布形态指标值都可能有所不同,即分组的结果不同,现象的相应特征值也可能有所不同。

3. 解:(1) 以2011年为基期,各列计算结果见附表4-8。

附表4-8 2012—2020年我国粮食产量数据测算表

年份	产量(万吨)	增长量(万吨)		发展速度(%)		增长速度(%)		增长1%的绝对值(万吨)
		逐期	累计	定基	环比	定基	环比	
2012	58 958	1 837	1 837	103.22	103.22	3.22	3.22	571.21
2013	60 194	1 236	3 073	105.38	102.10	5.38	2.10	589.58
2014	60 703	509	3 582	106.27	100.85	6.27	0.85	601.94
2015	62 144	1 441	5 023	108.79	102.37	8.79	2.37	607.03
2016	66 043	3 899	8 922	115.62	106.27	15.62	6.27	621.44
2017	66 161	118	9 040	115.83	100.18	15.83	0.18	660.43
2018	65 789	-372	8 668	115.17	99.44	15.17	-0.56	661.61
2019	66 384	595	9 263	116.22	100.90	16.22	0.90	657.89
2020	66 949	565	9 828	117.21	100.85	17.21	0.85	663.84

(2) 2011—2020年我国粮食产量的年平均增量为

$$\frac{2020\text{年产量} - 2010\text{年产量}}{10} = \frac{66\,949 - 54\,641}{10} = 1\,230.8(\text{万吨})$$

(3) 2011—2020年我国粮食产量的年平均增速为

$$\sqrt[10]{\frac{2020\text{年产量}}{2010\text{年产量}}}-1=\sqrt[10]{\frac{66\ 949}{54\ 641}}-1=0.021=2.1\%$$

(4) 2011—2020年我国粮食产量的年平均产量为

$$\frac{2011-2020\text{年产量总和}}{10}=\frac{630\ 446}{10}=63\ 044.6(\text{万吨})$$

(5) 2021年我国粮食产量增长1%的绝对值为669.49万吨,它表明2021年我国粮食产量增长1个百分点时,我国能绝对增加669.49万吨粮食。

4. 解:(1) 2020年一季度该企业月平均员工数 $=\dfrac{\dfrac{570}{2}+260+300+\dfrac{380}{2}}{3}=345(\text{人})$

(2) 2020年一季度该企业月平均总产出 $=\dfrac{105+15+60}{3}=60(\text{亿元})$

(3) 2020年一季度该企业月平均劳动生产率 $=\dfrac{60}{345}=0.173\ 91(\text{亿元}/\text{人})=1\ 739.1(\text{万元}/\text{人})$

(4) 2020年该企业季平均员工数 $=\dfrac{\dfrac{570}{2}+380+540+560+\dfrac{550}{2}}{4}=510(\text{人})$

(5) 2020年该企业一季度平均员工数 $=\dfrac{570+380}{2}=475(\text{人})$

二季度平均员工数 $=\dfrac{380+540}{2}=460(\text{人})$

三季度平均员工数 $=\dfrac{540+560}{2}=550(\text{人})$

四季度平均员工数 $=\dfrac{560+550}{2}=555(\text{人})$

一季度劳动生产率 $=\dfrac{180\ \text{亿元}}{475\ \text{人}}=0.378\ 95(\text{亿元}/\text{人})=3\ 789.5(\text{万元}/\text{人})$

二季度劳动生产率 $=\dfrac{360\ \text{亿元}}{460\ \text{人}}=0.782\ 61(\text{亿元}/\text{人})=7\ 826.1(\text{万元}/\text{人})$

三季度劳动生产率 $=\dfrac{380\ \text{亿元}}{550\ \text{人}}=0.690\ 91(\text{亿元}/\text{人})=6\ 909.1(\text{万元}/\text{人})$

四季度劳动生产率 $=\dfrac{400\ \text{亿元}}{555\ \text{人}}=0.720\ 72(\text{亿元}/\text{人})=7\ 207.2(\text{万元}/\text{人})$

(6) 因为2020年该企业季平均总产出 $=\dfrac{180+360+380+400}{4}=330(\text{亿元})$,季平均员工数为510人,故2020年该企业季平均劳动生产率 $=\dfrac{330\ \text{亿元}}{510\ \text{人}}=0.647\ 06(\text{亿元}/\text{人})=6\ 470.6(\text{万元}/\text{人})$。

第5章 统计指数

二、计算分析题

1.解：(1) 以2019年12月为基期

$$销售价格指数 = \frac{\sum p_1 q_1}{\sum p_0 q_1} \times 100\%$$

$$= \frac{37.0 \times 950 + 12.5 \times 600 + 16.0 \times 610 + 53.6 \times 500}{33.8 \times 950 + 16.5 \times 600 + 18.5 \times 610 + 48.5 \times 500} \times 100\%$$

$$= \frac{79\ 210}{77\ 545} \times 100\%$$

$$= 102.15\%$$

由此可见，2020年12月，该农贸市场上述四种产品的销售价格同比平均上涨2.15个百分点，从而使得这四种产品的销售额同比绝对增加1 665元。

(2) 以2019年12月为基期

$$销售量指数 = \frac{\sum p_0 q_1}{\sum p_0 q_0} \times 100\%$$

$$= \frac{33.8 \times 950 + 16.5 \times 600 + 18.5 \times 610 + 48.5 \times 500}{33.8 \times 880 + 16.5 \times 410 + 18.5 \times 510 + 48.5 \times 400} \times 100\%$$

$$= \frac{77\ 545}{65\ 344} \times 100\%$$

$$= 118.67\%$$

由此可见，2020年12月，该农贸市场上述四种产品的销售量同比平均增长18.67个百分点，从而使得这四种产品的销售额同比绝对增加12 201元。

(3) 以2020年11月为基期

$$销售价格指数 = \frac{\sum p_1 q_1}{\sum p_0 q_1} \times 100\%$$

$$= \frac{37.0 \times 950 + 12.5 \times 600 + 16.0 \times 610 + 53.6 \times 500}{36.5 \times 950 + 12.5 \times 600 + 15.5 \times 610 + 52.5 \times 500} \times 100\%$$

$$= \frac{79\ 210}{77\ 880} \times 100\%$$

$$= 101.71\%$$

由此可见，2020年12月，该农贸市场上述四种产品的销售价格环比平均上涨1.71个百分点，从而使得这四种产品的销售额环比绝对增加1 330元。

(4) 以 2020 年 11 月为基期

$$\text{销售量指数} = \frac{\sum p_0 q_1}{\sum p_0 q_0} \times 100\%$$

$$= \frac{36.5 \times 950 + 12.5 \times 600 + 15.5 \times 610 + 52.5 \times 500}{36.5 \times 920 + 12.5 \times 550 + 15.5 \times 600 + 52.5 \times 450} \times 100\%$$

$$= \frac{77\ 880}{73\ 380} \times 100\%$$

$$= 106.13\%$$

由此可见,2020 年 12 月,该农贸市场上述四种产品的销售量环比平均增长 6.13 个百分点,从而使得这四种产品的销售额环比绝对增加 4 500 元。

(5) 以 2019 年四季度为基期

首先,求出 2019 年四季度甲、乙、丙、丁四种产品的销售量分别为 2 600 斤、1 160 袋、1 490 只和 1 080 箱;2020 年四季度甲、乙、丙、丁四种产品的销售量分别为 2 770 斤、1 600 袋、1 760 只和 1 390 箱。

其次,采用加权平均法求出 2019 年四季度甲、乙、丙、丁四种产品的平均价格分别为 33.3 元/斤、15.7 元/袋、18.1 元/只和 48.2 元/箱。如,

$$\text{甲产品的平均价格为 } 33.3 = \frac{32.5 \times 850 + 33.5 \times 870 + 33.8 \times 880}{850 + 870 + 880},\text{其余同理。}$$

同理,2020 年四季度甲、乙、丙、丁四种产品的平均价格分别为 36.3 元/斤、12.8 元/袋、15.8 元/只和 52.7 元/箱。

最后,求销售价格指数,

$$\text{销售价格指数} = \frac{\sum p_1 q_1}{\sum p_0 q_1} \times 100\%$$

$$= \frac{36.3 \times 2\ 770 + 12.8 \times 1\ 600 + 15.8 \times 1\ 760 + 52.7 \times 1\ 390}{33.3 \times 2\ 770 + 15.7 \times 1\ 600 + 18.1 \times 1\ 760 + 48.2 \times 1\ 390} \times 100\%$$

$$= \frac{222\ 092}{216\ 215} \times 100\%$$

$$= 102.72\%$$

由此可见,2020 年四季度,该农贸市场上述四种产品的销售价格同比平均上涨 2.72 个百分点,从而使得这四种产品的销售额同比绝对增加 5 877 元。

(6) 以 2019 年四季度为基期,并用(5)的数据,可得

$$\text{销售量指数} = \frac{\sum p_0 q_1}{\sum p_0 q_0} \times 100\%$$

$$= \frac{33.3 \times 2\ 770 + 15.7 \times 1\ 600 + 18.1 \times 1\ 760 + 48.2 \times 1\ 390}{33.3 \times 2\ 600 + 15.7 \times 1\ 160 + 18.1 \times 1\ 490 + 48.2 \times 1\ 080} \times 100\%$$

$$= \frac{216\ 215}{183\ 817} \times 100\%$$

$$= 117.63\%$$

由此可见,2020 年四季度,该农贸市场上述四种产品的销售量同比平均增长 17.63 个百分点,从而使得这四种产品的销售额同比绝对增加 32 398 元。

2. 解:以 2019 年"双 11"为基期

(1) 销售价格指数 $= \dfrac{\sum p_1 q_1}{\sum \dfrac{p_1 q_1}{\dfrac{p_1}{p_0}}} \times 100\%$

$= \dfrac{300 + 20 + 180 + 40}{\dfrac{300}{1.035} + \dfrac{20}{0.97} + \dfrac{180}{1.122} + \dfrac{40}{1.105}} \times 100\%$

$= \dfrac{540}{507} \times 100\% = 106.51\%$

由此可见,2020 年"双 11"期间,该网络销售公司表中四种商品的销售价格同比平均上涨了 6.51%,从而使得这四种商品的销售额同比绝对增加 33 万元。

(2) 因为 2020 年"双 11"期间,该网络销售公司表中四种商品的销售额指数 $= \dfrac{\sum p_1 q_1}{\sum p_0 q_0} \times 100\% = \dfrac{540}{443} \times 100\% = 121.90\%$

又由销售价格指数、销售量指数和销售额指数所构成的指数体系,

$\dfrac{\sum p_1 q_1}{\sum p_0 q_0} = \dfrac{\sum p_1 q_1}{\sum p_0 q_1} \times \dfrac{\sum p_0 q_1}{\sum p_0 q_0}$,以及 $\dfrac{\sum p_1 q_1}{\sum \dfrac{p_1 q_1}{\dfrac{p_1}{p_0}}} = \dfrac{\sum p_1 q_1}{\sum p_0 q_1} = 106.51\%$,所以,

销售量指数 $= \dfrac{\sum p_0 q_1}{\sum p_0 q_0} \times 100\% = \dfrac{\dfrac{\sum p_1 q_1}{\sum p_0 q_0}}{\dfrac{\sum p_1 q_1}{\sum p_0 q_1}} \times 100\%$

$= \dfrac{121.90\%}{106.51\%} \times 100\% = 114.45\%$

由此可见,2020 年"双 11"期间,该网络销售公司表中四种商品的销售量同比平均增长 14.45%,从而使得这四种商品的销售额同比绝对增加 $507 - 443 = 64$(万元)。

3. 解:(1) 根据题意可知,

2016 年平均工资 $= \dfrac{\sum x_0 f_0}{\sum f_0}$

$= \dfrac{4\,500 \times 120 + 4\,800 \times 1\,500 + 4\,400 \times 50 + 4\,000 \times 320}{120 + 1\,500 + 50 + 320}$

$= \dfrac{9\,240\,000}{1\,990}$

$= 4\,643.22(元)$

2020 年平均工资 $= \dfrac{\sum x_1 f_1}{\sum f_1}$

$= \dfrac{5\,800 \times 115 + 6\,500 \times 1\,600 + 5\,500 \times 60 + 5\,000 \times 350}{115 + 1\,600 + 60 + 350}$

$$= \frac{13\,147\,000}{2\,125}$$

$$= 6\,186.82(元)$$

因此，总平均工资指数 $= \dfrac{\dfrac{\sum x_1 f_1}{\sum f_1}}{\dfrac{\sum x_0 f_0}{\sum f_0}} \times 100\% = \dfrac{6\,186.82}{4\,643.22} \times 100\% = 133.24\%$

由此可见，2020 年该企业员工平均工资比 2016 年平均增长了 33.24%，平均增加了 1 543.60 元。

（2）结构影响指数 $= \dfrac{\sum x_0 \dfrac{f_1}{\sum f_1}}{\sum x_0 \dfrac{f_0}{\sum f_0}} \times 100\% = \dfrac{\dfrac{\sum x_0 f_1}{\sum f_1}}{\dfrac{\sum x_0 f_0}{\sum f_0}} \times 100\%$

$$= \frac{4\,640.71}{4\,643.22} \times 100\% = 99.95\%$$

其中，$\dfrac{\sum x_0 f_1}{\sum f_1} = \dfrac{4\,500 \times 115 + 4\,800 \times 1\,600 + 4\,400 \times 60 + 4\,000 \times 350}{115 + 1\,600 + 60 + 350}$

$$= \frac{9\,861\,500}{2\,125}$$

$$= 4\,640.71(元)$$

由此可见，与 2016 年相比，2020 年该企业不同岗位员工人数的变动，使其总平均工资相对下降 0.05%、绝对减少 2.51 元。

（3）水平工资指数 $= \dfrac{\sum x_1 \dfrac{f_1}{\sum f_1}}{\sum x_0 \dfrac{f_1}{\sum f_1}} \times 100\% = \dfrac{\dfrac{\sum x_1 f_1}{\sum f_1}}{\dfrac{\sum x_0 f_1}{\sum f_1}} \times 100\%$

$$= \frac{6\,186.82}{4\,640.71} \times 100\% = 133.32\%$$

由此可见，与 2016 年相比，2020 年该企业不同岗位员工平均工资的变动，使其总平均工资相对增长 33.32%、绝对增加 1 546.11 元。

第6章 推断统计的理论基础

二、计算分析题

1. 解: 设 $A=$ "从甲产品销售原始票据中随机抽出 1 张有记录问题"事件
$B=$ "从乙产品销售原始票据中随机抽出 1 张有记录问题"事件
则据题意可知,$P(A)=0.04,P(B)=0.06;P(\bar{A})=0.96,P(\bar{B})=0.94$

(1) $P(AB)=P(A) \cdot P(B)=0.04 \times 0.06=0.0024$

(2) $P(AB+\bar{A}B+A\bar{B})=P(A) \cdot P(B)+P(\bar{A}) \cdot P(B)+P(A) \cdot P(\bar{B})$
$=0.04 \times 0.06+0.96 \times 0.06+0.04 \times 0.94$
$=0.0976$

或者 $P(AB+\bar{A}B+A\bar{B})=1-P(\bar{A}\bar{B})$
$=1-P(\bar{A}) \cdot P(\bar{B})=1-0.96 \times 0.94$
$=0.0976$

(3) $P(\bar{A}\bar{B}+\bar{A}B+A\bar{B})=P(\bar{A}) \cdot P(\bar{B})+P(\bar{A}) \cdot P(B)+P(A) \cdot P(\bar{B})$
$=0.96 \times 0.94+0.96 \times 0.06+0.04 \times 0.94$
$=0.9976$

或者 $P(\bar{A}\bar{B}+\bar{A}B+A\bar{B})=1-P(AB)$
$=1-P(A) \cdot P(B)$
$=1-0.04 \times 0.06$
$=0.9976$

(4) $P(\bar{A}B+A\bar{B})=P(\bar{A}) \cdot P(B)+P(A) \cdot P(\bar{B})$
$=0.96 \times 0.06+0.04 \times 0.94$
$=0.0952$

(5) $P(\bar{A}\bar{B})=P(\bar{A}) \cdot P(\bar{B})=0.96 \times 0.94=0.9024$

另外,若设从甲、乙两种产品销售原始票据中分别随机抽出 1 张中,有记录问题的张数为 X,则(1)对应求 $P\{X=2\}$,(2)对应求 $P\{X \geqslant 1\}$,(3)对应求 $P\{X \leqslant 1\}$,(4)对应求 $P\{X=1\}$,(5)对应求 $P\{X=0\}$。

2. 解: 假设来自 A、B、C、D 四所高校参加应聘的共有 2 000 名大学生,则来自 A、B、C、D 四所高校的大学生分别有 300 人、500 人、800 人和 400 人,其中男生分别有 180 人、325 人、560 人和 320 人,因此,

(1) 随机抽出 1 人,其来自 A 高校的概率是 0.15

(2) 随机抽出 1 人,其是女生的概率是 $\dfrac{2\,000-(180+325+560+320)}{2\,000}=0.3075$

(3) 随机抽出 1 人,其是女生且来自 B 高校的概率是

$\dfrac{500-325}{2\,000-(180+325+560+320)}=\dfrac{175}{615}=0.2846$

注:本题也可以利用全概公式与贝叶斯公式解答,但上述解法更简洁、明了。

3. 解: 设 X 为从甲地到乙地经过 A、B、C、D 四个路口遇到红灯的次数,据题意可知

(1) $P\{X=0\}=0.3 \times 0.4 \times 0.5 \times 0.6=0.036$

(2) $P\{X=1\} = 0.7 \times 0.4 \times 0.5 \times 0.6$
$\qquad + 0.3 \times 0.6 \times 0.5 \times 0.6$
$\qquad + 0.3 \times 0.4 \times 0.5 \times 0.6$
$\qquad + 0.3 \times 0.4 \times 0.5 \times 0.4 = 0.198$

(3) $P\{X \geqslant 1\} = 1 - P\{X=0\} = 1 - 0.036 = 0.964$

(4) $P\{X \leqslant 1\} = P\{X=0\} + P\{X=1\} = 0.036 + 0.198 = 0.234$

(5) $P\{X=3\} = 0.7 \times 0.6 \times 0.5 \times 0.6$
$\qquad + 0.7 \times 0.6 \times 0.5 \times 0.4$
$\qquad + 0.7 \times 0.4 \times 0.5 \times 0.4$
$\qquad + 0.3 \times 0.6 \times 0.5 \times 0.4 = 0.302$

第7章　区间估计

二、计算分析题

1. 解：（1）据题意可知，本题所要求的置信区间为 $\left[\overline{x} - z_{\frac{\alpha}{2}} \frac{s}{\sqrt{n}}, \overline{x} + z_{\frac{\alpha}{2}} \frac{s}{\sqrt{n}}\right]$。

其中，根据所给数据可以求得，$\overline{x} = \frac{\sum xf}{\sum f} = \frac{5\,220}{300} = 17.4$（万元）

标准差 $s = \sqrt{\frac{\sum x^2 f}{\sum f} - (\overline{x})^2} = \sqrt{\frac{112\,425}{300} - 17.4^2} = 8.48$（万元）

又当 $1 - \alpha = 0.95$ 时，$z_{\frac{\alpha}{2}} = z_{0.025} = 1.96$；$n = 300$

所以所求区间下限为 $17.4 - 1.96 \times \frac{8.48}{\sqrt{300}} = 16.44$（万元）

所求区间上限为 $17.4 + 1.96 \times \frac{8.48}{\sqrt{300}} = 18.36$（万元）

即有 95% 的把握可以认为，2020 年 6 月 30 日我国甲产品生产企业平均应收账款介于 16.44 万元至 18.36 万元之间。

（2）据题意可知，本题所要求的置信区间为

$$\left[p - z_{\frac{\alpha}{2}} \sqrt{\frac{p(1-p)}{n}}, p + z_{\frac{\alpha}{2}} \sqrt{\frac{p(1-p)}{n}}\right]$$

其中，根据所给数据可得，$p = 8\%$ 且当 $1 - \alpha = 0.90$ 时，$z_{\frac{\alpha}{2}} = z_{0.05} = 1.64$；$n = 300$

所以所求区间下限为 $0.08 - 1.64 \times \sqrt{\frac{0.08 \times (1 - 0.08)}{300}} = 0.054\,3 = 5.43\%$

所求区间上限为 $0.08 + 1.64 \times \sqrt{\frac{0.08 \times (1 - 0.08)}{300}} = 0.105\,7 = 10.57\%$

即有 90% 的把握可以认为，2020 年 6 月 30 日我国甲产品生产企业应收账款超过 30 万元的企业数占该产品全部生产企业数的比重介于 5.43% 至 10.57% 之间。

（3）据题意可知，所需样本容量应满足 $n \geqslant \frac{z_{\frac{\alpha}{2}}^2 \sigma^2}{\Delta_{\overline{x}}^2}$，而 $1 - \alpha = 0.95$ 时，$z_{\frac{\alpha}{2}} = z_{0.025} = 1.96$，$\Delta_{\overline{x}} = 1$，$\sigma$ 用 2019 年的标准差 10.2 替代，因此，

$$n \geqslant \frac{1.96^2 \times 10.2^2}{1^2} = 399.7$$

所以，若要满足最大允许误差不超过 1 万元的要求，应至少抽取 400 家企业，而置信水平理论上会略微低于 95% 的要求；若抽取 399 家，则一定能满足置信水平达到 95% 的要求，但是最大允许误差理论上可能略微大于 1 万元。

（4）据题意可知，所需样本容量应满足 $n \geqslant \frac{z_{\frac{\alpha}{2}}^2 \pi(1-\pi)}{\Delta_p^2}$，而 $1 - \alpha = 0.90$ 时，$z_{\frac{\alpha}{2}} = z_{0.05} = 1.64$，$\Delta_p = 2\%$，$\pi$ 用 2019 年我国甲产品生产企业应收账款不超过 10 万元企业数占该产品全部生产企业数的比重 6% 替代，因此，

$$n \geqslant \frac{1.64^2 \times 0.06 \times (1 - 0.06)}{0.02^2} = 379.2$$

所以,若要满足最大允许误差不超过 2% 的要求,应至少抽取 380 家企业,而置信水平理论上会略微低于 90% 的要求;若抽取 379 家,则一定能满足置信水平达到 90% 的要求,但是最大允许误差理论上可能略微大于 2%。

(5) 由(3)(4)可知,若对平均应收账款的估计与对应收账款不超过 10 万元企业数占甲产品全部生产企业数比重的估计,都比较重视估计的精度,而置信水平可以适当低一些,则应抽取至少 400 家企业作为一个样本。这是因为在其他条件保持不变时,样本容量越大,所求置信区间理论上就越短,相应的置信水平就越低。

若对平均应收账款的估计与对应收账款不超过 10 万元企业数占甲产品全部生产企业数比重的估计,都比较重视估计的置信水平,而估计的精度可以适当低一些,则应抽取至多 379 家企业作为一个样本。这是因为在其他条件保持不变时,样本容量越小,所求区间理论上就越长,相应的置信水平就越高。

2. 解:设甲、乙两地计算机配件销售公司销售票据记录的销售额分别为 $X、Y$,票据记录的平均销售额分别为 $\mu_1、\mu_2$,票据记录的销售额的样本标准差分别为 $s_1^2、s_2^2$;两地销售票据记录的销售为虚假销售的比重分别为 $\pi_1、\pi_2$。

(1) 根据题意,$\mu_1 - \mu_2$ 的 $1-\alpha$ 的置信区间为

$$\left[(\bar{x}-\bar{y})-z_{\frac{\alpha}{2}}\sqrt{\frac{s_1^2}{n_1}+\frac{s_2^2}{n_2}}, (\bar{x}-\bar{y})+z_{\frac{\alpha}{2}}\sqrt{\frac{s_1^2}{n_1}+\frac{s_2^2}{n_2}}\right]$$

其中,$\bar{x}=185,\bar{y}=180,s_1=30,s_2=32,n_1=200、n_2=240,1-\alpha=0.90$ 时,$z_{\frac{\alpha}{2}}=z_{0.05}=1.64$,因此,

所求区间的下限为 $(185-180)-1.64\times\sqrt{\frac{30^2}{200}+\frac{32^2}{240}}=0.14$(元)

所求区间的上限为 $(185-180)+1.64\times\sqrt{\frac{30^2}{200}+\frac{32^2}{240}}=9.86$(元)

即有 90% 的把握可以认为,2019 年甲、乙两地计算机配件销售公司单位票据平均销售额之差介于 0.14 元至 9.86 元之间。

(2) 根据题意,$\pi_1 - \pi_2$ 的 $1-\alpha$ 的置信区间为

$$\left[(p_1-p_2)-z_{\frac{\alpha}{2}}\sqrt{\frac{p_1(1-p_1)}{n_1}+\frac{p_2(1-p_2)}{n_2}}, (p_1-p_2)+z_{\frac{\alpha}{2}}\sqrt{\frac{p_1(1-p_1)}{n_1}+\frac{p_2(1-p_2)}{n_2}}\right]$$

其中,$p_1=\frac{5}{200}=0.025、p_2=\frac{6}{240}=0.025,n_1=200、n_2=240,1-\alpha=0.95$ 时,$z_{\frac{\alpha}{2}}=z_{0.025}=1.96$,因此,

所求区间的下限为

$$(0.025-0.025)-1.96\times\sqrt{\frac{0.025\times0.975}{200}+\frac{0.025\times0.975}{240}}=-0.0293$$

所求区间的上限为

$$(0.025-0.025)+1.96\times\sqrt{\frac{0.025\times0.975}{200}+\frac{0.025\times0.975}{240}}=0.0293$$

即有 95% 的把握可以认为,2019 年甲、乙两地计算机配件销售公司虚假销售率之差介于 -2.93% 至 2.93% 之间。

3. 解:这是两个非独立配对总体均值之差的问题。

设专业教师组评委评分与学生欣赏组评委评分之差为 d,则根据题意,可知所求区间为 $\left[\bar{d}-z_{\frac{\alpha}{2}}\frac{s_d}{\sqrt{n}},\bar{d}+z_{\frac{\alpha}{2}}\frac{s_d}{\sqrt{n}}\right]$。其中,由 39 位歌手的得分可得两组评委评分之差的

样本均值 $\overline{d} = \dfrac{1}{39}\sum\limits_{i=1}^{39} d_i = \dfrac{38}{39} = 0.974$(分)

样本标准差 $s_d = \sqrt{\dfrac{1}{39-1}\sum\limits_{i=1}^{39}(d_i - \overline{d})^2} = \sqrt{\dfrac{386.974}{38}} = 3.19$(分)

又 $1-\alpha = 0.95$ 时,$z_{\frac{\alpha}{2}} = z_{0.025} = 1.96$,因此,

所求区间的下限为 $0.974 - 1.96 \times \dfrac{3.19}{\sqrt{39}} = -0.027$(分)

所求区间的上限为 $0.974 + 1.96 \times \dfrac{3.19}{\sqrt{39}} = 1.975$(分)

即有95%把握可以认为,该校专业教师组评委与学生欣赏组评委评分均值之差介于 -0.027 分至 1.975 分之间。

4. 解: 这是一个在分层随机抽样组织方式下获取样本,求总体均值和总体比率置信区间的问题。

(1) 根据题意可知,所要求的置信区间为 $\left[\overline{x} - z_{\frac{\alpha}{2}}\dfrac{s}{\sqrt{n}},\ \overline{x} + z_{\frac{\alpha}{2}}\dfrac{s}{\sqrt{n}}\right]$。

其中,$\overline{x} = \dfrac{6\,500 \times 120 + 6\,300 \times 150 + 5\,800 \times 180 + 5\,200 \times 200}{120 + 150 + 180 + 200} = 5\,860.0$(元)

$s = \sqrt{\dfrac{220^2 \times 120 + 170^2 \times 150 + 160^2 \times 180 + 140^2 \times 200}{120 + 150 + 180 + 200}} = 169.48$(元)

又 $1-\alpha = 0.90$ 时,$z_{\frac{\alpha}{2}} = z_{0.05} = 1.64$,因此,

所求区间的下限为 $5\,860.0 - 1.64 \times \dfrac{169.48}{\sqrt{650}} = 5\,849.10$(元)

所求区间的上限为 $5\,860.0 + 1.64 \times \dfrac{169.48}{\sqrt{650}} = 5\,870.90$(元)

即有90%的把握可以认为,该产品生产行业员工的月平均工资介于 $5\,849.10$ 元至 $5\,870.90$ 元之间。

(2) 据题意可知,所要求的置信区间为 $\left[p - z_{\frac{\alpha}{2}}\sqrt{\dfrac{p(1-p)}{n}},\ p + z_{\frac{\alpha}{2}}\sqrt{\dfrac{p(1-p)}{n}}\right]$。

其中,$p = \dfrac{10\% \times 120 + 16\% \times 150 + 20\% \times 180 + 30\% \times 200}{120 + 150 + 180 + 200} = 20.3\%$

又 $1-\alpha = 0.95$ 时,$z_{\frac{\alpha}{2}} = z_{0.025} = 1.96$,因此,

所求区间的下限为 $0.203 - 1.96 \times \sqrt{\dfrac{0.203 \times 0.797}{650}} = 17.21\%$

所求区间的上限为 $0.203 + 1.96 \times \sqrt{\dfrac{0.203 \times 0.797}{650}} = 23.39\%$

即有95%的把握可以认为,该产品生产行业青年员工占员工总数的比重介于 17.21% 至 23.39% 之间。

第 8 章　假设检验

二、计算分析题

1. 解：本题为一个非正态分布总体均值和比率的检验问题。

(1) 据题意可知，本小题为一个右侧检验问题

且要检验 $H_0: \pi \leqslant \pi_0 = 0.05; H_1: \pi > \pi_0 = 0.05$

选取统计量 $Z = \dfrac{p - \pi_0}{\sqrt{\dfrac{\pi_0(1-\pi_0)}{n}}} \overset{H_0\text{为真,近似}}{\sim} N(0,1)$

因此，在显著性水平 $\alpha = 0.05$ 时，可得拒绝域为 $(1.64, +\infty)$

因为样本比率 $p = \dfrac{5}{75} = 0.0667, n = 75$

所以，统计量的值 $z_0 = \dfrac{0.0667 - 0.05}{\sqrt{\dfrac{0.05 \times (1-0.05)}{75}}} = 0.664$

可见，统计量的值没有落入拒绝域，故不应拒绝原假设，即在显著性水平为 0.05 时，可以认为 2019 年该公司 A 类电子产品销售业务虚假销售率不会超过 5%。

(2) 据题意可知，本小题为一个左侧检验问题

且要检验 $H_0: \pi \geqslant \pi_0 = 0.05; H_1: \pi < \pi_0 = 0.05$

选取统计量 $Z = \dfrac{p - \pi_0}{\sqrt{\dfrac{\pi_0(1-\pi_0)}{n}}} \overset{H_0\text{为真,近似}}{\sim} N(0,1)$

因此，在显著性水平 $\alpha = 0.05$ 时，可得拒绝域为 $(-\infty, -1.64)$

因为样本比率 $p = \dfrac{3}{75} = 0.0400, n = 75$

所以，统计量的值 $z_0 = \dfrac{0.0400 - 0.05}{\sqrt{\dfrac{0.05 \times (1-0.05)}{75}}} = -0.397$

可见，统计量的值没有落入拒绝域，故不应拒绝原假设，即在显著性水平为 0.05 时，可以认为 2019 年该公司 A 类电子产品不合法销售业务占比会超过 5%。

(3) 据题意可知，本小题为一个右侧检验问题

且要检验 $H_0: \pi \leqslant \pi_0 = 0.1; H_1: \pi > \pi_0 = 0.1$

选取统计量 $Z = \dfrac{p - \pi_0}{\sqrt{\dfrac{\pi_0(1-\pi_0)}{n}}} \overset{H_0\text{为真,近似}}{\sim} N(0,1)$

因此，在显著性水平 $\alpha = 0.01$ 时，可得拒绝域为 $(2.33, +\infty)$

因为样本比率 $p = \dfrac{10}{75} = 0.1333, n = 75$

所以，统计量的值 $z_0 = \dfrac{0.1333 - 0.1}{\sqrt{\dfrac{0.1 \times (1-0.1)}{75}}} = 0.961$

可见，统计量的值没有落入拒绝域，故不应拒绝原假设，即在显著性水平为 0.01 时，

可以认为2019年该公司A类电子产品销售业务不合规率不会超过10%。

事实上,在显著性水平为0.05时,也可以认为2019年该公司A类电子产品销售业务不合规率不会超过10%。

(4) 据题意可知,本小题为一个右侧检验问题

且要检验 $H_0: \mu \leq \mu_0 = 180; H_1: \mu > \mu_0 = 180$

选取统计量 $Z = \dfrac{\overline{X} - \mu_0}{\dfrac{S}{\sqrt{n}}} \overset{H_0\text{为真},\text{近似}}{\sim} N(0,1)$

因此,在显著性水平 $\alpha = 0.01$ 时,可得拒绝域为 $(2.33, +\infty)$

因为样本均值为 $\overline{x} = 192$,样本标准差为 $s = 10, n = 75$

所以,统计量的值 $z_0 = \dfrac{192 - 180}{\dfrac{10}{\sqrt{75}}} = 10.392$

可见,统计量的值落入拒绝域,故应拒绝原假设,即在显著性水平为0.01时,可以认为2019年该公司A类电子产品平均每张票据的销售额会超过180元。

(5) 因为与(1)(2)(3)(4)相比,本小题是在假定采用简单随机不重复抽样获取样本,仅是抽样方法不同,因此,除了在所选取统计量的表达式上有所不同,从而所得统计量的值也不同外,其余各方面完全相同。

在采用不重复抽样情形下,与(1)(2)(3)相对应的统计量均可以表示为

$$Z = \dfrac{p - \pi_0}{\sqrt{\dfrac{\pi_0(1 - \pi_0)}{n}\left(1 - \dfrac{n}{N}\right)}} \overset{H_0\text{为真},\text{近似}}{\sim} N(0, 1)$$

把(1)(2)(3)题中相应的数据代入,所得统计量的值分别为 0.665、-0.398 和 0.964,所以在所给显著性水平下均不拒绝原假设,也就是说,若75张原始票据是采用不重复抽样方式选出的,对(1)(2)(3)问题的检验结果相同。

同理,对于(4)平均每张票据销售额的检验,也仅仅把检验统计量调整为

$$Z = \dfrac{\overline{X} - \mu_0}{\sqrt{\dfrac{S^2}{n}\left(1 - \dfrac{n}{N}\right)}} \overset{H_0\text{为真},\text{近似}}{\sim} N(0,1).$$

从而求得统计量的值 $z = 10.418$,在所给显著性水平下,也应拒绝原假设,即在采用简单随机不重复抽样条件下,也可以认为2019年该公司A类电子产品平均每张票据的销售额会高于180元。

2. 解:这是两个独立总体比率关系的检验问题。

设 π_1、π_2 分别表示服用阿司匹林患心脏病的发病率和不服用阿司匹林患心脏病的发病率,p_1、p_2 分别表示服用阿司匹林患心脏病的样本发病率和不服用阿司匹林患心脏病的样本发病率。

(1) 根据题意,本小题要检验 $H_0: \pi_2 - \pi_1 = \pi_0 \leq 0.005; H_1: \pi_2 - \pi_1 = \pi_0 > 0.005$

选取统计量 $Z = \dfrac{(p_2 - p_1) - \pi_0}{\sqrt{\dfrac{p_1(1 - p_1)}{n_1} + \dfrac{p_2(1 - p_2)}{n_2}}} \overset{H_0\text{为真},\text{近似}}{\sim} N(0,1)$

在显著性水平 $\alpha = 0.01$ 时,可得拒绝域为 $(2.33, +\infty)$

又 $p_1 = \dfrac{104}{11\,000} = 0.009\,455, p_2 = \dfrac{189}{11\,000} = 0.017\,182, n_1 = n_2 = 11\,000$；

因此，统计量的值

$$z_0 = \dfrac{(0.017\,182 - 0.009\,455) - 0.005}{\sqrt{\dfrac{0.009\,455 \times (1 - 0.009\,455)}{11\,000} + \dfrac{0.017\,182 \times (1 - 0.017\,182)}{11\,000}}} = 1.77$$

可见，统计量的值没有落入拒绝域，不应拒绝原假设，即在显著性水平为 0.01 时，可以认为服用阿司匹林使人们心脏病的发病率降低不会超过 0.5 个百分点。

(2) 根据题意，本小题要检验 $H_0: \pi_2 - \pi_1 = \pi_0 \geqslant 0; H_1: \pi_2 - \pi_1 = \pi_0 < 0$

选取统计量 $Z = \dfrac{p_2 - p_1}{\sqrt{p(1-p)\left(\dfrac{1}{n_1} + \dfrac{1}{n_2}\right)}} \overset{H_0 \text{为真，近似}}{\sim} N(0,1)$

在显著性水平 $\alpha = 0.01$ 时，可得拒绝域为 $(-\infty, -2.33)$

又 $p = \dfrac{104 + 189}{22\,000} = 0.013\,318, n_1 = n_2 = 11\,000$；

因此，统计量的值

$$z_0 = \dfrac{0.017\,182 - 0.009\,455}{\sqrt{0.013\,318 \times (1 - 0.013\,318) \times \left(\dfrac{1}{11\,000} + \dfrac{1}{11\,000}\right)}} = 5.00$$

可见，统计量的值没有落入拒绝域，不应拒绝原假设，即在显著性水平为 0.01 时，可以认为服用阿司匹林能降低人们心脏病的发病率。

注：

(1) 因为"服用阿司匹林有助于降低人们心脏病的发病率"，是一种理论认为的，因此，第 2 问的原假设应以"理论"为原假设，处于被保护的地位；

(2) 第 1 问，因为"服用阿司匹林可以使得人们心脏病的发病率降低至少 0.05%"，并不是理论研究的结论，故不应处于被保护的地位。

(3) 两小题放在一起看，表明在显著性水平为 0.01 时，服用阿司匹林能降低心脏病的发病率，但降幅至多不超过 0.05%。

(4) 若在显著性水平为 0.05 时，则可以得到的结论是：服用阿司匹林不仅能降低心脏病的发病率，而且降幅至少为 0.05%。

3. 解：据题意可知，本题要检验 $H_0: \mu \leqslant \mu_0 = 55\,000; H_1: \mu > \mu_0 = 55\,000$

选取统计量 $Z = \dfrac{\overline{X} - \mu_0}{\dfrac{S}{\sqrt{n}}} \overset{H_0 \text{为真，近似}}{\sim} N(0,1)$

因此，在显著性水平 $\alpha = 0.01$ 时，可得拒绝域为 $(2.33, +\infty)$

又 $\overline{x} = 57\,000, s = 15\,000, n = 150$

所以统计量的值 $z_0 = \dfrac{57\,000 - 55\,000}{\dfrac{15\,000}{\sqrt{150}}} = 1.63$

可见，统计量的值 1.63 没有落入拒绝域，不应拒绝原假设，即在显著性水平为 0.01 时，可以认为该轮胎生产企业在广告中声称的内容不属实。

事实上，在显著性水平为 0.05 时，也可以作出同样的判断；但是，在显著性水平为 0.1 时，则应作出"该轮胎生产企业在广告中声称的内容属实"的判断。

第9章 定性数据分析

二、计算分析题

1.（1）从性别看，根据"泰坦尼克号"海难获救与丧生人数可构建列联附表4-9。

附表 4-9　"泰坦尼克号"海难获救情况与性别关系观测值列联表　　　单位：人

性别	获救情况		合计
	获救	丧生	
男	374	1 364	1 738
女	344	126	470
合计	718	1 490	2 208

因此，为检验原假设 H_0：海难获救与否同性别无关

选取统计量 $\chi^2 = \sum_{i=1}^{r}\sum_{j=1}^{c} \frac{(f_{oij} - f_{eij})^2}{f_{eij}} \overset{H_0\text{为真}}{\sim} \chi^2((r-1)(c-1))$

故在显著性水平为 $0.01, r = c = 2$ 时，可得拒绝域 $(6.635, +\infty)$

在假定原假设成立时，可得期望值列联附表4-10。

附表 4-10　"泰坦尼克号"海难获救情况与性别关系期望值列联表　　　单位：人

性别	获救情况		合计
	获救	丧生	
男	565.16	1 172.84	1 738
女	152.84	317.16	470
合计	718	1 490	2 208

由此可得统计量的值 $\chi_0^2 = \frac{(374 - 565.16)^2}{565.16} + \frac{(1\,364 - 1\,172.84)^2}{1\,172.84} +$

$$\frac{(344 - 152.84)^2}{152.84} + \frac{(126 - 317.16)^2}{317.16}$$

$$= 450.119$$

可见，统计量的值落入拒绝域，应拒绝原假设，即在显著性水平为 0.01 时，可以认为"泰坦尼克号"海难中是否能获救与性别之间有高度相关关系。

另外，本问题也可以仅从"泰坦尼克号"海难中丧生男女人数之比，是否与泰坦尼克号游轮上实际男女人数之比相一致的角度，对性别与是否能获救的关系进行检验。

为此，需检验原假设 H_0："泰坦尼克号"海难中丧生男女人数之比与该游轮上实际男女人数之比相一致

则选取统计量 $\chi^2 = \sum_{i=1}^{k} \frac{(f_{oi} - f_{ei})^2}{f_{ei}} \overset{H_0\text{为真}}{\sim} \chi^2(k-1)$

故在显著性水平为 $0.01, k = 2$ 时，可得拒绝域 $(6.635, +\infty)$

在假定原假设成立时，由附表4-10可得

统计量的值 $\chi_0^2 = \frac{(1\,364 - 1\,172.84)^2}{1\,172.84} + \frac{(126 - 317.16)^2}{317.16}$

$$= 146.374$$

可见,统计量的值落入拒绝域,应拒绝原假设,即在显著性水平为 0.01 时,可以认为丧生男女人数之比与该游轮上实际男女人数之比不一致,也就是说"泰坦尼克号"海难中是否能获救与性别之间有高度相关关系。

(2) 从成年与否看,根据"泰坦尼克号"海难获救与丧生人数可构建列联表附表 4-11。

附表 4-11 "泰坦尼克号"海难获救情况同成年与否关系观测值列联表　　单位:人

成年与否	获救情况		合计
	获救	丧生	
成年	661	1 438	2 099
未成年	57	52	109
合计	718	1 490	2 208

因此,为检验原假设 H_0:海难获救与否同是否成年无关

选取统计量 $\chi^2 = \sum_{i=1}^{r}\sum_{j=1}^{c}\frac{(f_{oij}-f_{eij})^2}{f_{eij}} \stackrel{H_0为真}{\sim} \chi^2((r-1)(c-1))$,

故在显著性水平为 $0.01, r = c = 2$ 时,可得拒绝域 $(6.635, +\infty)$

在假定原假设成立时,可得期望值列联表附表 4-12。

附表 4-12 "泰坦尼克号"海难获救情况同成年与否关系期望值列联表　　单位:人

性别	获救情况		合计
	获救	丧生	
成年	682.56	1 416.44	2 099
未成年	35.44	73.56	109
合计	718	1 490	2 208

由此可得统计量的值 $\chi_0^2 = \frac{(661-682.56)^2}{682.56} + \frac{(1\ 438-1\ 416.44)^2}{1\ 416.44} +$

$$\frac{(57-35.44)^2}{35.44} + \frac{(52-73.56)^2}{73.56}$$

$$= 20.444$$

可见,统计量的值落入拒绝域,应拒绝原假设,即在显著性水平为 0.01 时,可以认为"泰坦尼克号"海难中是否能获救与是否成年之间有高度相关关系。

另外,本问题也可以仅从"泰坦尼克号"海难中丧生成年与未成年人数之比,是否与泰坦尼克号游轮上实际成年与未成年人数之比相一致的角度,对成年与否同是否能获救的关系进行检验。

为此,需检验原假设 H_0:"泰坦尼克号"海难中成年与未成年丧生人数之比同该游轮上实际成年与未成年人数之比相一致。

则选取统计量 $\chi^2 = \sum_{i=1}^{k}\frac{(f_{oi}-f_{ei})^2}{f_{ei}} \stackrel{H_0为真}{\sim} \chi^2(k-1)$

故在显著性水平为 $0.01, k = 2$ 时,可得拒绝域 $(6.635, +\infty)$

在假定原假设成立时,由附表 4-12 可得

统计量的值 $\chi_0^2 = \frac{(1\ 438-1\ 416.44)^2}{1\ 416.44} + \frac{(52-73.56)^2}{73.56} = 6.647$

可见,统计量的值落入拒绝域,应拒绝原假设,即在显著性水平为 0.01 时,可以认为

丧生成年与未成年人数之比与该游轮上实际成年与未成年人数之比不一致,也就是说"泰坦尼克号"海难中是否能获救同成年与否有高度相关关系。

(3) 从舱位看,根据"泰坦尼克号"海难获救与丧生人数可构建列联附表 4-13。

附表 4-13 "泰坦尼克号"海难获救情况同其所处舱位关系观测值列联表　　单位:人

舱位	获救情况		合计
	获救	丧生	
一等舱	203	122	325
二等舱	118	167	285
三等舱	178	528	706
船员舱	219	673	892
合计	718	1 490	2 208

因此,为检验原假设 H_0:海难获救与否同所处舱位无关

选取统计量 $\chi^2 = \sum_{i=1}^{r}\sum_{j=1}^{c}\frac{(f_{oij}-f_{eij})^2}{f_{eij}} \overset{H_0为真}{\sim} \chi^2((r-1)(c-1))$,

故在显著性水平为 0.01, $r=4, c=2$ 时,可得拒绝域 $(11.345, +\infty)$

在假定原假设成立时,可得期望值列联附表 4-14。

附表 4-14 "泰坦尼克号"海难获救情况同其所处舱位关系期望值列联表　　单位:人

性别	获救情况		合计
	获救	丧生	
一等舱	105.68	219.32	325
二等舱	92.68	192.32	285
三等舱	229.58	476.42	706
船员舱	290.06	601.94	892
合计	718	1 490	2 208

由此可得统计量的值

$$\chi_0^2 = \frac{(203-105.68)^2}{105.68} + \frac{(122-219.32)^2}{219.32} + \frac{(118-92.68)^2}{92.68} + \frac{(167-192.32)^2}{192.32} +$$

$$\frac{(178-229.58)^2}{229.58} + \frac{(528-476.42)^2}{476.42} + \frac{(219-290.06)^2}{290.06} + \frac{(673-601.94)^2}{601.94}$$

$$= 186.027$$

可见,统计量的值落入拒绝域,应拒绝原假设,即在显著性水平为 0.01 时,可以认为"泰坦尼克号"海难中是否能获救与其所处舱位有高度相关关系。

另外,本问题也可以仅从"泰坦尼克号"海难中处于不同舱位的丧生人数之比,是否与泰坦尼克号游轮上实际处于不同舱位人数之比相一致的角度,对处于不同舱位与是否能获救的关系进行检验。

为此,需检验原假设 H_0:"泰坦尼克号"海难中处于不同舱位丧生人数之比与该游轮上实际处于不同舱位人数之比相一致

则选取统计量 $\chi^2 = \sum_{i=1}^{k}\frac{(f_{oi}-f_{ei})^2}{f_{ei}} \overset{H_0为真}{\sim} \chi^2(k-1)$

故在显著性水平为 0.01，$k = 4$ 时，可得拒绝域 $(11.345, +\infty)$
在假定原假设成立时，由附表 4-14 可得
$$\chi_0^2 = \frac{(122-219.32)^2}{219.32} + \frac{(167-192.32)^2}{192.32} +$$
$$\frac{(528-476.42)^2}{476.42} + \frac{(673-601.94)^2}{601.94}$$
$$= 60.491$$

可见，统计量的值落入拒绝域，应拒绝原假设，即在显著性水平为 0.01 时，可以认为不同舱位丧生人数之比与该游轮上实际不同舱位人数之比不一致，也就是说"泰坦尼克号"海难中是否能获救同其所处舱位有高度相关关系。

2. (1) 证明：对于 $r = c = 2$，对两个定性变量 X、Y 而言，

若这两个定性变量 X、Y 完全相关，则其观测值列联表具有附表 4-15 和附表 4-16 两种形式

附表 4-15 两定性变量完全相关观测值 2×2 列联表形式一

X	Y		合计
	y_1	y_2	
x_1	a	0	a
x_2	0	b	b
合计	a	b	$a+b=n$

附表 4-16 两定性变量完全相关观测值 2×2 列联表形式二

X	Y		合计
	y_1	y_2	
x_1	0	a	a
x_2	b	0	b
合计	b	a	$a+b=n$

因此，可以求得相应的期望值列联表分别见附表 4-17 和附表 4-18。

附表 4-17 两定性变量完全相关期望值 2×2 列联表形式一

X	Y		合计
	y_1	y_2	
x_1	a^2/n	ab/n	a
x_2	ab/n	b^2/n	b
合计	a	b	$a+b=n$

附表 4-18 两定性变量完全相关期望值 2×2 列联表形式二

X	Y		合计
	y_1	y_2	
x_1	ab/n	a^2/n	a
x_2	b^2/n	ab/n	b
合计	b	a	$a+b=n$

所以,对于"形式一",根据附表 4-15 和附表 4-17,可求得

$$\chi_0^2 = \frac{\left(a - \frac{a^2}{n}\right)^2}{\frac{a^2}{n}} + \frac{\left(0 - \frac{ab}{n}\right)^2}{\frac{ab}{n}} + \frac{\left(0 - \frac{ab}{n}\right)^2}{\frac{ab}{n}} + \frac{\left(b - \frac{b^2}{n}\right)^2}{\frac{b^2}{n}}$$

$$= \frac{(n-a)^2}{n} + \frac{ab}{n} + \frac{ab}{n} + \frac{(n-b)^2}{n}$$

$$= \frac{1}{n}(n^2 - 2na + a^2 + 2ab + n^2 - 2nb + b^2)$$

$$= \frac{1}{n}[2n^2 - 2n(a+b) + (a+b)^2] = n = a + b$$

对于"形式二",根据附表 4-16 和附表 4-18,可求得

$$\chi_0^2 = \frac{\left(0 - \frac{ab}{n}\right)^2}{\frac{ab}{n}} + \frac{\left(a - \frac{a^2}{n}\right)^2}{\frac{a^2}{n}} + \frac{\left(b - \frac{b^2}{n}\right)^2}{\frac{b^2}{n}} + \frac{\left(0 - \frac{ab}{n}\right)^2}{\frac{ab}{n}}$$

$$= \frac{ab}{n} + \frac{(n-a)^2}{n} + \frac{(n-b)^2}{n} + \frac{ab}{n}$$

$$= \frac{1}{n}(n^2 - 2na + a^2 + n^2 - 2nb + b^2 + 2ab)$$

$$= \frac{1}{n}[2n^2 - 2n(a+b) + (a+b)^2] = n = a + b$$

故,$c = \sqrt{\frac{\chi_0^2}{n + \chi_0^2}} = \sqrt{\frac{n}{n+n}} = \sqrt{\frac{1}{2}} = \frac{\sqrt{2}}{2}$

$V = \sqrt{\frac{\chi_0^2}{n \cdot \min\{(r-1), (c-1)\}}} = \sqrt{\frac{n}{n \times 1}} = 1$

(2) 证明:对于 $r = c = 3$,对两个定性变量 X、Y 而言,
若这两个定性变量 X、Y 完全相关,则其观测值列联表具有附表 4-19 和附表 4-20 两种形式

附表 4-19 两定性变量完全相关观测值 3×3 列联表形式一

X	Y			合计
	y_1	y_2	y_3	
x_1	a	0	0	a
x_2	0	b	0	b
x_3	0	0	c	c
合计	a	b	c	$a+b+c=n$

附表 4-20 两定性变量完全相关观测值 3×3 列联表形式二

X	Y			合计
	y_1	y_2	y_3	
x_1	0	0	a	a
x_2	0	b	0	b
x_3	c	0	0	c
合计	c	b	a	$a+b+c=n$

因此,可以求得相应的期望值列联表分别见附表 4-21 和附表 4-22。

附表 4-21　两定性变量完全相关期望值 3×3 列联表形式一

X	Y			合计
	y_1	y_2	y_3	
x_1	a^2/n	ab/n	ac/n	a
x_2	ab/n	b^2/n	bc/n	b
x_3	ac/n	bc/n	c^2/n	c
合计	a	b	c	$a+b+c=n$

附表 4-22　两定性变量完全相关期望值 3×3 列联表形式二

X	Y			合计
	y_1	y_2	y_3	
x_1	ac/n	ab/n	a^2/n	a
x_2	bc/n	b^2/n	ab/n	b
x_3	c^2/n	bc/n	ac/n	c
合计	c	b	a	$a+b+c=n$

所以,对于"形式一",根据附表 4-19 和附表 4-21,可求得

$$\chi_0^2 = \frac{(a-\frac{a^2}{n})^2}{\frac{a^2}{n}} + \frac{(0-\frac{ab}{n})^2}{\frac{ab}{n}} + \frac{(0-\frac{ac}{n})^2}{\frac{ac}{n}} +$$

$$\frac{(0-\frac{ab}{n})^2}{\frac{ab}{n}} + \frac{(b-\frac{b^2}{n})^2}{\frac{b^2}{n}} + \frac{(0-\frac{bc}{n})^2}{\frac{bc}{n}} +$$

$$\frac{(0-\frac{ac}{n})^2}{\frac{ac}{n}} + \frac{(0-\frac{bc}{n})^2}{\frac{bc}{n}} + \frac{(c-\frac{c^2}{n})^2}{\frac{c^2}{n}}$$

$$= \frac{1}{n}[(n-a)^2 + ab + ac + ab + (n-b)^2 + bc + ac + bc + (n-c)^2]$$

$$= \frac{1}{n}[n^2 - 2na + a^2 + 2ab + 2ac + 2bc + n^2 - 2nb + b^2 + n^2 - 2nc + c^2]$$

$$= \frac{1}{n}[3n^2 - 2n(a+b+c) + a^2 + b^2 + c^2 + 2ab + 2ac + 2bc]$$

$$= \frac{1}{n}[3n^2 - 2n^2 + (a+b+c)^2] = 2n$$

对于"形式二",根据附表 4-20 和附表 4-22,也可求得 $\chi_0^2 = 2n$

故, $c = \sqrt{\frac{\chi_0^2}{n+\chi_0^2}} = \sqrt{\frac{2n}{n+2n}} = \sqrt{\frac{2}{3}} = \frac{\sqrt{6}}{3}$

$V = \sqrt{\frac{\chi_0^2}{n \cdot \min\{(r-1),(c-1)\}}} = \sqrt{\frac{2n}{n \times 2}} = 1$

(3)(4) 同理可证(略)。

3. 解:据题意可知,本题要检验 H_0:2020 年该校高考的结果与上一年相比没有改变

选取统计量 $\chi^2 = \sum_{i=1}^{k} \frac{(f_{oi} - f_{ei})^2}{f_{ei}} \overset{H_0 为真}{\sim} \chi^2(k-1)$

因此,在显著性水平为 0.05,$k=4$ 时,可得拒绝域 $(7.814\ 7, +\infty)$;

又 $f_{o1} = 278, f_{o2} = 481, f_{o3} = 206, f_{o4} = 140$

$f_{e1} = 1\ 105 \times 25.2\% = 278.46, f_{e2} = 1\ 105 \times 43.5\% = 480.68,$

$f_{e3} = 1\ 105 \times 18.6\% = 205.53, f_{e4} = 1\ 105 \times 12.7\% = 140.34$

统计量的值 $\chi_0^2 = \frac{(278 - 278.46)^2}{278.46} + \frac{(481 - 480.68)^2}{480.68} +$

$\frac{(206 - 205.53)^2}{205.53} + \frac{(140 - 140.34)^2}{140.34} = 0.002\ 9$

可见,统计量的值没有落入拒绝域,不应拒绝原假设,即在显著性水平为 0.05 时,可以认为该校 2020 年高考的结果与上一年相比没有显著改变。

4. 解:(1) 据题意可知,这是一个根据列联表检验两个定性变量关系的问题。

本题要检验 H_0:2020 年该类型食品质量的高低与生产厂家没有关系

选取统计量 $\chi^2 = \sum_{i=1}^{r} \sum_{j=1}^{c} \frac{(f_{oij} - f_{eij})^2}{f_{eij}} \overset{H_0 为真}{\sim} \chi^2((r-1)(c-1))$

因此,在显著性水平为 0.01,$r=3$、$c=3$ 时,可得拒绝域 $(13.276\ 7, +\infty)$;

又 $f_{e11} = \frac{140}{500} \times 162 = 45.36, f_{e12} = \frac{140}{500} \times 188 = 52.64, f_{e13} = \frac{140}{500} \times 150 = 42.00$

$f_{e21} = \frac{171}{500} \times 162 = 55.40, f_{e22} = \frac{171}{500} \times 188 = 64.30, f_{e23} = \frac{171}{500} \times 150 = 51.30$

$f_{e31} = \frac{189}{500} \times 162 = 61.24, f_{e32} = \frac{189}{500} \times 188 = 71.06, f_{e33} = \frac{189}{500} \times 150 = 56.70$

所以,统计量的值 $\chi_0^2 = \frac{(52 - 45.36)^2}{45.36} + \frac{(64 - 52.64)^2}{52.64} + \frac{(24 - 42.00)^2}{42.00} +$

$\frac{(60 - 55.40)^2}{55.40} + \frac{(59 - 64.30)^2}{64.30} + \frac{(52 - 51.30)^2}{51.30} +$

$\frac{(50 - 61.24)^2}{61.24} + \frac{(65 - 71.06)^2}{71.06} + \frac{(74 - 56.70)^2}{56.70}$

$= 19.824\ 5$

可见,统计量的值落入拒绝域 $(13.276\ 7, +\infty)$,应拒绝原假设,即在显著性水平为 0.01 时,可以认为 2020 年 6 月该类型食品质量的高低与生产厂家有高度显著相关关系。

(2) 因为根据(1)可得,与检验统计量值 19.824 5 对应的 p 值为 0.000 54,因此,在其他条件不变且将显著性水平调整为 0.000 5 或比 0.000 5 更小时,则不应拒绝原假设,即在显著性水平为 0.000 5 或比 0.000 5 更小时,可以认为 2020 年 6 月该类型食品质量的高低与生产厂家无关。

(3) 由(1)可知,$V = \sqrt{\frac{\chi_0^2}{n \cdot \min\{(r-1), (c-1)\}}} = \sqrt{\frac{19.824\ 5}{500 \times 2}} = 0.140\ 8$

由此可见,2020 年 6 月该类型食品的质量与其生产厂家关系的密切程度为 0.140 8。

第 10 章 方差分析

二、计算分析题

1. 解:(1) 本题因素是"厂家",也就是变量;因素的水平,是指因素这个变量的不同取值。本题的因素有 3 个水平:厂家 A、厂家 B、厂家 C。

(2) 本小题需检验原假设 H_0:这三个厂家生产的电池平均寿命没有差异

选取统计量 $F = \dfrac{MSA}{MSE} \overset{H_0 为真}{\sim} F(k-1, n-k)$

其中,$k = 3, n = 18$

因此,在显著性水平为 0.05 时,可得拒绝域 $(3.682, +\infty)$

又 $SSA = \sum\limits_{i=1}^{3}\sum\limits_{j=1}^{n_i}(\overline{x}_i - \overline{x})^2 = \sum\limits_{i=1}^{3}\dfrac{1}{n_i}\left(\sum\limits_{j=1}^{n_i}x_{ij}\right)^2 - \dfrac{1}{n}\left(\sum\limits_{i=1}^{3}\sum\limits_{j=1}^{n_i}x_{ij}\right)^2$

$= \dfrac{1}{5} \times 213^2 + \dfrac{1}{6} \times 186^2 + \dfrac{1}{7} \times 314^2 - \dfrac{1}{18} \times 713^2$

$= 682.221$

$SSE = \sum\limits_{i=1}^{3}\sum\limits_{j=1}^{n_i}(x_{ij} - \overline{x}_i)^2 = \sum\limits_{i=1}^{3}\sum\limits_{j=1}^{n_i}x_{ij}^2 - \sum\limits_{i=1}^{3}\dfrac{1}{n_i}\left(\sum\limits_{j=1}^{n_i}x_{ij}\right)^2$

$= 29\,183 - \left(\dfrac{1}{5} \times 213^2 + \dfrac{1}{6} \times 186^2 + \dfrac{1}{7} \times 314^2\right)$

$= 258.057$

故统计量的值 $F_0 = \dfrac{\frac{SSA}{k-1}}{\frac{SSE}{n-k}} = \dfrac{\frac{682.221}{3-1}}{\frac{258.057}{18-3}} = 19.827$

可见,统计量的值 19.827 落入拒绝域 $(3.682, +\infty)$,所以应拒绝原假设,即在显著性水平为 0.05 时,可以认为这三个厂家生产的电池平均寿命有显著差异。

(3) 因为 $\overline{x}_A = 42.60, \overline{x}_B = 31.00, \overline{x}_C = 44.86, F_\alpha((k-1),(n-k)) = F_{0.05}(2,15) = 3.682$,

$d_{S_{AB}} = \sqrt{MSE \cdot \left(\dfrac{1}{m_A} + \dfrac{1}{m_B}\right) \cdot (k-1) \cdot F_\alpha((k-1),(n-k))}$

$= \sqrt{\dfrac{258.057}{18-3} \times \left(\dfrac{1}{5} + \dfrac{1}{6}\right) \times (3-1) \times 3.682} = 6.82$

$d_{S_{AC}} = \sqrt{MSE \cdot \left(\dfrac{1}{m_A} + \dfrac{1}{m_C}\right) \cdot (k-1) \cdot F_\alpha((k-1),(n-k))}$

$= \sqrt{\dfrac{258.057}{18-3} \times \left(\dfrac{1}{5} + \dfrac{1}{7}\right) \times (3-1) \times 3.682} = 6.59$

$d_{S_{BC}} = \sqrt{MSE \cdot \left(\dfrac{1}{m_B} + \dfrac{1}{m_C}\right) \cdot (k-1) \cdot F_\alpha((k-1),(n-k))}$

$= \sqrt{\dfrac{258.057}{18-3} \times \left(\dfrac{1}{6} + \dfrac{1}{7}\right) \times (3-1) \times 3.682} = 6.26$

根据 S 法可知,因为 $d_{AB} = |\overline{x}_A - \overline{x}_B| = |42.60 - 31.00| = 11.60 > 6.82 = d_{S_{AB}}$

$$d_{AC} = |\bar{x}_A - \bar{x}_C| = |42.60 - 44.86| = 2.26 < 6.59 = d_{S_{AC}}$$

$$d_{BC} = |\bar{x}_B - \bar{x}_C| = |31.00 - 44.86| = 13.86 > 6.26 = d_{S_{BC}}$$

因此,在显著性水平为 0.05 时,可以认为厂家 A 与厂家 B 生产的电池平均寿命有显著差异,厂家 A 与厂家 C 生产的电池平均寿命没有显著差异,厂家 B 与厂家 C 生产的电池平均寿命有显著差异。

所以,$\mu_A - \mu_B$ 的 $1-\alpha=0.95$ 的置信区间为 $\left[(\bar{x}_A - \bar{x}_B) - \sqrt{\frac{SSE}{n-k}\left(\frac{1}{m_A}+\frac{1}{m_B}\right)F_\alpha(1,(n-k))}, (\bar{x}_A - \bar{x}_B) + \sqrt{\frac{SSE}{n-k}\left(\frac{1}{m_A}+\frac{1}{m_B}\right)F_\alpha(1,(n-k))}\right]$

结合前面相关数据,以及 $F_\alpha(1,(n-k)) = F_{0.05}(1,15) = 4.543$ 可得所求区间的

下限为 $(42.60 - 31.00) - \sqrt{\frac{258.057}{18-3} \times \left(\frac{1}{5}+\frac{1}{6}\right) \times 4.543} = 6.25$(小时)

上限为 $(42.60 - 31.00) + \sqrt{\frac{258.057}{18-3} \times \left(\frac{1}{5}+\frac{1}{6}\right) \times 4.543} = 16.95$(小时)

即有 95% 的把握可以认为厂家 A 与厂家 B 生产的电池平均寿命之差介于 6.25 小时至 16.95 小时之间;

同理,有 95% 的把握可以认为厂家 A 与厂家 C 生产的电池平均寿命之差介于 -7.44 小时至 2.92 小时之间;有 95% 的把握可以认为厂家 C 与厂家 B 生产的电池平均寿命之差介于 8.94 小时至 18.78 小时之间。

(4) 据题意可知,这批电池使用寿命方差的 $1-\alpha=0.95$ 置信区间为 $\left[\frac{\hat{\sigma}^2}{\chi^2_\alpha(n-k)}, \frac{\hat{\sigma}^2}{\chi^2_{1-\alpha}(n-k)}\right]$,而 $\hat{\sigma}^2 = \frac{SSE}{n-k} = \frac{258.057}{18-3} = 17.204$,$\chi^2_{0.05}(18-3) = 24.996$,$\chi^2_{1-0.05}(18-3) = 7.261$

故所求区间下限为 $\frac{17.204}{24.996} = 0.688$,上限为 $\frac{17.204}{7.261} = 2.369$

即有 95% 把握可以认为,这批电池寿命的方差介于 0.688 至 2.369 之间,也就是说有 95% 的把握可以认为,这批电池寿命的平均差异介于 0.829 小时至 1.539 小时之间。

(5) 方差分析表

附表 4-23 三家电池生产厂家电池平均寿命差异检验方差分析表

误差源	SS	df	MS	F	p-value	Fcrit
水平间	682.221	2	341.111	19.828	6.145E−05	3.682
水平内	258.057	15	17.204	—	—	—
总计	940.278	17	—	—	—	—

2. 解:据题意,本题要检验:

$H_{0A}: \mu_{1\cdot} = \mu_{2\cdot} = \mu_{3\cdot} = \mu$

$H_{0B}: \mu_{\cdot 1} = \mu_{\cdot 2} = \mu_{\cdot 3} = \mu_{\cdot 4} = \mu$

$H_{0A \times B}: \gamma_{ij} = (\mu_{ij} - \mu) - (\mu_{i\cdot} - \mu) - (\mu_{\cdot j} - \mu) = 0, i=1、2、3, j=1、2、3、4$

选取统计量:

$F_A = \frac{MSA}{MSE} \sim F((r-1), rs(t-1))$,当 H_{0A}、H_{0B}、$H_{0A \times B}$ 成立时;

$$F_B = \frac{MSB}{MSE} \sim F((s-1), rs(t-1)), \text{当 } H_{0A}、H_{0B}、H_{0A \times B} \text{ 成立时};$$

$$F_{A \times B} = \frac{MS(A \times B)}{MSE} \sim F((r-1)(s-1), rs(t-1)), \text{当 } H_{0A}、H_{0B}、H_{0A \times B} \text{ 成立时},$$

其中,$r = 3, s = 4, t = 3$

故在显著性水平为 0.05 时,有 $F_{0.05}(2, 24) = 3.403, F_{0.05}(3, 24) = 3.009, F_{0.05}(6, 24) = 2.508$

又 $\sum_{i=1}^{r} \sum_{j=1}^{s} \sum_{k=1}^{t} x_{ijk}^2 = 11\,065, \sum_{i=1}^{r} \sum_{j=1}^{s} \sum_{k=1}^{t} x_{ijk} = 627, \sum_{i=1}^{r} \sum_{j=1}^{s} (\sum_{k=1}^{t} x_{ijk})^2 = 33\,071$

$\sum_{i=1}^{r} (\sum_{j=1}^{s} \sum_{k=1}^{t} x_{ijk})^2 = 131\,369, \sum_{j=1}^{s} (\sum_{i=1}^{r} \sum_{k=1}^{t} x_{ijk})^2 = 98\,307$

所以,$SSA = \frac{1}{st} \sum_{i=1}^{r} (\sum_{j=1}^{s} \sum_{k=1}^{t} x_{ijk})^2 - \frac{1}{rst} (\sum_{i=1}^{r} \sum_{j=1}^{s} \sum_{k=1}^{t} x_{ijk})^2$

$$= \frac{1}{4 \times 3} \times 131\,369 - \frac{1}{3 \times 4 \times 3} \times 627^2 = 27.167$$

$$SSB = \frac{1}{rt} \sum_{j=1}^{s} (\sum_{i=1}^{r} \sum_{k=1}^{t} x_{ijk})^2 - \frac{1}{rst} (\sum_{i=1}^{r} \sum_{j=1}^{s} \sum_{k=1}^{t} x_{ijk})^2$$

$$= \frac{1}{3 \times 3} \times 98\,307 - \frac{1}{3 \times 4 \times 3} \times 627^2 = 2.750$$

$$SSE = \sum_{i=1}^{r} \sum_{j=1}^{s} \sum_{k=1}^{t} x_{ijk}^2 - \frac{1}{t} \sum_{i=1}^{r} \sum_{j=1}^{s} (\sum_{k=1}^{t} x_{ijk})^2$$

$$= 11\,065 - \frac{1}{3} \times 33\,071 = 41.333$$

$$SS(A \times B) = \frac{1}{t} \sum_{i=1}^{r} \sum_{j=1}^{s} (\sum_{k=1}^{t} x_{ijk})^2 - \frac{1}{rst} (\sum_{i=1}^{r} \sum_{j=1}^{s} \sum_{k=1}^{t} x_{ijk})^2 - SSA - SSB$$

$$= \frac{1}{3} \times 33\,071 - \frac{1}{3 \times 4 \times 3} \times 627^2 - 27.167 - 2.750 = 73.500$$

故 $MSA = \frac{SSA}{r-1} = \frac{27.167}{3-1} = 13.584, MSB = \frac{SSB}{s-1} = \frac{2.750}{4-1} = 0.917$

$MS(A \times B) = \frac{SS(A \times B)}{(r-1)(s-1)} = \frac{73.500}{(3-1)(4-1)} = 12.250$

$MSE = \frac{SSE}{rs(t-1)} = \frac{41.333}{3 \times 4 \times (3-1)} = 1.722$

统计量的值 $F_A = \frac{MSA}{MSE} = \frac{13.584}{1.722} = 7.889$

$F_B = \frac{MSB}{MSE} = \frac{0.917}{1.722} = 0.533, F_{A \times B} = \frac{MS(A \times B)}{MSE} = \frac{12.250}{1.722} = 7.114$

因为 $F_A = 7.889 > 3.403 = F_{0.05}(2, 24)$,因此应拒绝原假设 H_{0A},即在显著性水平为 0.05 时,可以认为 3 位操作工平均日产量有显著差异;

因为 $F_B = 0.533 < 3.009 = F_{0.05}(3, 24)$,因此不应拒绝原假设 H_{0B},即在显著性水平为 0.05 时,可以认为 4 台机器的平均日产量没有显著差异;

因为 $F_{A \times B} = 7.114 > 2.508 = F_{0.05}(6, 24)$,因此应拒绝原假设 $H_{0A \times B}$,即在显著性水平为 0.05 时,可以认为 3 位操作工与 4 台机器的交互效应对产量有显著影响。

附表 4-24　3 位操作工与 4 台机器产量差异检验方差分析表

误差源	SS	df	MS	F	p-value	$F crit$
A	27.167	2	13.584	7.889	0.002 3	3.403
B	2.750	3	0.917	0.533	0.664 0	3.009
$A \times B$	73.500	6	12.250	7.114	0.000 2	2.508
E	41.333	24	1.722	—	—	—
总计	144.750	35	—	—	—	—

3. 解：(1) 据题意，可得：$\bar{x}_A = 70.47, \bar{x}_B = 73.24, \bar{x}_C = 67.18$；$S_A^2 = 241.39, S_B^2 = 211.94, S_C^2 = 318.53$

因此，组内误差 $SSE = (241.39 + 211.94 + 318.53) \times (17-1) = 12\,349.76$

又总平均分 $\bar{x} = \frac{1}{3}(70.47 + 73.24 + 67.18) = 70.30$

因此，组间误差
$SSA = [(70.47 - 70.30)^2 + (73.24 - 70.30)^2 + (67.18 - 70.30)^2] \times 17 = 312.92$

由此可得方差分析表

附表 4-25　3 位阅卷人平均评分差异检验方差分析表

误差源	SS	df	MS	F	p-value	$F crit$
组间	312.92	2	156.46	0.608	0.548 6	3.197
组内	12 349.76	48	257.29	—	—	—
总计	12 662.68	50	—	—	—	—

(2) 由附表 4-25 可知，与统计量的值 0.608 对应的 p-value $= 0.548\,6$，远大于显著性水平 0.05，故可以认为 3 位阅卷人员的平均评分没有显著差异。

4. 解：据题意可得，
$$SSE = (11.67 + 8.92 + 8.92 + 11.67) \times (4-1) +$$
$$(16.92 + 6.92 + 33.67 + 22.92) \times (4-1) +$$
$$(8.67 + 11.58 + 29.58 + 11.33) \times (4-1) = 548.31$$

由于总平均数 $\bar{x} = \frac{1}{48}(1\,124 + 1\,139 + 1\,150) = 71.10$

所以 $SSA = \sum_{i=1}^{r} \sum_{j=1}^{s} \sum_{k=1}^{t} (\bar{x}_{i..} - \bar{x})^2$
$= [(70.25 - 71.10)^2 + (71.19 - 71.10)^2 + (71.88 - 71.10)^2] \times 16$
$= 21.42$

$SSB = \sum_{i=1}^{r} \sum_{j=1}^{s} \sum_{k=1}^{t} (\bar{x}_{.j.} - \bar{x})^2$
$= [(70.92 - 71.10)^2 + (75.25 - 71.10)^2 + (70.33 - 71.10)^2 + (67.92 - 71.10)^2] \times 12$
$= 335.52$

$SST = \sum_{i=1}^{r} \sum_{j=1}^{s} \sum_{k=1}^{t} (x_{ijk} - \bar{x})^2 = \sum_{i=1}^{r} \sum_{j=1}^{s} \sum_{k=1}^{t} [(x_{ijk} - \bar{x}_{i..}) + (\bar{x}_{i..} - \bar{x})]^2$
$= \sum_{i=1}^{r} \sum_{j=1}^{s} \sum_{k=1}^{t} (x_{ijk} - \bar{x}_{i..})^2 + \sum_{i=1}^{r} \sum_{j=1}^{s} \sum_{k=1}^{t} (\bar{x}_{i..} - \bar{x})^2$

$$= (22.33 + 19.36 + 21.32) \times (16-1) + SSA = 966.57$$

或 $SST = \sum_{i=1}^{r}\sum_{j=1}^{s}\sum_{k=1}^{t}(x_{ijk} - \overline{x})^2 = \sum_{i=1}^{r}\sum_{j=1}^{s}\sum_{k=1}^{t}[(x_{ijk} - \overline{x}_{\cdot j \cdot}) + (\overline{x}_{\cdot j \cdot} - \overline{x})]^2$

$$= \sum_{i=1}^{r}\sum_{j=1}^{s}\sum_{k=1}^{t}(x_{ijk} - \overline{x}_{\cdot j \cdot})^2 + \sum_{i=1}^{r}\sum_{j=1}^{s}\sum_{k=1}^{t}(\overline{x}_{\cdot j \cdot} - \overline{x})^2$$

$$= (11.54 + 10.93 + 21.15 + 13.72) \times (12-1) + SSB = 966.26$$

注：两种方法测算结果不同，因为计算过程采用四舍五入所致。

又 $SS(A \times B) = SST - SSA - SSB - SSE$

$$= 966.57 - 21.42 - 335.52 - 548.31 = 61.32$$

所以 $MSA = \dfrac{SSA}{r-1} = \dfrac{21.42}{3-1} = 10.71$

$MSB = \dfrac{SSB}{s-1} = \dfrac{335.52}{4-1} = 111.84$

$MS(A \times B) = \dfrac{SS(A \times B)}{(r-1)(s-1)} = \dfrac{61.32}{(3-1) \times (4-1)} = 10.22$

$MSE = \dfrac{SSE}{rs(t-1)} = \dfrac{548.31}{3 \times 4 \times (4-1)} = 15.23$

故统计量的值 $F_A = \dfrac{MSA}{MSE} = \dfrac{10.71}{15.23} = 0.703$

$F_B = \dfrac{MSB}{MSE} = \dfrac{111.84}{15.23} = 7.343$

$F_{A \times B} = \dfrac{MS(A \times B)}{MSE} = \dfrac{10.22}{15.23} = 0.671$

又在显著性水平为 0.05 时，

$F_{0.05}(2,36) = 3.259, F_{0.05}(3,36) = 2.866, F_{0.05}(6,36) = 2.364$

因为 $F_A = 0.703 < 3.259 = F_{0.05}(2,36)$

$F_B = 7.343 > 2.866 = F_{0.05}(3,36)$

$F_{A \times B} = 0.671 < 2.364 = F_{0.05}(6,36)$

故在显著性水平为 0.05 时，可以认为三个小麦品种平均亩产量没有显著差异，四种施肥量对小麦亩产量有显著影响，小麦品种与施肥量的交互作用对小麦亩产量没有显著影响。

附表 4-26 三个小麦品种与四种施肥量对小麦亩产量影响检验方差分析表

误差源	SS	df	MS	F	p-value	Fcrit
A	21.42	2	10.71	0.703	0.501 8	3.259
B	335.52	3	111.84	7.343	0.000 6	2.866
$A \times B$	61.32	6	10.22	0.671	0.673 6	2.364
E	548.31	36	15.23	—	—	—
总计	966.57	47	—	—	—	—

第11章 回归分析

二、计算分析题

1. 解:(1)

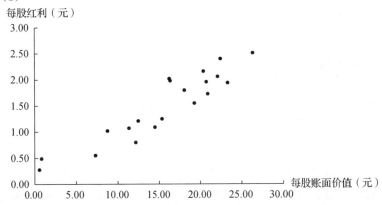

附图 4-6 2019 年某行业 20 家上市公司每股账面价值和红利的散点图

由附图 4-6 可见,2019 年某行业 20 家上市公司每股账面价值与其红利之间可能具有线性相关关系。

(2) 样本线性相关系数

$$r = \frac{n\sum_{i=1}^{n}x_iy_i - (\sum_{i=1}^{n}x_i)(\sum_{i=1}^{n}y_i)}{\sqrt{[n\sum_{i=1}^{n}x_i^2 - (\sum_{i=1}^{n}x_i)^2][n\sum_{i=1}^{n}y_i^2 - (\sum_{i=1}^{n}y_i)^2]}}$$

$$= \frac{20 \times 544.5321 - 309.31 \times 29.87}{\sqrt{(20 \times 5747.9021 - 309.31^2)(20 \times 52.8717 - 29.87^2)}}$$

$$= \frac{1651.5523}{\sqrt{3186272.2264}} = 0.9252$$

可见,2019 年某行业 20 家上市公司每股账面价值与其红利之间具有高度线性相关关系,由此可以推断,2019 年某行业上市公司每股账面价值与其红利之间可能具有高度线性相关关系。

(3) 设 2019 年某行业上市公司每股账面价值与其红利之间线性相关系数为 ρ,则本题要检验原假设 $H_0: \rho = 0; H_1: \rho \neq 0$

选取统计量 $t = \dfrac{r\sqrt{n-2}}{\sqrt{1-r^2}} \overset{H_0 为真}{\sim} t(n-2)$

因此,在 $n = 20$,显著性水平为 0.05 时,可得拒绝域 $(-\infty, -2.1009) \cup (2.1009, +\infty)$

又 $r = 0.9252$

可得,统计量的值 $t_0 = \dfrac{0.9252 \times \sqrt{20-2}}{\sqrt{1 - 0.9252^2}} = 10.3439$

可见,统计量的值落入拒绝域,应拒绝原假设,即在显著性水平为 0.05 时,可以认为 2019 年某行业上市公司每股账面价值与其红利之间具有显著线性相关关系。

(4) 若在该行业上市公司每股账面价值与其红利之间建立一元线性回归模型,应以

"每股账面价值"作为自变量 x、"红利"作为因变量 y，且 $y = \beta_0 + \beta_1 x + \varepsilon$

采用最小二乘法，可得

$$\hat{\beta}_1 = \frac{n \sum\limits_{i=1}^{n} x_i y_i - (\sum\limits_{i=1}^{n} x_i)(\sum\limits_{i=1}^{n} y_i)}{n \sum\limits_{i=1}^{n} x_i^2 - (\sum\limits_{i=1}^{n} x_i)^2}$$

$$= \frac{20 \times 544.5321 - 309.31 \times 29.87}{20 \times 5747.9021 - 309.31^2}$$

$$= \frac{1651.5523}{19285.3659} = 0.0856$$

$$\hat{\beta}_0 = \frac{1}{n} \sum_{i=1}^{n} y_i - \hat{\beta}_1 \cdot \frac{1}{n} \sum_{i=1}^{n} x_i$$

$$= \frac{1}{20} \times 29.87 - 0.0856 \times \frac{1}{20} \times 309.31 = 0.1697$$

因此，所求一元线性回归方程为 $\hat{y} = 0.1697 + 0.0856x$。

(5) 样本回归系数 $\hat{\beta}_1 = 0.0856$，表明 2019 年该行业上市公司每股账面价值每提高 1 元，其红利收入有可能平均提高 0.0856 元；总体回归常数 β_0 应该为 0 元，因为当股票账面价值为 0 元时，其红利必然为 0 元。

(6) 判断自变量 x 与因变量 y 之间是否具有线性相关系数，可以对一元线性回归模型中总体回归系数是否为零进行检验。本题检验原假设 $H_0: \beta_1 = 0; H_1: \beta_1 \neq 0$

选取统计量 $F = \dfrac{MSR}{MSE} \stackrel{H_0 \text{为真}}{\sim} F(1, n-2)$

因此，在 $n = 20$，显著性水平为 0.05 时，可得拒绝域 $(4.414, +\infty)$；

又 $SSR = (\hat{\beta}_1)^2 \left[\sum\limits_{i=1}^{n} x_i^2 - \dfrac{1}{n} (\sum\limits_{i=1}^{n} x_i)^2 \right]$

$$= 0.0856^2 \times (5747.9021 - \frac{1}{20} \times 309.31^2)$$

$$= 7.0655$$

$$SSE = \sum_{i=1}^{n} y_i^2 - \hat{\beta}_0 \sum_{i=1}^{n} y_i - \hat{\beta}_1 \sum_{i=1}^{n} x_i y_i$$

$$= 52.8717 - 0.1697 \times 29.87 - 0.0856 \times 544.5321$$

$$= 1.1908$$

或者由 $SST = \sum\limits_{i=1}^{n} y_i^2 - \dfrac{1}{n} (\sum\limits_{i=1}^{n} y_i)^2$

$$= 52.8717 - \frac{1}{20} \times 29.87^2$$

$$= 8.2609$$

得 $SSE = SST - SSR$

$$= 8.2609 - 7.0655$$

$$= 1.1954$$

因计算时四舍五入而与 1.1908 有差异。这时，应使用后一种方法测算结果作为 SSE。

所以，统计量的值 $F_0 = \dfrac{7.0655/1}{1.1954/(20-2)} = 106.3903$

可见统计量的值落入拒绝域,应拒绝原假设,即在显著性水平为 0.05 时,可以认为 2019 年某行业上市公司每股账面价值与其红利之间具有显著线性相关关系。

(7) 当 $x_0 = 26.19$ 时,其点预测值为 $\hat{y}_0 = 0.1697 + 0.0856 \times 26.19 = 2.41$(元)
其预测区间为

$$\left[\hat{y}_0 - t_{\frac{\alpha}{2}}(n-2)S_y\sqrt{1+\frac{1}{n}+\frac{(x_0-\bar{x})^2}{L_{xx}}}, \hat{y}_0 + t_{\frac{\alpha}{2}}(n-2)S_y\sqrt{1+\frac{1}{n}+\frac{(x_0-\bar{x})^2}{L_{xx}}}\right]$$

其中,$t_{\frac{\alpha}{2}}(n-2) = t_{0.025}(18) = 2.1009$,$S_y = \sqrt{\frac{SSE}{n-2}} = \sqrt{\frac{1.1954}{20-2}} = 0.2577$,

$$L_{xx} = \sum_{i=1}^{n}(x_i-\bar{x})^2 = \sum_{i=1}^{n}x_i^2 - \frac{1}{n}\left(\sum_{i=1}^{n}x_i\right)^2 = 5747.9021 - \frac{1}{20} \times 309.31^2 = 964.2683$$

故所求区间下限为 $2.41 - 2.1009 \times 0.2577 \times \sqrt{1+\frac{1}{20}+\frac{\left(26.19-\frac{309.31}{20}\right)^2}{964.2683}} = 1.82$(元)

所求区间上限为 $2.41 + 2.1009 \times 0.2577 \sqrt{1+\frac{1}{20}+\frac{\left(26.19-\frac{309.31}{20}\right)^2}{964.2683}} = 2.97$(元)

因此,有 95% 的把握可以认为,2019 年该行业某上市公司的每股账面价值为 26.19 元时,其红利介于 1.82 元至 3.00 元之间,最多可达 2.97 元。

2. 解:本题为非线性回归问题。
对 $y = \beta_0 e^{\beta_1 x}\varepsilon$ 两边取自然对数,$\ln y = \ln\beta_0 + \beta_1 x + \ln|\varepsilon|$
(1) 对所剩细菌数求对数,按最小二乘法可得参数估计所需数据见附表 4-27。

附表 4-27 模型参数数据测算表

x	$\ln y$	x^2	$(\ln y)^2$	$x(\ln y)$
1	6.6631	1	44.3969	6.6631
2	6.4313	4	41.3616	12.8626
3	6.0707	9	36.8534	18.2121
4	6.0661	16	36.7976	24.2644
5	5.6595	25	32.0299	28.2975
6	5.5255	36	30.5312	33.1530
7	5.1648	49	26.6755	36.1536
8	5.0370	64	25.3714	40.2960
9	4.8598	81	23.6177	43.7382
10	4.6347	100	21.4804	46.3470
11	4.2761	121	18.2902	47.0437
12	3.9120	144	15.3037	46.9440
13	3.7612	169	14.1466	48.8956
14	3.4340	196	11.7924	48.0760
15	3.3322	225	11.1036	49.9830
16	2.9957	256	8.9744	47.9310
17	2.7726	289	7.6873	47.1342
18	2.4849	324	6.1747	44.7282
19	2.1972	361	4.8274	41.7468
20	1.9459	400	3.7865	38.9180
21	1.3863	441	1.9218	29.1123
231	88.6112	3311	423.1240	780.5005

$$\hat{\beta}_1 = \frac{n\sum_{i=1}^{n}x_iy_i - (\sum_{i=1}^{n}x_i)(\sum_{i=1}^{n}y_i)}{n\sum_{i=1}^{n}x_i^2 - (\sum_{i=1}^{n}x_i)^2}$$

$$= \frac{21 \times 780.500\,5 - 231 \times 88.611\,2}{21 \times 3\,311 - 231^2}$$

$$= \frac{-4\,078.676\,7}{16\,170} = -0.252\,2$$

$$\hat{\beta}_0^* = \frac{1}{n}\sum_{i=1}^{n}y_i - \hat{\beta}_1 \cdot \frac{1}{n}\sum_{i=1}^{n}x_i$$

$$= \frac{1}{21} \times 88.611\,2 - (-0.252\,2) \times \frac{1}{21} \times 231 = 6.993\,8$$

由 $\ln\hat{\beta}_0 = \hat{\beta}_0^*$,可得 $\hat{\beta}_0 = e^{\hat{\beta}_0^*} = e^{6.993\,8} = 1\,089.855\,1$

因此,所求回归方程为 $\ln\hat{y} = 6.993\,8 - 0.252\,2x$

即 $\hat{y} = 1\,089.855\,1e^{-0.252\,2x}$

(2) 由 $SSR = (\hat{\beta}_1)^2 L_{xx} = (-0.252\,2)^2 \times (3\,311 - \frac{1}{21} \times 231^2) = 48.975\,7$

$$SST = \sum_{i=1}^{n}(\ln y_i)^2 - \frac{1}{n}(\sum_{i=1}^{n}\ln y_i)^2$$

$$= 423.124\,0 - \frac{1}{21} \times 88.611\,2^2$$

$$= 49.221\,9$$

可得 $SSE = SST - SSR = 49.221\,9 - 48.975\,7 = 0.246\,2$

$R^2 = \frac{SSR}{SST} = \frac{48.975\,7}{49.221\,9} = 0.995\,0$,即照射次数对该物体中细菌数变化的解释程度可达 99.50%。

估计标准误差 $S_y = \sqrt{\frac{SSE}{n-2}} = \sqrt{\frac{0.246\,2}{21-2}} = 0.113\,8$,即不同照射次数下所剩细菌数与估计所剩细菌数平均相差 $0.113\,8$ 个。

(3) 当 $x_0 = 25$ 时,所剩细菌数的点预测值 $\hat{y}_0 = 1\,089.855\,1e^{-0.252\,2 \times 25} = 1.991$(个),在 95% 的置信水平下,所剩细菌数不会超过 $\hat{y}_0 + t_{\frac{\alpha}{2}}(n-2)S_y\sqrt{1+\frac{1}{n}+\frac{(x_0-\bar{x})^2}{L_{xx}}}$。

其中,$t_{\frac{\alpha}{2}}(n-2) = t_{0.025}(19) = 2.093\,0$,$S_y = 0.113\,8$

$$L_{xx} = \sum_{i=1}^{n}(x_i-\bar{x})^2 = \sum_{i=1}^{n}x_i^2 - \frac{1}{n}(\sum_{i=1}^{n}x_i)^2 = 3\,311 - \frac{1}{21} \times 231^2 = 770, \bar{x} = \frac{231}{21} = 11$$

所以 $\hat{y}_0 + t_{\frac{\alpha}{2}}(n-2)S_y\sqrt{1+\frac{1}{n}+\frac{(x_0-\bar{x})^2}{L_{xx}}}$

$$= 1.991 + 2.093\,0 \times 0.113\,8 \times \sqrt{1+\frac{1}{21}+\frac{(25-11)^2}{770}}$$

$$= 2.263(\text{个})$$

即当照射 25 次时,所剩细菌数有 95% 的可能不会超过 2.263 个。

3. 解:(1) 成人识字率为自变量,人均寿命为因变量

(2) 根据估计标准误差 $S_y = 5.501 = \sqrt{MSE}$,得 $MSE = 5.501^2 = 30.261$

根据 $MSE = \frac{SSE}{n-2} = 30.261$,得 $SSE = 30.261 \times (22-2) = 605.220$

根据 $SSR + SSE = SST$，得 $SSR = SST - SSE = 2\,137.500 - 605.220 = 1\,532.280$

根据 $MSR = \dfrac{SSR}{1}$，得 $MSR = SSR = 1\,532.280$

因此，可得统计量的值 $F_0 = \dfrac{MSR}{MSE} = \dfrac{1\,532.280}{30.261} = 50.635\,5$

根据可决系数 $R^2 = \dfrac{SSR}{SST}$，得 $R^2 = \dfrac{1\,532.280}{2\,137.500} = 0.716\,9$

根据 $|r|^2 = R^2$，得 $|r| = \sqrt{R^2} = \sqrt{0.716\,9} = 0.846\,7$

根据调整后的可决系数 $R^{*2} = 1 - (1 - R^2)\dfrac{n-k}{n-k-1}$

得 $R^{*2} = 1 - (1 - 0.716\,9) \times \dfrac{22-1}{22-1-1} = 0.702\,7$

根据 $t \sim t(n-2)$，可得 $t^2 \sim F(1, n-2)$，可得总体回归系数的检验统计量

$t_0 = \dfrac{\hat{\beta}_1}{\dfrac{S_y}{\sqrt{L_{xx}}}} = \sqrt{F_0} = \sqrt{50.635\,5} = 7.115\,9$

从而求得，总体回归系数估计量的标准误差 $\dfrac{S_y}{\sqrt{L_{xx}}} = \dfrac{\hat{\beta}_1}{t_0} = \dfrac{0.33}{7.115\,9} = 0.046\,4$

根据 $t_{\frac{\alpha}{2}}(n-2) = t_{0.025}(20) = 2.086$，$\sqrt{L_{xx}} = \dfrac{S_y}{0.046\,4} = \dfrac{5.501}{0.046\,4} = 118.556\,0$

从而求得，总体回归系数估计值的下限

$\hat{\beta}_1 - t_{\frac{\alpha}{2}}(n-2)S_y\sqrt{\dfrac{1}{L_{xx}}} = 0.33 - 2.086 \times \dfrac{5.501}{118.556} = 0.23$

同理求得，总体回归系数估计值的上限为

$\hat{\beta}_1 + t_{\frac{\alpha}{2}}(n-2)S_y\sqrt{\dfrac{1}{L_{xx}}} = 0.33 + 2.086 \times \dfrac{5.501}{118.556} = 0.43$

根据总体回归常数估计值的下限 $\hat{\beta}_0 - t_{\frac{\alpha}{2}}(n-2)S_y\sqrt{\dfrac{1}{n} + \dfrac{(\overline{x})^2}{L_{xx}}} = 31.43$，可得

$(\overline{x})^2 = L_{xx}\left[\left(\dfrac{\hat{\beta}_0 - 31.43}{t_{\frac{\alpha}{2}}(n-2)S_y}\right)^2 - \dfrac{1}{n}\right]$

$= 118.556^2 \times \left[\left(\dfrac{38.79 - 31.43}{2.086 \times 5.501}\right)^2 - \dfrac{1}{22}\right]$

$= 5\,143.282$

据此可以求得，总体回归常数估计量的标准差为

$S_y\sqrt{\dfrac{1}{n} + \dfrac{(\overline{x})^2}{L_{xx}}} = 5.501 \times \sqrt{\dfrac{1}{22} + \dfrac{5\,143.282}{118.556^2}} = 3.528\,3$

所以，总体回归常数检验统计量的值为

$\dfrac{\hat{\beta}_0}{S_y\sqrt{\dfrac{1}{n} + \dfrac{(\overline{x})^2}{L_{xx}}}} = \dfrac{38.79}{3.528\,3} = 10.994\,0$

对应的 $P\text{-value} = 6.77\text{E} - 07 = 6.77 \times 10^{-7} = \int_{50.635\,5}^{+\infty} f_F(x)\mathrm{d}x \approx \int_{-\infty}^{-7.115\,9} f_t(x)\mathrm{d}x +$

$\int_{7.115\,9}^{+\infty} f_t(x)\mathrm{d}x$，$f_F(x)$ 为第一自由度是 1、第二自由度是 20 的 F 分布的概率密度函数，$f_t(x)$ 为自由度是 20 的 t 分布的概率密度函数。

将上述计算结果填于软件输出结果的对应位置如下：

SUMMARY OUTPUT

回归统计	
Multiple R	0.846 7
R Square	0.716 9
Adjusted R Square	0.702 7
标准误差	5.501
观测值	22

方差分析

	df	SS	MS	F	Significance F
回归分析	1	1 532.280	1 532.280	50.635 5	6.77E−07
残差	20	605.220	30.261	—	—
总计	21	2 137.500	—	—	—

	Coefficients	标准误差	t Stat	P-value	Lower 95%	Upper 95%
Intercept	38.79	3.528 3	10.994 0	6.39E−10	31.43	46.16
X Variable	0.33	0.046 4	7.115 9	6.77E−07	0.23	0.43

(3) 相关系数为 0.846 7，表明 1992 年亚洲部分国家或地区人均寿命与识字率可能具有高度线性相关关系；可决系数为 0.716 9，表明 1992 年亚洲部分国家或地区人均寿命的差异，受识字率的影响程度可达 71.69%；回归系数为 0.33，表明 1992 年亚洲部分国家或地区的识字率每提高 1 个百分点，有可能使其人均寿命平均延长 0.33 岁。

(4) $\hat{y} = 38.79 + 0.33x$

(5) 因为由总体回归系数检验统计量的值 7.115 9，可得相应的 P−value 为 6.77×10^{-7} 远远小于 0.01，因此，对原假设 $H_0 : \beta_1 = 0$ 进行检验，在显著性水平 0.01 时，应拒绝原假设，即在显著性水平为 0.01 时，可以认为 1992 年亚洲部分国家或地区人均寿命与其识字率之间具有高度线性相关关系。

4. 解：(1) 设所求企业 A 产品的销售收入和销售成本之间一元线性回归模型为
$y = \beta_0 + \beta_1 x + \varepsilon$
则根据所给数据，可得样本回归系数

$$\hat{\beta}_1 = \frac{\sum (x_i - \overline{x})(y_i - \overline{y})}{\sum (x_i - \overline{x})^2}$$

$$= \frac{334\,229.09}{425\,053.73} = 0.786\,3$$

样本回归常数 $\hat{\beta}_0 = \overline{y} - \hat{\beta}_1 \overline{x} = 594.82 - 0.786\,3 \times 647.88 = 85.392\,0$
故所求简单线性回归方程为 $\hat{y} = 85.392\,0 + 0.786\,3x$。

(2) 回归系数 0.786 3，表明该企业 A 产品销售收入每增加 1 万元，其销售成本可能会平均增加 0.786 3 万元。

(3) 因为 $SSR = (\hat{\beta}_1)^2 \sum (x_i - \overline{x})^2$
$= 0.786\,3^2 \times 425\,053.73 = 262\,796.99$
$SST = \sum (y_i - \overline{y})^2 = 262\,855.25$

故可决系数 $R^2 = \dfrac{SSR}{SST} = \dfrac{262\ 796.99}{262\ 855.25} = 0.999\ 8$，表明该企业 A 产品销售收入对其销售成本变动的解释程度可达 99.98%。

又 $SSE = SST - SSR = 262\ 855.25 - 262\ 796.99 = 58.26$

故估计标准误差 $S_y = \sqrt{\dfrac{SSE}{n-2}} = \sqrt{\dfrac{58.26}{12-2}} = 2.413\ 7$，即该企业 A 产品实际销售成本与其估计销售成本平均相差 2.413 7 万元。

(4) 本题要检验 $H_0:\beta_1 = 0; H_1:\beta_1 \neq 0$

选取统计量 $F = \dfrac{MSR}{MSE} \overset{H_0\text{为真}}{\sim} F(1, n-2)$

因此，在 $\alpha = 0.01, n = 12$ 时，可得拒绝域为 $(10.044\ 3, +\infty)$

又统计量的值 $F_0 = \dfrac{262\ 796.99}{\dfrac{58.26}{12-2}} = 45\ 107.619\ 3$

可见统计量的值落入拒绝域，应拒绝原假设，即在显著性水平为 0.01 时，可以认为该企业 A 产品销售收入与其销售成本之间具有高度显著线性相关关系。

(5) 当 $x_0 = 800$ 时，可得点预测值为

$\hat{y}_0 = 85.392\ 0 + 0.786\ 3 \times 800 = 714.432\ 0$（万元）

在置信水平 $1 - \alpha = 0.95, t_{\frac{\alpha}{2}}(n-2) = t_{0.025}(10) = 2.228\ 1$ 时，可得预测区间下限为

$\hat{y}_0 - t_{\frac{\alpha}{2}}(n-2) S_y \sqrt{1 + \dfrac{1}{n} + \dfrac{(x_0 - \overline{x})^2}{\sum(x_i - \overline{x})^2}}$

$= 714.432\ 0 - 2.228\ 1 \times 2.413\ 7 \times \sqrt{1 + \dfrac{1}{12} + \dfrac{(800 - 647.88)^2}{425\ 053.73}}$

$= 708.695\ 5$（万元）

预测区间上限为

$\hat{y}_0 + t_{\frac{\alpha}{2}}(n-2) S_y \sqrt{1 + \dfrac{1}{n} + \dfrac{(x_0 - \overline{x})^2}{\sum(x_i - \overline{x})^2}}$

$= 714.432\ 0 + 2.228\ 1 \times 2.413\ 7 \times \sqrt{1 + \dfrac{1}{12} + \dfrac{(800 - 647.88)^2}{425\ 053.73}}$

$= 720.168\ 5$（万元）

即当某销售网点的营商环境、销售规模与前述随机选出的 12 个销售网点大致相同且销售收入为 800 万元时，有 95% 的把握可以认为该销售网点的销售成本介于 708.695 5 万元至 720.168 5 万元之间。

第 12 章 时间序列预测

二、计算分析题

1. 解：从所给时间序列折线图（附图 4-7）可见，随着时间的推移该企业营业收入的振动幅度有增大的趋势，故先采用乘法分解模式预测，再使用加法分解模式进行预测。

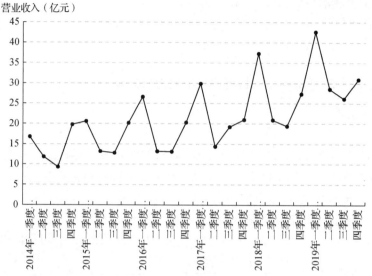

附图 4-7 2014 年一季度—2019 年四季度该企业营业收入折线图

● 采用乘法分解模式 $Y = T \cdot S \cdot I$ 进行预测，数据测算结果见附表 4-28。

其中，对于(2)栏数据，有 $14.43 = \frac{1}{4} \times (16.8 + 11.8 + 9.3 + 19.8)$，

$15.38 = \frac{1}{4} \times (11.8 + 9.3 + 19.8 + 20.6)$，其余依次类推。

对于(3)栏数据，有

$14.91 = \frac{1}{2} \times (14.43 + 15.38)$，$15.56 = \frac{1}{2} \times (15.38 + 15.73)$，其余依次类推。

对于(4)栏数据，有 $0.6237 = \frac{9.3}{14.91}$，$1.2725 = \frac{19.8}{15.56}$，其余依次类推。

对于(5)栏数据，计算见附表 4-29。

附表 4-29 中各季度数据是(4)栏数据按年份和季度的重新组合；所有数据的总平均为 $0.9991 = \frac{1}{4} \times (1.4268 + 0.7846 + 0.7298 + 1.0552)$；

一季度季节指数为 $142.81\% = \frac{1.4268}{0.9991} \times 100\%$，二季度季节指数为 $78.53\% = \frac{0.7846}{0.9991} \times 100\%$，其余依次类推。

对于(6)栏中数据，$11.7639 = \frac{16.8}{142.81\%}$，$15.0261 = \frac{11.8}{78.53\%}$，其余依次类推。

对于(7)栏数据，因为根据(6)栏数据所作散点图（见附图 4-8），可知(6)栏数据与相应时间序列 1, 2, 3, …, 24 之间可能具有线性关系，因此，以(6)栏数据为因变量取值，以

相应时间 1,2,3,…,24 为自变量取值,构建的一元线性回归方程为 $\hat{T} = 10.851\,2 + 0.866\,6t$,再分别将 $t = 1,2,3,…,24$ 代入该线性回归方程,可得长期趋势的估计值 $\hat{T}$。如 $11.717\,8 = 10.851\,2 + 0.866\,6 \times 1$,$12.584\,4 = 10.851\,2 + 0.866\,6 \times 2$,其余依次类推。

附表 4-28　乘法分解模式预测数据测算

季度	营业收入 Y (亿元)	四项移动平均 (亿元)	移正平均 T (亿元)	$\frac{Y}{T} = S \cdot I$	季节指数估计值 $\hat{S}$	$\frac{Y}{\hat{S}} = T \cdot I$	长期趋势估计值 $\hat{T}$	营业收入估计值 $\hat{Y}$ (亿元)	$(Y-\hat{Y})^2$	$\frac{|Y-\hat{Y}|}{Y} \times 100$ (%)
	(1)	(2)	(3)	(4)	(5)	(6)	(7)	(8)	(9)	(10)
2014 年一季度	16.8	—	—	—	1.428 1	11.763 9	11.717 8	16.734 2	0.004 3	0.391 7
二季度	11.8	—	—	—	0.785 3	15.026 1	12.584 4	9.882 5	3.676 8	16.250 0
三季度	9.3	14.43	14.91	0.623 7	0.730 5	12.731 0	13.451 0	9.826 0	0.276 7	5.655 9
四季度	19.8	15.38	15.56	1.272 5	1.056 2	18.746 4	14.317 6	15.122 2	21.881 8	23.625 3
2015 年一季度	20.6	15.73	16.17	1.274 0	1.428 1	14.424 8	15.184 2	21.684 5	1.176 4	5.265 0
二季度	13.2	16.60	16.65	0.792 8	0.785 3	16.808 9	16.050 8	12.604 7	0.354 4	4.509 1
三季度	12.8	16.70	17.45	0.733 5	0.730 5	17.522 2	16.917 4	12.358 2	0.195 2	3.451 6
四季度	20.2	18.20	18.20	1.109 9	1.056 2	19.125 2	17.784 0	18.783 5	2.006 5	7.012 4
2016 年一季度	26.6	18.20	18.24	1.458 3	1.428 1	18.626 1	18.650 6	26.634 9	0.001 2	0.131 2
二季度	13.2	18.29	18.29	0.721 7	0.785 3	16.808 9	19.517 2	15.326 1	4.523 7	16.112 9
三季度	13.1	18.30	18.72	0.699 8	0.730 5	17.932 9	20.383 8	14.890 4	3.205 5	13.667 2
四季度	20.3	19.13	19.28	1.052 9	1.056 2	19.219 8	21.250 4	22.444 7	4.599 7	10.565 0
2017 年一季度	29.9	19.43	20.19	1.480 9	1.428 1	20.936 9	22.117 0	31.585 3	2.840 2	5.636 5
二季度	14.4	20.95	21.04	0.684 4	0.785 3	18.336 9	22.983 6	18.049 0	13.315 2	25.340 3
三季度	19.2	21.13	22.06	0.870 4	0.730 5	26.283 4	23.850 2	17.422 6	3.159 2	9.257 3
四季度	21.0	22.98	23.79	0.882 7	1.056 2	19.882 6	24.716 6	26.105 9	26.070 0	24.313 8
2018 年一季度	37.3	24.60	24.63	1.514 3	1.428 1	26.118 6	25.583 4	36.535 7	0.584 2	2.049 1
二季度	20.9	24.65	25.44	0.821 5	0.785 3	26.614 0	26.450 0	20.771 2	0.016 6	0.616 3
三季度	19.4	26.23	26.89	0.721 5	0.730 5	26.557 2	27.316 6	19.954 6	0.307 8	2.859 9
四季度	27.3	27.55	28.50	0.957 9	1.056 2	25.847 4	28.183 2	29.767 1	6.086 6	9.037 0
2019 年一季度	42.6	29.45	30.29	1.406 4	1.428 1	29.829 8	29.049 8	41.486 0	1.241 0	2.615 0
二季度	28.5	31.13	31.58	0.902 5	0.785 3	36.291 9	29.916 6	23.493 3	25.067 0	17.567 4
三季度	26.1	32.03	—	—	0.730 5	35.729 0	30.783 0	22.487 0	13.053 8	13.842 9
四季度	30.9	—	—	—	1.056 2	29.255 8	31.649 6	33.428 3	6.392 3	8.182 2
合计	515.2	—	—	—	—	—	—	517.379 0	140.036 3	227.955 6

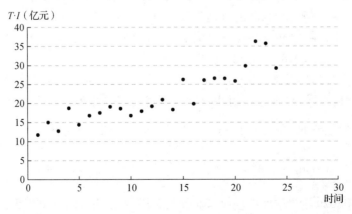

附图 4-8　该企业营业收入时间序列中 $T \cdot I$ 成分与时间的散点图

对于(8)栏营业收入的估计值 $\hat{y}_i = \hat{T}_i \cdot \hat{S}_i, i = 1, 2, \cdots, 24$,如 $16.7342 = 11.7178 \times 142.81\%, 9.8825 = 12.5844 \times 78.53\%$,其余依次类推。

对于(9)栏离差平方值,$0.0043 = (16.8 - 16.7342)^2, 3.6768 = (11.8 - 9.8825)^2$,其余依次类推。

附表 4-29 乘法分解模式预测季节指数测算表

年份	一季度	二季度	三季度	四季度
2014	—	—	0.6237	1.2725
2015	1.2740	0.7928	0.7335	1.1099
2016	1.4583	0.7217	0.6998	1.0529
2017	1.4809	0.6844	0.8704	0.8827
2018	1.5144	0.8215	0.7215	0.9579
2019	1.4064	0.9025	—	—
列平均	1.4268	0.7846	0.7298	1.0552
季节指数(%)	142.81	78.53	73.05	105.62

对于(10)栏的相对误差,$0.3917\% = \dfrac{|16.8 - 16.7342|}{16.8} \times 100\%$,

$16.2500\% = \dfrac{|11.8 - 9.8825|}{11.8} \times 100\%$,其余依次类推。

最后,根据附表 4-28 中(9)栏和(10)栏"合计",可得预测估计标准误差为

$$S_y = \sqrt{\dfrac{\sum_{i=1}^{n}(Y_i - \hat{Y}_i)^2}{n-2}} = \sqrt{\dfrac{140.0363}{24-2}} = 2.5230(亿元)$$

预测平均相对误差为 $\overline{\Delta} = \dfrac{1}{n}\sum_{i=1}^{n}\dfrac{|Y_i - \hat{Y}_i|}{Y_i} = \dfrac{1}{24} \times 227.9556\% = 9.50\%$

因此,若预测者的期望预测估计标准误差不小于 2.5230 亿元,或期望预测平均相对误差不小于 9.50%,则可以根据(5)栏的数据特征,确定 2020 年该企业四个季度营业收入的季节指数估计值依次为 142.81%、78.53%、73.05% 和 105.62%;根据(7)栏数据特征,令一元线性回归方程 $\hat{T} = 10.8512 + 0.8666t$ 中的 t 分别取 25、26、27、28,可得 2020 年该企业四个季度营业收入长期趋势的点预测值分别为 32.5162 亿元、33.3828 亿元、34.2494 亿元和 35.1160 亿元;根据乘法分解预测模式,可得 2020 年该企业四个季度营业收入的点预测值分别为 $46.4364 = 32.5162 \times 142.81\%$(亿元)、$26.2155 = 33.3828 \times 78.53\%$(亿元)、$25.0192 = 34.2494 \times 73.05\%$(亿元)和 $37.0895 = 35.1160 \times 105.62\%$(亿元)。

最后,在置信水平为 0.95 时,可得 2020 年该企业一季度营业收入 95% 的预测区间下限为 $\hat{y}_{25} - z_{\frac{\alpha}{2}}\dfrac{S_y}{\sqrt{n}} = 46.4364 - 1.96 \times \dfrac{2.5230}{\sqrt{24}} = 45.4270(亿元)$

预测区间上限为 $46.4364 + 1.96 \times \dfrac{2.5230}{\sqrt{24}} = 47.4458(亿元)$

同理,可得 2020 年二季度该企业营业收入 95% 的预测区间下限为 25.2061 亿元,上限为 27.2249 亿元;三季度 95% 的预测区间下限为 24.0098 亿元,上限为 26.0286 亿

元;四季度95%的预测区间下限为36.0804亿元,上限为38.0989亿元。

● 采用加法分解模式 $Y = T + S + I$ 进行预测,数据测算结果见附表4-30。

其中,对于附表4-30,(2)和(3)栏数据与附表4-28相同。

对于(4)栏数据,有 $-5.61 = 9.3 - 14.91$,$4.24 = 19.8 - 15.56$,其余依次类推。

对于(5)栏数据,计算见附表4-31。

附表4-31中数据是附表4-30中(4)栏数据按年份和季度的重新排列;所有数据的总平均为 $0.086 = \frac{1}{4} \times [9.496 + (-4.560) + (-5.246) + 0.654]$;

一季度季节变差为 $9.410 = 9.496 - 0.086$,

二季度季节变差为 $-4.646 = -4.560 - 0.086$,其余依次类推。

对于(6)栏中的数据,$7.390 = 16.8 - 9.410$,$16.446 = 11.8 - (-4.646)$,其余依次类推。

对于(7)栏数据,因为根据(6)栏数据作散点图(见附图4-9),可知(6)栏数据与相应时间序列 $1,2,3,\cdots,24$ 之间可能具有线性关系。因此,以(6)栏数据为因变量取值,以相应时间 $1,2,3,\cdots,24$ 为自变量取值,构建的一元线性回归方程为 $\hat{T} = 10.7674 + 0.8559t$,再分别将 $t = 1,2,3,\cdots,24$ 代入该线性回归方程,可得长期趋势的估计值 $\hat{T}$。如 $11.6233 = 10.7674 + 0.8559 \times 1$,$12.4792 = 10.7674 + 0.8559 \times 2$,其余依次类推。

附表4-30 加法分解模式预测数据测算

季度	营业收入 Y (亿元)	四项移动平均 (亿元)	移正平均 T (亿元)	$Y-T=$ $S+I$ (亿元)	季节变差估计值 $\hat{S}$ (亿元)	$Y-\hat{S}=$ $T+I$ (亿元)	长期趋势估计值 $\hat{T}$ (亿元)	营业收入估计值 $\hat{Y}$ (亿元)	$(Y-\hat{Y})^2$	$\frac{\|Y-\hat{Y}\|}{Y} \times 100$ (%)
	(1)	(2)	(3)	(4)	(5)	(6)	(7)	(8)	(9)	(10)
2014年一季度	16.8	—	—	—	9.410	7.390	11.6233	21.0333	17.9208	25.1982
二季度	11.8	—	—	—	−4.646	16.446	12.4792	7.8332	15.7355	33.6169
三季度	9.3	14.43	14.91	−5.61	−5.332	14.632	13.3351	8.0031	1.6819	13.9452
四季度	19.8	15.38	15.56	4.24	0.568	19.232	14.1910	14.7590	25.4117	25.4596
2015年一季度	20.6	15.73	16.17	4.43	9.410	11.190	15.0469	24.4569	14.8757	18.7228
二季度	13.2	16.60	16.65	−3.45	−4.646	17.846	15.9022	11.2568	3.7760	14.7212
三季度	12.8	16.70	17.45	−4.65	−5.332	18.132	16.7587	11.4267	1.8860	10.7289
四季度	20.2	18.20	18.20	2.00	0.568	19.632	17.6146	18.1825	4.0699	9.9871
2016年一季度	26.6	18.20	18.24	8.36	9.410	17.190	18.4705	27.8805	1.6397	4.8130
二季度	13.2	18.28	18.29	−5.09	−4.646	17.846	19.3264	14.6804	2.1916	11.2150
三季度	13.1	18.30	18.72	−5.62	−5.332	18.432	20.1823	14.8504	3.0636	13.3611
四季度	20.3	19.13	19.28	1.02	0.568	19.732	21.0382	21.6062	1.7062	6.4345
2017年一季度	29.9	19.43	20.19	9.71	9.410	20.490	21.8941	31.3041	1.9715	4.6960
二季度	14.4	20.95	21.04	−6.64	−4.646	19.046	22.7500	18.1040	13.7196	25.7222
三季度	19.2	21.13	22.06	−2.86	−5.332	24.532	23.6059	18.2735	0.8577	4.8234
四季度	21.0	22.98	23.79	−2.79	0.568	20.432	24.4618	25.0298	16.2393	19.1895
2018年一季度	37.3	24.60	24.63	12.67	9.410	27.890	25.3177	34.7277	6.6167	6.8965
二季度	20.9	24.65	25.44	−4.54	−4.646	25.546	26.1736	21.5276	0.3939	3.0029
三季度	19.4	26.23	26.89	−7.49	−5.332	24.732	27.0295	21.6975	5.2785	11.8429
四季度	27.3	27.55	28.50	−1.20	0.568	26.732	27.8854	28.4534	1.3303	4.2245
2019年一季度	42.6	29.45	30.29	12.31	9.410	33.190	28.7413	38.1513	19.7909	10.4430
二季度	28.5	31.13	31.58	−3.08	−4.646	33.146	29.5972	24.9512	12.5940	12.4511
三季度	26.1	32.03	—	—	−5.332	31.432	30.4531	25.1211	0.9580	3.7500
四季度	30.9	—	—	—	0.568	30.332	31.3090	31.8770	0.9540	3.1618
合计	515.2	—	—	—	—	—	—	515.1876	174.6637	298.4098

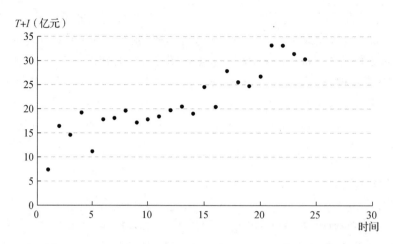

附图 4-9 该企业营业收入时间序列中 $T+I$ 成分与时间的散点图

对于(8)栏营业收入的估计值 $\hat{Y}_i = \hat{T}_i + \hat{S}_i, i = 1,2,\cdots,24$，如 $21.0333 = 11.6233 + 9.410, 7.8332 = 12.4792 + (-4.646)$，其余依次类推。

对于(9)栏离差平方值，$17.9208 = (16.8 - 21.0333)^2, 15.7355 = (11.8 - 7.8332)^2$，其余依次类推。

附表 4-31 加法分解模式预测季节变差测算表

年份	一季度	二季度	三季度	四季度
2014	—	—	−5.61	4.24
2015	4.43	−3.45	−4.65	2.00
2016	8.36	−5.09	−5.62	1.02
2017	9.71	−6.64	−2.86	−2.79
2018	12.67	−4.54	−7.49	−1.20
2019	12.31	−3.08	—	—
列平均	9.496	−4.560	−5.246	0.654
季节变差(亿元)	9.410	−4.646	−5.332	0.568

对于(10)栏中相对误差值，$25.1982\% = \dfrac{|16.8 - 21.0333|}{16.8} \times 100\%$，$33.6169\% = \dfrac{|11.8 - 7.8332|}{11.8} \times 100\%$，其余依次类推。

最后，根据附表 4-30 中(9)栏和(10)栏"合计"可得，预测估计标准误差为

$$S_y = \sqrt{\dfrac{\sum_{i=1}^{n}(Y_i - \hat{Y}_i)^2}{n-2}} = \sqrt{\dfrac{174.6637}{24-2}} = 2.8177 \text{(亿元)}$$

预测平均相对误差为 $\overline{\Delta} = \dfrac{1}{n} \sum_{i=1}^{n} \dfrac{|Y_i - \hat{Y}_i|}{Y_i} = \dfrac{1}{24} \times 298.4098\% = 12.43\%$

可见，采用加法分解模式进行预测时，其预测估计标准误差与预测平均相对误差，分别大于乘法分解模式的预测估计标准误差和预测平均相对误差，故本问题采用乘法分解

模式预测优于加法分解模式预测。预测结果见附表 4-32。

附表 4-32　2020 年一季度至四季度该企业营业收入预测值　　单位：亿元

季度	点预测值	95% 预测区间	
		下限	上限
一	46.436 4	45.427 0	47.445 8
二	26.215 5	25.206 1	27.224 9
三	25.019 2	24.009 8	26.028 6
四	37.089 5	36.080 1	38.098 9

其中，一季度营业收入的点预测值为 46.436 4 = 32.516 2 × 142.81%（亿元）、二季度为 26.215 5 = 33.382 8 × 78.53%（亿元）、三季度为 25.019 2 = 34.249 4 × 73.05%（亿元）、四季度为 37.089 5 = 35.116 0 × 105.62%（亿元）。

最后，在置信水平为 0.95 时，可得 2020 年该企业一季度营业收入 95% 的预测区间下限为 $\hat{Y}_{25} - z_{\frac{\alpha}{2}} \frac{S_y}{\sqrt{n}} = 46.436\ 4 - 1.96 \times \frac{2.523\ 0}{\sqrt{24}} = 45.427\ 0$（亿元）

预测区间上限为 $46.436\ 4 + 1.96 \times \frac{2.523\ 0}{\sqrt{24}} = 47.445\ 8$（亿元）

同理，可得 2020 年二季度该企业营业收入 95% 的预测区间下限为 25.206 1 亿元，上限 27.224 9 亿元；三季度 95% 的预测区间下限为 24.009 8 亿元，上限为 26.028 6 亿元；四季度 95% 的预测区间下限为 36.080 1 亿元，上限为 38.098 9 亿元。

2. 解： 作出 2016 年 1 月—2019 年 12 月我国铁路旅客发送量的折线图（见附图 4-10）

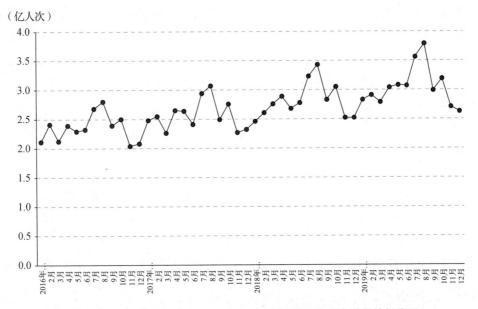

附图 4-10　2016 年 1 月—2019 年 12 月我国铁路旅客发送量的折线图

可见，随着时间的推移，2016 年 1 月至 2019 年 12 月，我国铁路旅客发送量振动幅度有增大的态势，因此，选用乘法分解模式 $Y = T \cdot S \cdot I$ 进行预测。预测数据测算情况见附表 4-33。

其中,对于(2)栏数据,有

$2.344 = \frac{1}{12} \times (2.11+2.41+2.12+2.39+2.29+2.32+2.68+2.80+2.39+2.50+2.04+2.08)$

$2.375 = \frac{1}{12} \times (2.41+2.12+2.39+2.29+2.32+2.68+2.80+2.39+2.50+2.04+2.08+2.48)$,其余依次类推。

对于(3)栏数据,有

$2.360 = \frac{1}{2} \times (2.344+2.375)$,$2.381 = \frac{1}{2} \times (2.375+2.387)$,其余依次类推。

对于(4)栏数据,有 $1.1356 = \frac{2.68}{2.360}$,$1.1760 = \frac{2.80}{2.381}$,其余依次类推。

对于(5)栏数据,计算见附表4-34。

附表4-34中各月份数据是(4)栏数据按年份和月份的重新组合;所有数据的总平均为 $0.9994 = \frac{1}{12} \times (0.9600+0.9877+0.9461+1.0347+1.0055+0.9802+1.1406+1.1902+0.9814+1.0497+0.8558+0.8607)$;

1月季节指数为 $96.06\% = \frac{0.9600}{0.9994} \times 100\%$,

2月季节指数为 $98.83\% = \frac{0.9877}{0.9994} \times 100\%$,其余依次类推。

对于(6)栏中数据,$2.1965 = \frac{2.11}{96.06\%}$,$2.4385 = \frac{2.41}{98.83\%}$,其余依次类推。

对于(7)栏数据,因为根据(6)栏数据所作散点图(见附图4-11),可知(6)栏数据与相应时间序列 $t=1,2,3,\cdots,48$ 之间可能具有线性关系。因此,以(6)栏数据为因变量取值,以相应时间 $t=1,2,3,\cdots,48$ 为自变量取值,构建的一元线性回归方程为 $\hat{T} = 2.2180+0.0194t$,再分别将 $t=1,2,3,\cdots,48$ 代入该线性回归方程,可得(7)栏长期趋势的估计值 $\hat{T}$。

如 $2.2374 = 2.2180+0.0194 \times 1$,$2.2568 = 2.2180+0.0194 \times 2$,其余依次类推。

对于(8)栏旅客发送量的估计值 $\hat{Y}_i = \hat{T}_i \cdot \hat{S}_i, i=1,2,\cdots,48$,

$2.1492 = 2.2374 \times 96.06\%$,$2.2304 = 2.2568 \times 98.83\%$,其余依次类推。

对于(9)栏离差平方值,$0.0015 = (2.11-2.1492)^2$,$0.0323 = (2.41-2.2304)^2$,其余依次类推。

对于(10)栏相对误差值,$1.86\% = \frac{|2.11-2.1492|}{2.11} \times 100\%$,$7.45\% = \frac{|2.41-2.2304|}{2.41} \times 100\%$,其余依次类推。

附表 4-33 2020年1—3月我国铁路旅客发送量乘法分解模式预测数据测算

季度	发送量 Y (亿人次)	12项移动平均	移正平均 T	$Y/T= S\cdot I$	季节指数估计值 $\hat{S}$	$Y/\hat{S}= T\cdot I$	长期趋势估计值 $\hat{T}$	旅客发送量估计值 $\hat{Y}$	$(Y-\hat{Y})^2$	$\dfrac{\lvert Y-\hat{Y}\rvert}{Y}\times 100$ (%)
	(1)	(2)	(3)	(4)	(5)	(6)	(7)	(8)	(9)	(10)
2016年1月	2.11	—	—	—	0.9606	2.1965	2.2374	2.1492	0.0015	1.86
2月	2.41	—	—	—	0.9883	2.4385	2.2568	2.2304	0.0323	7.45
3月	2.12	—	—	—	0.9467	2.2394	2.2762	2.1549	0.0012	1.65
4月	2.39	—	—	—	1.0353	2.3085	2.2956	2.3766	0.0002	0.56
5月	2.29	—	—	—	1.0061	2.2761	2.3150	2.3291	0.0015	1.71
6月	2.32	2.344	—	—	0.9808	2.3654	2.3344	2.2896	0.0009	1.31
7月	2.68	2.375	2.360	1.1356	1.1413	2.3482	2.3538	2.6860	0.0000	0.24
8月	2.80	2.387	2.381	1.1760	1.1909	2.3510	2.3732	2.8260	0.0007	0.94
9月	2.39	2.398	2.393	0.9987	0.9820	2.4338	2.3926	2.3495	0.0016	1.69
10月	2.50	2.420	2.409	1.0378	1.0503	2.3800	2.4120	2.5333	0.0011	1.33
11月	2.04	2.449	2.435	0.8378	0.8563	2.3823	2.4314	2.0820	0.0018	2.06
12月	2.08	2.457	2.453	0.8479	0.8612	2.4150	2.4508	2.1106	0.0009	1.47
2017年1月	2.48	2.478	2.468	1.0049	0.9606	2.5817	2.4702	2.3729	0.0115	4.32
2月	2.55	2.501	2.490	1.0241	0.9883	2.5803	2.4896	2.4605	0.0080	3.51
3月	2.26	2.509	2.505	0.9021	0.9467	2.3877	2.5090	2.3751	0.0133	5.10
4月	2.65	2.531	2.520	1.0516	1.0353	2.5596	2.5284	2.6177	0.0010	1.22
5月	2.64	2.550	2.541	1.0390	1.0061	2.6240	2.5478	2.5633	0.0059	2.91
6月	2.41	2.570	2.560	0.9414	0.9808	2.4572	2.5672	2.5179	0.0116	4.48
7月	2.94	2.568	2.569	1.1444	1.1413	2.5760	2.5866	2.9521	0.0001	0.41
8月	3.07	2.573	2.571	1.1941	1.1909	2.5779	2.6060	3.1035	0.0011	1.09
9月	2.49	2.615	2.594	0.9599	0.9820	2.5356	2.6254	2.5781	0.0078	3.54
10月	2.76	2.635	2.625	1.0514	1.0503	2.6278	2.6448	2.7778	0.0003	0.64
11月	2.27	2.638	2.637	0.8608	0.8563	2.6509	2.6642	2.2814	0.0001	0.50
12月	2.32	2.669	2.654	0.8742	0.8612	2.6939	2.6836	2.3111	0.0001	0.38
2018年1月	2.46	2.693	2.681	0.9176	0.9606	2.5609	2.7030	2.5965	0.0186	5.55
2月	2.61	2.723	2.708	0.9638	0.9883	2.6409	2.7224	2.6905	0.0065	3.08
3月	2.76	2.752	2.738	1.0080	0.9467	2.9154	2.7418	2.5957	0.0270	5.95
4月	2.89	2.776	2.764	1.0456	1.0353	2.7915	2.7612	2.8587	0.0010	1.08
5月	2.68	2.797	2.787	0.9616	1.0061	2.6638	2.7806	2.7976	0.0138	4.39
6月	2.78	2.813	2.805	0.9911	0.9808	2.8344	2.8000	2.7462	0.0011	1.22
7月	3.23	2.844	2.829	1.1417	1.1413	2.8301	2.8194	3.2178	0.0001	0.38
8月	3.43	2.869	2.857	1.2006	1.1909	2.8802	2.8388	3.3807	0.0024	1.44
9月	2.83	2.872	2.871	0.9857	0.9820	2.8819	2.8582	2.8066	0.0005	0.82
10月	3.05	2.884	2.878	1.0598	1.0503	2.9039	2.8776	3.0226	0.0008	0.91
11月	2.52	2.918	2.901	0.8687	0.8563	2.9429	2.8970	2.4801	0.0015	1.56
12月	2.52	2.942	2.930	0.8601	0.8612	2.9261	2.9164	2.5116	0.0001	0.33
2019年1月	2.83	2.969	2.956	0.9571	0.9606	2.9461	2.9358	2.8201	0.0001	0.35
2月	2.91	2.999	2.984	0.9751	0.9883	2.9445	2.9552	2.9206	0.0007	0.36
3月	2.79	3.013	3.006	0.9281	0.9467	2.9471	2.9746	2.8161	0.0007	0.94
4月	3.04	3.024	3.019	1.0070	1.0353	2.9363	2.9940	3.0997	0.0036	1.96
5月	3.08	3.040	3.032	1.0158	1.0061	3.0613	3.0134	3.0318	0.0023	1.56
6月	3.07	3.049	3.045	1.0082	0.9808	3.1301	3.0328	2.9746	0.0091	3.11
7月	3.56	—	—	—	1.1413	3.1192	3.0522	3.4835	0.0059	2.15
8月	3.79	—	—	—	1.1909	3.1825	3.0716	3.6580	0.0174	3.48
9月	2.99	—	—	—	0.9820	3.0448	3.0910	3.0354	0.0021	1.52
10月	3.19	—	—	—	1.0503	3.0370	3.1104	3.2669	0.0059	2.41
11月	2.71	—	—	—	0.8563	3.1645	3.1298	2.6800	0.0009	1.11
12月	2.63	—	—	—	0.8612	3.0538	3.1492	2.7121	0.0067	3.12
合计	129.32	—	—	—	—	—	—	129.2333	0.2327	99.15

最后，根据附表 4-33 中(9)栏和(10)栏"合计"可得，预测估计标准误差为

$$S_y = \sqrt{\dfrac{\sum_{i=1}^{n}(Y_i-\hat{Y}_i)^2}{n-2}} = \sqrt{\dfrac{0.2327}{48-2}} = 0.0711(亿人次)$$

预测平均相对误差为 $\overline{\Delta} = \dfrac{1}{n}\sum\limits_{i=1}^{n}\dfrac{|Y_i - \hat{Y}_i|}{Y_i} = \dfrac{1}{48} \times 99.15\% = 2.07\%$

附表 4-34　乘法分解模式预测季节指数测算

年份	1月	2月	3月	4月	5月	6月	7月	8月	9月	10月	11月	12月
2016	—	—	—	—	—	—	1.135 6	1.176 0	0.998 7	1.037 8	0.837 8	0.847 9
2017	1.004 9	1.024 1	0.902 2	1.051 6	1.039 0	0.941 4	1.144 4	1.194 1	0.959 9	1.051 4	0.860 8	0.874 2
2018	0.917 6	0.963 8	1.008 0	1.045 6	0.961 6	0.991 1	1.141 7	1.200 6	0.985 7	1.059 8	0.868 7	0.860 1
2019	0.957 4	0.975 2	0.928 1	1.007 0	1.015 8	1.008 2	—	—	—	—	—	—
列平均	0.960 0	0.987 7	0.946 1	1.034 7	1.005 5	0.980 2	1.140 6	1.190 2	0.981 4	1.049 7	0.855 8	0.860 7
季节指数(%)	0.960 6	0.988 3	0.946 7	1.035 3	1.006 1	0.980 8	1.141 3	1.190 9	0.982 0	1.050 3	0.856 3	0.861 2

因此，若预测者的期望预测估计标准误差不小于 0.071 1 亿人次，或期望预测平均相对误差不小于 2.07%，则可以根据(5)栏数据特征，确定 2020 年 1—3 月我国铁路旅客发送量的季节指数估计值依次为 96.06%、98.83% 和 94.67%；根据(7)栏数据特征，令一元线性回归方程 $\hat{T} = 2.218\,0 + 0.019\,4t$ 中的 t 分别取 49、50、51，可得 2020 年 1—3 月我国铁路旅客发送量长期趋势的点预测值分别为 3.168 6 亿人次、3.188 0 亿人次和 3.207 4 亿人次；从而，根据乘法模式，可得 2020 年 1—3 月我国铁路旅客发送量的点预测值分别为 3.043 8 = 3.168 6 × 96.06%（亿人次）、3.150 7 = 3.188 0 × 98.83%（亿人次）和 3.036 4 = 3.207 4 × 94.67%（亿人次）。

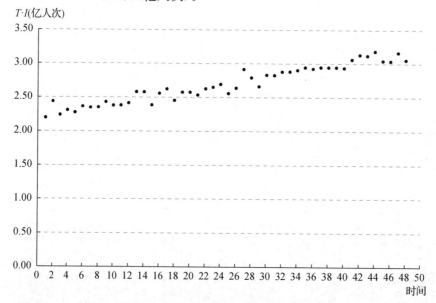

附图 4-11　2016 年 1 月—2019 年 12 月我国铁路旅客发送量 $T \cdot I$ 成分变动图

最后，在置信水平为 0.95 时，可得 2020 年 1 月我国铁路旅客发送量 95% 的预测区间下限为 $\hat{Y}_{49} - z_{\frac{\alpha}{2}}\dfrac{S_y}{\sqrt{n}} = 3.043\,8 - 1.96 \times \dfrac{0.071\,1}{\sqrt{48}} = 3.023\,7$（亿人次）

预测区间上限为 $3.043\,8 + 1.96 \times \dfrac{0.071\,1}{\sqrt{48}} = 3.063\,9$（亿人次）

同理，可得 2020 年 2 月我国铁路旅客发送量 95% 的预测区间下限为 3.130 6 亿人次，上限为 3.170 8 亿人次;3 月 95% 的预测区间下限为 3.016 3 亿人次,上限为 3.056 5 亿人次。

附表 4-35 2020 年 1—3 月我国铁路旅客发送量预测值 单位:亿人次

月份	点预测值	95% 预测区间	
		下限	上限
1	3.043 8	3.023 7	3.063 9
2	3.150 7	3.130 6	3.170 8
3	3.036 4	3.016 3	3.056 5

注:本问题的预测估计标准误差为 0.071 2 亿人次,平均相对预测误差为 2.07%。

3. 解:(1)采用一次指数平滑预测法进行预测。采用该预测方法时,通常要求时间序列趋于平稳时间序列,预测误差相对较小,因此,需要判断所给时间序列的平稳性。由附图 4-12 可见,2013—2019 年我国某大型设备专用公司生产的 XQ 型盾构机的产量时间序列,有较为明显的长期增长的趋势。所以,对该时间序列实施差分处理,直到三次差分后序列才基本呈平稳态势,但是这个三次差分序列项数又太少。因此,为说明这种方法,本题就直接利用原始数据进行预测,预测误差将会偏大且预测值会滞后(比实际值要小)。

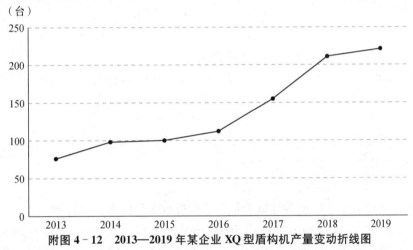

附图 4-12 2013—2019 年某企业 XQ 型盾构机产量变动折线图

根据预测模型 $\hat{y}_{t+1} = \alpha y_t + (1-\alpha)\hat{y}_t$,且令 2013 年一次平滑预测值等于 2013 年实际值,平滑系数 α 保留 3 位小数,由附表 4-38 和附表 4-36 可知,在 $\alpha = 0.999$ 时,对 2020 年该企业 XQ 型盾构机产量进行预测,最小预测估计标准误差为

$$S_y = \sqrt{\frac{\sum_{i=1}^{n}(y_i - \hat{y}_i)^2}{n-2}} = \sqrt{\frac{5\ 723.62}{6-2}} = 37.83(台)$$

最小平均相对误差为 $\overline{\Delta} = \frac{1}{n}\sum_{i=1}^{n}\frac{|y_i - \hat{y}_i|}{y_i} \times 100\% = \frac{94.04}{6} \times 100\% = 15.67\%$

产量的预测值为

$$\hat{y}_{2020} = \hat{y}_{2019+1} = 0.999 \times 221 + (1-0.999) \times 210.94 = 221(台)$$

因为该时间序列具有递增的长期趋势,故采用一次指数平滑预测法预测时,预测值一定会低于实际值,即 2020 年该企业 XQ 型盾构机产量不会少于 221 台。

事实上,根据其他平滑系数可得不同的估计标准误差和平均相对误差(见附表 4-38)。从附表 4-38 可见，在要求平滑系数保留 3 位小数，平滑系数为 0.999 时估计标准误差最小。

表 4-36 2020 年某企业 XQ 型盾构机产量一次指数平滑预测测算数据（α＝0.999）

年份	产量（台）y_t	预测值（台）$\hat{y}_t$	$(y_t - \hat{y}_t)^2$	$\dfrac{\|y_t - \hat{y}_t\|}{y_t} \times 100\%$
2013	76	76.00	—	—
2014	98	76.00	484.00	22.45
2015	100	97.98	4.08	2.02
2016	112	100.00	144.00	10.71
2017	155	111.99	1 849.86	27.75
2018	211	154.96	3 140.48	26.56
2019	221	210.94	101.20	4.55
合计	973	—	5 723.62	94.04

（2）采用线性二次指数平滑预测法进行预测。由附图 4-12 知，2013—2019 年该企业 XQ 型盾构机产量具有较为明显的线性递增趋势，因而适用于线性二次指数平滑预测法。

根据预测模型 $\begin{cases} \hat{y}_{t+1} = \hat{a}_t + \hat{b}_t T, T = 1,2,\cdots \\ \hat{a}_t = 2S_t^{(1)} - S_t^{(2)} \\ \hat{b}_t = \dfrac{\alpha}{1-\alpha}(S_t^{(1)} - S_t^{(2)}) \end{cases}, 0 < \alpha < 1$

第一步，求该时间序列的一次指数平滑值 $S_t^{(1)}$。

在平滑系数 $\alpha = 0.668$ 且令 2013 年该企业 XQ 型盾构机产量一次平滑值为 76 台时，可得 2014—2015 年该企业 XQ 型盾构机产量的一次指数平滑值为

$S_{2014}^{(1)} = \alpha y_{2014} + (1-\alpha) S_{2013}^{(1)} = 0.668 \times 98 + (1-0.668) \times 76 = 90.696$（台）

$S_{2015}^{(1)} = \alpha y_{2015} + (1-\alpha) S_{2014}^{(1)} = 0.668 \times 100 + (1-0.668) \times 90.696 = 96.911$（台）

其余可同理求出，见附表 4-37 第三列。

第二步：求该时间序列的二次指数平滑值 $S_t^{(2)}$。

令 2013 年该企业 XQ 型盾构机产量的二次指数平滑值为 76 台，则

$S_{2014}^{(2)} = \alpha S_{2014}^{(1)} + (1-\alpha) S_{2013}^{(2)} = 0.668 \times 90.696 + (1-0.668) \times 76 = 85.817$（台）

$S_{2015}^{(2)} = \alpha S_{2015}^{(1)} + (1-\alpha) S_{2014}^{(2)} = 0.668 \times 96.911 + (1-0.668) \times 85.817 = 93.228$（台）

其余同理求出，见附表 4-37 第四列。

附表 4-37 2020 年某企业 XQ 型盾构机产量线性二次指数平滑预测测算数据（α＝0.668）

年份	产量（台）y_t	一次指数平滑值 $S_t^{(1)}$（台）	二次指数平滑值 $S_t^{(2)}$（台）	$\hat{a}_t$	$\hat{b}_t$	预测值 $\hat{y}_{t+1}$（台）	离差平方	相对误差（%）
2013	76	76.000	76.000	—	—	—	—	—
2014	98	90.696	85.817	95.575	9.817	—	—	—
2015	100	96.911	93.228	100.594	7.410	105.392	29.07	5.39
2016	112	106.990	102.421	111.559	9.193	108.004	15.97	3.57
2017	155	139.061	126.897	151.225	24.475	120.752	1 172.93	22.10
2018	211	187.116	167.123	207.109	40.227	175.700	1 246.09	16.73
2019	221	209.751	195.599	223.903	28.475	247.336	693.58	11.92
合计	973	—	—	—	—	757.184	3 157.64	59.71

第三步，求线性二次指数平滑预测模型中的水平量 $\hat{a}_t$。

$$\hat{a}_{2014} = 2S_{2014}^{(1)} - S_{2014}^{(2)} = 2 \times 90.696 - 85.817 = 95.575$$

$$\hat{a}_{2015} = 2S_{2015}^{(1)} - S_{2015}^{(2)} = 2 \times 96.911 - 93.228 = 100.594$$

其余同理求出,见附表 4-37 第五列。

第四步,求线性二次指数平滑预测模型中的线性增量 $\hat{b}_t$。

$$\hat{b}_{2014} = \frac{\alpha}{1-\alpha}(S_{2014}^{(1)} - S_{2014}^{(2)}) = \frac{0.668}{1-0.668} \times (90.696 - 85.817) = 9.817$$

$$\hat{b}_{2015} = \frac{\alpha}{1-\alpha}(S_{2015}^{(1)} - S_{2015}^{(2)}) = \frac{0.668}{1-0.668} \times (96.911 - 93.228) = 7.410$$

其余同理求出,见附表 4-37 第六列。

第五步,利用 $\hat{y}_{t+1} = \hat{a}_t + \hat{b}_t$ 求 2015—2019 年该企业 XQ 型盾构机产量的估计值。

$$\hat{y}_{2015} = \hat{y}_{2014+1} = \hat{a}_{2014} + \hat{b}_{2014} = 95.575 + 9.817 = 105.392(台)$$

$$\hat{y}_{2016} = \hat{y}_{2015+1} = \hat{a}_{2015} + \hat{b}_{2015} = 100.594 + 7.410 = 108.004(台)$$

其余可同理求出,见附表 4-37 第七列。

第六步,求估计标准误差 $S_y = \sqrt{\dfrac{\sum\limits_{i=1}^{n}(y_i - \hat{y})^2}{n-2}}$。

由附表 4-37 第八列可得,

$$S_y = \sqrt{\frac{\sum\limits_{i=1}^{n}(y_i - \hat{y})^2}{n-2}} = \sqrt{\frac{3\,157.64}{5-2}} = 32.44(台)$$

第七步,求出估计平均相对误差 $\overline{\Delta} = \sum\limits_{i=1}^{n} \dfrac{|y_i - \hat{y}_i|}{y_i} \times 100\%$。

由附表 4-37 第九列可得,

$$\overline{\Delta} = \sum\limits_{i=1}^{n} \frac{|y_i - \hat{y}_i|}{y_i} \times 100\% = \frac{1}{5} \times 59.71\% = 11.94\%$$

第八步,若预测者的期望估计标准误差不小于 32.44 台,或期望平均相对误差不小于 11.94%,则可以得 2020 年该企业 XQ 型盾构机产量的预测值为

$$\hat{y}_{2020} = \hat{y}_{2019+1} = \hat{a}_{2019} + \hat{b}_{2019} = 223.903 + 28.475 = 252.378(台)$$

事实上,根据其他平滑系数可得不同的估计标准误差和估计平均相对误差(见附表 4-38)。从附表 4-38 可见,在平滑系数为 0.668 时,估计标准误差和估计平均相对误差最小。

附表 4-38　不同平滑系数条件下估计标准误差、平均相对误差及预测结果变动情况

平滑系数	一次指数平滑法			平滑系数	线性二次指数平滑法		
	估计标准误差(台)	平均相对误差(%)	2020 年产量预测值(台)		估计标准误差(台)	平均相对误差(%)	2020 年产量预测值(台)
0.992	37.99	15.77	220.92	0.664	32.45	11.91	251.870
0.993	37.97	15.75	220.93	0.665	32.45	11.91	251.996
0.994	37.95	15.74	220.94	0.666	32.45	11.92	252.122
0.995	37.92	15.73	220.95	0.667	32.44	11.95	252.249
0.996	37.90	15.71	220.96	0.668	32.44	11.94	252.378
0.997	37.88	15.70	220.97	0.669	32.44	11.95	252.506
0.998	37.85	15.69	220.98	0.700	32.47	12.22	256.924
0.999	37.83	15.67	220.99	0.701	32.47	12.23	257.082

最后，可以发现，该问题采用一次指数平滑法预测的估计标准误差和平均相对误差，均大于线性二次指数平滑预测法的估计标准误差和平均相对误差。这说明在本问题预测中，采用线性二次指数平滑预测法相对优于一次指数平滑预测法。从实际预测结果看，2020年该企业 XQ 型盾构机产量能达到 250 台左右，比 210 台左右可能更符合企业产量的实际。

4. 解：第一步，根据 2001—2019 年我国某地区洗衣机产量变动的轨迹，判断是否适合采用二次曲线指数平滑预测法。为此作出 2001—2019 年我国某地区洗衣机产量的折线图（见附图 4-13）。

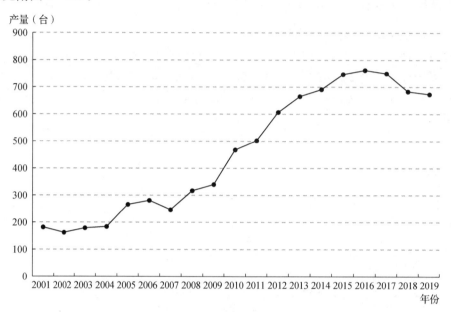

附图 4-13　2001—2019 年我国某地区洗衣机产量的折线图

由附图 4-13 可见，2001—2019 年我国某地区洗衣机产量变动具有二次曲线变动的特征，故所给时间序列可以采用二次曲线指数平滑法进行预测。

第二步，根据二次曲线指数平滑预测模型，采用"试误法"选择能满足预测误差要求的平滑系数。通过逐步测算，在假定要求平滑系数保留到 3 位小数且平滑系数取 0.459 时，预测估计标准误差与预测平均相对误差均相对较小，分别为 53.82 台和 10.61%；数据测算过程见附表 4-39。

（1）测算一次指数平滑值。

由 $S_t^{(1)} = \alpha y_t + (1-\alpha) S_{t-1}^{(1)}$，并令 2001 年该地区洗衣机产量的一次平滑值为 182，即 $S_{2001}^{(1)} = 182$，则

$S_{2002}^{(1)} = \alpha y_{2002} + (1-\alpha) S_{2002-1}^{(1)} = 0.459 \times 162 + (1-0.459) \times 182 = 172.8$，

$S_{2003}^{(1)} = \alpha y_{2003} + (1-\alpha) S_{2003-1}^{(1)} = 0.459 \times 179 + (1-0.459) \times 172.8 = 175.6$，

其余依次类推，见附表 4-39 第（2）栏。

（2）测算二次指数平滑值。

由 $S_t^{(2)} = \alpha S_t^{(1)} + (1-\alpha) S_{t-1}^{(2)}$，并令 2001 年该地区洗衣机产量的二次平滑值为 182，即 $S_{2001}^{(2)} = 182$，则

$S_{2002}^{(2)} = \alpha S_{2002}^{(1)} + (1-\alpha) S_{2002-1}^{(2)} = 0.459 \times 172.8 + (1-0.459) \times 182 = 177.8$，

$S_{2003}^{(2)} = \alpha S_{2003}^{(1)} + (1-\alpha) S_{2003-1}^{(2)} = 0.459 \times 175.6 + (1-0.459) \times 177.8 = 176.8$，

其余依次类推，见附表 4-39 第（3）栏。

(3) 测算三次指数平滑值。

由 $S_t^{(3)} = \alpha S_t^{(2)} + (1-\alpha)S_{t-1}^{(3)}$，并令 2001 年该地区洗衣机产量的二次平滑值为 182，即 $S_{2001}^{(3)} = 182$，则

$S_{2002}^{(3)} = \alpha S_{2002}^{(2)} + (1-\alpha)S_{2002-1}^{(3)} = 0.459 \times 177.8 + (1-0.459) \times 182 = 180.1$，

$S_{2003}^{(3)} = \alpha S_{2003}^{(2)} + (1-\alpha)S_{2003-1}^{(3)} = 0.459 \times 176.8 + (1-0.459) \times 180.1 = 178.6$，

其余依次类推，见附表 4-39 第(4)栏。

(4) 测算预测模型水平项。

由 $\hat{a}_t = 3S_t^{(1)} - 3S_t^{(2)} + S_t^{(3)}$ 可得，

$\hat{a}_{2002} = 3S_{2002}^{(1)} - 3S_{2002}^{(2)} + S_{2002}^{(3)} = 3 \times 172.8 - 3 \times 177.8 + 180.1 = 165.1$

$\hat{a}_{2003} = 3S_{2003}^{(1)} - 3S_{2003}^{(2)} + S_{2003}^{(3)} = 3 \times 175.6 - 3 \times 176.8 + 178.6 = 175.0$

其余依次类推，见附表 4-39 第(5)栏。

(5) 测算预测模型线性增量项。

由 $\hat{b}_t = \dfrac{\alpha}{2(1-\alpha)^2}[(6-5\alpha)S_t^{(1)} - 2(5-4\alpha)S_t^{(2)} + (4-3\alpha)S_t^{(3)}]$ 可得，

$\hat{b}_{2002} = \dfrac{\alpha}{2(1-\alpha)^2}[(6-5\alpha)S_{2002}^{(1)} - 2(5-4\alpha)S_{2002}^{(2)} + (4-3\alpha)S_{2002}^{(3)}]$

$= \dfrac{0.459}{2 \times (1-0.459)^2} \times [(6-5 \times 0.459) \times 172.8 - 2 \times (5-4 \times 0.459) \times 177.8 + (4-3 \times 0.459) \times 180.1] = -9.8$

$\hat{b}_{2003} = \dfrac{\alpha}{2(1-\alpha)^2}[(6-5\alpha)S_{2003}^{(1)} - 2(5-4\alpha)S_{2003}^{(2)} + (4-3\alpha)S_{2003}^{(3)}]$

$= \dfrac{0.459}{2 \times (1-0.459)^2} \times [(6-5 \times 0.459) \times 175.6 - 2 \times (5-4 \times 0.459) \times 176.8 + (4-3 \times 0.459) \times 178.6] = 0.2$

其余依次类推，见附表 4-39 第(6)栏。

附表 4-39　2020 年我国某地区洗衣机产量二次曲线指数平滑法测算数据（$\alpha=0.459$）

年份	产量 y_t（台）	一次指数平滑值 $S_t^{(1)}$	二次指数平滑值 $S_t^{(2)}$	三次指数平滑值 $S_t^{(3)}$	$\hat{a}_t$	$\hat{b}_t$	$\hat{c}_t$	$\hat{y}_{t+1} = \hat{a}_t + \hat{b}_t + \hat{c}_t$	$(y_t - \hat{y}_t)^2$	$\dfrac{|y_t - \hat{y}_t|}{y_t} \times 100$
	(1)	(2)	(3)	(4)	(5)	(6)	(7)	(8)	(9)	(10)
2001	182	182.0	182.0	182.0	—	—	—	—	—	—
2002	162	172.8	177.8	180.1	165.1	−9.8	−1.0	—	—	—
2003	179	175.6	176.8	178.6	175.0	0.2	0.2	154.3	610.09	13.80
2004	184	179.5	178.0	178.3	182.8	5.0	0.6	175.4	73.96	4.67
2005	266	219.2	196.9	186.8	253.7	44.0	4.4	188.4	6 021.76	29.17
2005	281	247.6	220.2	202.1	284.3	42.4	3.3	302.1	445.21	7.51
2007	246	246.9	232.5	216.1	259.3	8.1	−0.7	330.0	7 056.00	34.15
2008	317	279.1	253.9	233.5	309.1	31.3	1.7	266.7	2 530.09	15.87
2009	340	307.1	278.3	254.1	340.5	33.9	1.8	342.1	4.41	0.62
2010	468	381.0	325.4	286.8	453.6	82.1	6.0	376.1	8 445.61	19.64
2011	502	436.5	376.8	327.9	508.2	74.8	4.2	541.8	1 584.04	7.93
2012	607	514.8	439.9	379.3	604.0	93.0	5.3	587.2	392.00	3.26
2013	665	583.7	505.9	437.8	670.4	85.1	3.3	702.1	1 376.41	5.58
2014	691	633.0	564.2	495.6	702.0	58.8	0.1	759.2	4 651.24	9.87
2015	747	685.3	619.8	552.6	749.1	52.1	−0.6	760.9	193.21	1.86
2016	762	720.5	666.0	604.7	768.2	32.3	−2.4	800.6	1 489.96	5.07
2017	750	734.0	697.2	647.2	757.6	4.1	−4.8	798.1	2 313.61	6.41
2018	683	710.6	703.4	673.0	694.6	−41.6	−8.4	756.9	5 461.21	10.82
2019	673	693.3	698.8	684.8	668.3	−44.8	−7.0	644.6	806.56	4.22
合计	8 705	—	—	—	—	—	—	8 486.5	43 455.41	180.45

(6) 测算预测模型抛物增量项。

由 $\hat{c}_t = \dfrac{\alpha^2}{2(1-\alpha)^2}(S_t^{(1)} - 2S_t^{(2)} + S_t^{(3)})$ 可得，

$$\hat{c}_{2002} = \dfrac{\alpha^2}{2(1-\alpha)^2}(S_{2002}^{(1)} - 2S_{2002}^{(2)} + S_{2002}^{(3)})$$

$$= \dfrac{0.459^2}{2 \times (1-0.459)^2}(172.8 - 2 \times 177.8 + 180.1) = -1.0$$

$$\hat{c}_{2003} = \dfrac{\alpha^2}{2(1-\alpha)^2}(S_{2003}^{(1)} - 2S_{2003}^{(2)} + S_{2003}^{(3)})$$

$$= \dfrac{0.459^2}{2 \times (1-0.459)^2}(175.6 - 2 \times 176.8 + 178.6) = 0.2$$

其余依次类推，见附表 4-39 第（7）栏。

(7) 根据 $\hat{y}_{t+1} = \hat{a}_t + \hat{b}_t + \hat{c}_t$，求出 2003—2019 年该地区洗衣机产量的估计值，即

$$\hat{y}_{2003} = \hat{y}_{2002+1} = \hat{a}_{2002} + \hat{b}_{2002} + \hat{c}_{2002}$$

$$= 165.1 + (-9.8) + (-1.0) = 154.3(台)$$

$$\hat{y}_{2004} = \hat{y}_{2003+1} = \hat{a}_{2003} + \hat{b}_{2003} + \hat{c}_{2003}$$

$$= 175.0 + 0.2 + 0.2 = 175.4(台)$$

其余依次类推，见附表 4-39 第（8）栏。

(8) 根据 2003—2019 年该地区洗衣机实际产量与估计产量，测算预测估计标准误差和平均相对误差。

由附表 4-39 中第（9）、（10）栏可得，

预测估计标准误差 $S_y = \sqrt{\dfrac{\sum\limits_{t=2003}^{2019}(y_t - \hat{y}_t)^2}{(2019-2002)-2}} = \sqrt{\dfrac{43\,455.41}{15}} = 53.82(台)$

预测平均相对误差 $\overline{\Delta} = \dfrac{1}{17}\sum\limits_{t=2003}^{2019}\dfrac{|y_t - \hat{y}_t|}{y_t} \times 100\% = \dfrac{1}{17} \times 180.45\% = 10.61\%$。

(9) 求 2020 年该地区洗衣机产量的预测值。

若预测者的期望估计标准误差不小于 53.82 台，或平均相对误差不小于 10.61%，则根据附表 4-39 可得，$\hat{y}_{2020} = \hat{y}_{2019+1} = \hat{a}_{2019} + \hat{b}_{2019} + \hat{c}_{2019} = 668.3 + (-44.8) + (-7.0) = 616.5(台)$。

在不同平滑系数下，所得估计标准误差、平均相对误差和 2020 年该地区洗衣机产量的预测值见附表 4-40。

附表 4-40　不同平滑系数条件下 2020 年该地区洗衣机产量预测情况

平滑系数	估计标准误差（台）	平均相对误差(%)	点预测值（台）	95%的预测区间（台）	
				下限	上限
0.456	53.84	10.57	617.4	591.8	643.0
0.457	53.84	10.58	617.3	591.7	642.9
0.458	53.84	10.59	617.2	591.6	642.8
0.459	53.82	10.61	616.5	590.9	642.1
0.460	53.83	10.61	617.0	591.4	642.6
0.461	53.83	10.62	616.9	591.3	642.5
0.462	53.83	10.63	616.7	591.1	642.3
0.463	53.83	10.64	616.6	591.0	642.2

由此可见，在平滑系数保留 3 位小数时，2020 年该地区洗衣机产量的点预测值在 617 台左右，且有 95% 的把握可以认为其产量位于 591 台至 642 台之间。

参考文献

[1] 王天营,陆敏. 统计学[M]. 北京:高等教育出版社,2022.
[2] 《社会经济统计学原理教科书》编写组. 社会经济统计学原理教科书[M]. 北京:中国统计出版社,1984.
[3] 贾俊平,何晓群,金勇进. 统计学[M]. 7版. 北京:中国人民大学出版社,2018.
[4] 茆诗松,程依明,濮晓龙. 概率论与数理统计教程[M]. 2版. 北京:高等教育出版社,2011.
[5] 华伯泉. 简明数理统计学[M]. 天津:天津人民出版社,1988.
[6] 国家统计局. 中国统计年鉴[M]. 北京:中国统计出版社,2000—2021.
[7] 江苏省统计局,国家统计局江苏调查总队. 江苏统计年鉴[M]. 北京:中国统计出版社,2000—2021.
[8] 广东省统计局,国家统计局广东调查总队. 广东统计年鉴[M]. 北京:中国统计出版社,2000—2021.